权威·前沿·原创

皮书系列为
"十二五""十三五""十四五"时期国家重点出版物出版专项规划项目

BLUE BOOK

智库成果出版与传播平台

成渝蓝皮书
BLUE BOOK OF CHENGDU AND CHONGQING

成渝地区双城经济圈
先进材料产业发展报告
（2023~2024）

ANNUAL REPORT ON DEVELOPMENT OF ADVANCED MATERIALS INDUSTRY IN CHENGDU-CHONGQING ECONOMIC ZONE (2023-2024)

组织编写／教育部人文社会科学重点研究基地
　　　　　重庆工商大学成渝地区双城经济圈建设研究院

主　　编／易　淼　许　岩
副 主 编／刘　霜　林细妹　赵晓磊　刘　晗

社会科学文献出版社
SOCIAL SCIENCES ACADEMIC PRESS (CHINA)

图书在版编目(CIP)数据

成渝地区双城经济圈先进材料产业发展报告.2023~2024/易淼，许岩主编；刘霜等副主编.--北京：社会科学文献出版社，2024.12.--（成渝蓝皮书）.
ISBN 978-7-5228-4451-0

Ⅰ.F426

中国国家版本馆CIP数据核字第20243BH094号

成渝蓝皮书
成渝地区双城经济圈先进材料产业发展报告（2023~2024）

主　　编／易　淼　许　岩
副 主 编／刘　霜　林细妹　赵晓磊　刘　晗

出 版 人／冀祥德
组稿编辑／恽　薇
责任编辑／冯咏梅
文稿编辑／孙玉铖
责任印制／王京美

出　　版／社会科学文献出版社·经济与管理分社（010）59367226
　　　　　地址：北京市北三环中路甲29号院华龙大厦　邮编：100029
　　　　　网址：www.ssap.com.cn
发　　行／社会科学文献出版社（010）59367028
印　　装／三河市东方印刷有限公司
规　　格／开　本：787mm×1092mm　1/16
　　　　　印　张：21.5　字　数：321千字
版　　次／2024年12月第1版　2024年12月第1次印刷
书　　号／ISBN 978-7-5228-4451-0
定　　价／249.00元

读者服务电话：4008918866

▲ 版权所有 翻印必究

资助项目：

重庆工商大学成渝地区双城经济圈发展研究报告项目（蓝皮书系列）"揭榜挂帅"项目"成渝地区双城经济圈先进材料产业发展报告"（项目编号：2023JBGS05）

重庆市教育委员会人文社会科学研究一般项目"以新质生产力赋能中国式现代化研究"（项目编号：24SKGH148）

重庆市社会科学规划智库重点项目"民营企业融入成渝地区双城经济圈战略研究"（项目编号：2024ZDZK21）

资助单位：

教育部人文社会科学重点研究基地重庆工商大学成渝地区双城经济圈建设研究院

重庆市新型重点智库重庆工商大学长江上游经济研究中心

重庆市人文社会科学重点研究基地重庆工商大学区域经济研究院

重庆市哲学社会科学重点实验室重庆工商大学成渝地区双城经济圈数据分析与智能决策实验室

《成渝地区双城经济圈先进材料产业发展报告（2023~2024）》编委会

顾　问　曾维伦　温　涛

主　编　易　淼　许　岩

副主编　刘　霜　林细妹　赵晓磊　刘　晗

编　委（按姓氏笔画排序）

王　丰　王小华　王撼宇　任　毅　孙立冰

严海波　杜　磊　李　培　肖　磊　吴传清

吴庆跃　茅允彬　郑月龙　柏　群　侯金亮

姜　松　莫远明　黄仕川　彭劲松　韩文龙

曾令果　廖元和　廖祖君

主要编撰者简介

易　淼　博士，教育部人文社会科学重点研究基地重庆工商大学成渝地区双城经济圈建设研究院常务副院长，重庆工商大学区域经济研究院院长，教授、博士后合作导师，重庆市"巴渝学者"青年学者，中国区域经济学会常务理事，全国高等财经院校《资本论》研究会常务理事。主要从事区域经济与产业发展领域的研究。独立撰写或以第一作者在《马克思主义研究》《中国高校社会科学》等期刊上发表学术论文 40 余篇，其中 10 余篇论文被《新华文摘》、《高等学校文科学术文摘》、中国人民大学复印报刊资料等全文转载。主持国家社科基金项目、教育部人文社科项目等各类科研项目 10 余项，出版专著 5 部。

许　岩　博士，教育部人文社会科学重点研究基地重庆工商大学成渝地区双城经济圈建设研究院专职研究员，重庆工商大学经济学院副教授、硕士生导师，英国林肯大学访问学者。主要从事劳动经济学、人口经济学等领域的研究。在《数量经济技术经济研究》《经济科学》《农业技术经济》等期刊上发表论文 20 余篇，其中多篇论文被《新华文摘》、《中国社会科学文摘》、中国人民大学复印报刊资料、《经济日报》等转载。主持国家社科基金项目 1 项、省部级项目 3 项。

刘　霜　教育部人文社会科学重点研究基地重庆工商大学成渝地区双城经济圈建设研究院助理研究员，博士研究生。主要从事区域经济与产业发展等领域的研究。主持省部级项目3项，参研国家社科基金项目2项。发表学术论文6篇。撰写的决策建议得到省部级以上领导批示1项。

林细妹 硕士，教育部人文社会科学重点研究基地重庆工商大学成渝地区双城经济圈建设研究院助理研究员，国家三级心理咨询师。主要从事经济社会发展战略设计等领域的研究。主持和主研省部级等纵向科研项目4项，发表论文4篇。获得"重庆市优秀大学生思想政治教育工作者"等荣誉称号。

赵晓磊 北京外国语大学国际商学院博士研究生。主要从事管理科学与工程领域的研究。近年来在《当代经济研究》《商业研究》等期刊上发表学术论文10篇，其中5篇论文被中国人民大学复印报刊资料、《社会科学文摘》等全文转载，参加四川省社科项目与四川省规划重点项目2项。

刘 晗 博士、博士后，教育部人文社会科学重点研究基地重庆工商大学成渝地区双城经济圈建设研究院专职研究员，重庆工商大学经济学院副教授、硕士生导师，重庆市"巴渝学者"青年学者，英国林肯大学访问学者。主要从事产业结构与区域经济发展等领域的研究。在《管理世界》等期刊上发表论文40余篇，出版专著4部。主持国家社科基金项目1项，省部级项目5项，其他纵向项目5项、横向项目2项。获重庆市发展研究奖二等奖1项，重庆市社会科学优秀成果奖二等奖1项、三等奖1项，重庆市教学成果奖二等奖1项。

摘 要

本书围绕成渝地区双城经济圈先进材料产业展开研究，助推成渝地区双城经济圈"两中心两地"建设，为推动新时代西部大开发进一步形成大保护大开放高质量发展新格局提供助力。本书分为总报告、分报告、行业篇、案例篇和比较篇五个部分。总报告概述成渝地区双城经济圈先进材料产业发展概况，分别对先进材料产业在重庆都市圈、成都都市圈和成渝地区双城经济圈其他区域的布局进行分析，进而研判成渝地区双城经济圈先进材料产业发展趋势。分报告承接总报告的研究，专门探讨成渝地区双城经济圈先进材料的产业链分布、产业组织和企业竞合关系。行业篇选取纳米材料、高熵合金材料、新型超导材料三个具有代表性的先进材料行业，对其在成渝地区双城经济圈的发展展开分析。案例篇选取成渝地区双城经济圈先进材料上游、中游、下游产业的典型企业，析出优质企业发展先进材料产业的成功经验。比较篇通过对比京津冀地区、长三角地区、粤港澳大湾区、中原城市群先进材料产业的发展，总结出可以借鉴的发展策略。

本书的研究结果显示：从总体看，成渝地区双城经济圈先进材料产业数量持续增加，产业链条逐步趋于完整，产业发展形成集聚态势，对现代化产业体系构建具有重要战略意义；从区域维度看，先进材料产业已形成重庆都市圈和成都都市圈两个增长极核，成渝地区双城经济圈其他区域先进材料产业正在稳步发展，逐步构建"点—轴—面"的产业带空间分布格局；从产业链看，先进材料产业链条完整度持续提高，高价值环节有所突破，产业链上的企业数量按照上游、中游、下游呈现三角形的格局，产业链中游环节企业集中在重庆都市圈和成都都市圈，纳米材料、高熵合金材料和新型超导材料这些前沿行业发展态势良好，产业规模不断扩大；从产业组织看，先进材料产业的市场竞争格局呈现多元化趋势，企业之间的竞争与合作交织，科技创新是企业参与竞争的核心优势，产业链上游、中游、下游典型企业的发展经验为其他企业的发展提供现实参照；从发展比较看，成渝地区双城经济圈先进材料产业与京津冀地区、长三角地区和粤港澳大湾区相比，尚有一定差距需要弥补，与中原城市群相比，产业链上游环节发展还需加强，可以通过借鉴其他区域发展经验，推动先进材料产业发展迈向更高层次。

展望成渝地区双城经济圈先进材料产业发展，机遇与挑战并存，须抢抓机遇推动产业发展，适应产业融合发展趋势，加快数字化、绿色化升级，对标行业头部企业发展，着力打造一批龙头企业，瞄准产业集群前沿标准，优化产业的结构和布局。

关键词： 先进材料产业　产业链　空间分布　成渝地区双城经济圈

目 录

Ⅰ 总报告

B.1 成渝地区双城经济圈先进材料产业发展报告
………………………………… 易 淼 许 岩 赵晓磊 / 001
  一 成渝地区双城经济圈先进材料产业发展概况 ………… / 002
  二 成渝地区双城经济圈先进材料产业建设进展 ………… / 014
  三 成渝地区双城经济圈先进材料产业空间分布 ………… / 025
  四 成渝地区双城经济圈先进材料产业发展趋势展望 ……… / 039

Ⅱ 分报告

B.2 成渝地区双城经济圈先进材料产业链分布研究
………………………………………… 刘 霜 林细妹 / 048
B.3 成渝地区双城经济圈先进材料产业组织研究
………………………………………… 许 岩 杨振寰 / 082
B.4 成渝地区双城经济圈先进材料企业竞合关系研究
………………………………………… 许 岩 王梓豪 / 104

Ⅲ 行业篇

B.5 成渝地区双城经济圈纳米材料行业发展趋势研究
　　　　　　　　　　　　　　　　　　……………… 刘　霜　林细妹 / 123

B.6 成渝地区双城经济圈高熵合金材料行业发展趋势研究
　　　　　　　　　　　　　　　　　　……………… 彭　卓　陈雨森 / 140

B.7 成渝地区双城经济圈新型超导材料行业发展趋势研究
　　　　　　　　　　　　　　　　　　……………… 易　淼　陈秋旭 / 158

Ⅳ 案例篇

B.8 成渝地区双城经济圈先进材料上游产业发展典型案例
　　　　　　　　　　　　　　　　　　……………… 刘　晗　高　仪 / 177

B.9 成渝地区双城经济圈先进材料中游产业发展典型案例
　　　　　　　　　　　　　　　　　　……………… 刘　晗　龚思潼 / 197

B.10 成渝地区双城经济圈先进材料下游产业发展典型案例
　　　　　　　　　　　　　　　　　　……………… 易　淼　吴艳琼 / 218

Ⅴ 比较篇

B.11 京津冀地区先进材料产业发展及比较优势研究
　　　　　　　　　　　　　　　　　　……………… 陈雨森　彭　卓 / 238

B.12 长三角地区先进材料产业发展及比较优势研究
　　　　　　　　　　　　　　　　　　……………… 易　淼　何　建 / 256

B.13 粤港澳大湾区先进材料产业发展及比较优势研究
　　　　　　　　　　　　　　……… 赵晓磊　沈　涛　易　淼 / 274

目 录

B.14 中原城市群先进材料产业发展及比较优势研究
　　…………………………………………… 林细妹　刘　霜 / 293

Abstract ……………………………………………………………… / 310
Contents ……………………………………………………………… / 312

皮书数据库阅读**使用指南**

总报告

B.1 成渝地区双城经济圈先进材料产业发展报告

易淼 许岩 赵晓磊[*]

摘 要： 本报告对成渝地区双城经济圈先进材料产业发展总体情况进行分析，介绍产业发展概况，总结产业建设进展，解析产业空间分布，研判产业发展趋势。分析结果显示，成渝地区双城经济圈先进材料产业企业数量持续提升，产业发展的势头良好；产业链条逐步趋于完整，高价值环节有所突破；产业发展形成集聚态势，辐射带动力不断提升；产业发展尚存一定短板，有待进一步补强弱项。未来，成渝地区双城经济圈应该借助先进材料应用前景日益广阔的契机，推动产业发展，适应产业融合发展趋势，加快数字化、绿色化升级，对标行业头部企业发展，着力打造一批龙头企业，瞄准产业集群前沿标准，优化产业结构和布局。

---

[*] 易淼，博士，重庆工商大学成渝地区双城经济圈建设研究院常务副院长、教授，主要研究方向为区域经济与产业发展；许岩，博士，重庆工商大学成渝地区双城经济圈建设研究院专职研究员、副教授，主要研究方向为劳动经济学、人口经济学；赵晓磊，北京外国语大学博士研究生，主要研究方向为管理科学与工程。

关键词： 先进材料产业　产业链　产业竞争力　产业融合　成渝地区双城经济圈

一　成渝地区双城经济圈先进材料产业发展概况

（一）背景概述

1. 成渝地区双城经济圈建设谋划新发展

党的二十届三中全会提出，"当前和今后一个时期是以中国式现代化全面推进强国建设、民族复兴伟业的关键时期"，需要紧密围绕推动中国式现代化，进一步全面深化改革，开辟中国式现代化的广阔前景。针对现阶段区域发展不平衡不充分问题，特别是西部地区内外部发展差距问题，党中央于2024年7月通过《中共中央关于进一步全面深化改革　推进中国式现代化的决定》，做出"完善实施区域协调发展战略机制"的重大部署，特别强调"推动成渝地区双城经济圈建设走深走实"，赋予成渝地区双城经济圈在全面建设社会主义现代化国家新征程中新的使命任务，为成渝地区双城经济圈擘画出一张引领带动西部地区发展、实现新时代推进西部大开发形成新格局的新蓝图。

2020年1月，第十九届中央财经委员会第六次会议首次提出"推动成渝地区双城经济圈建设"以来，经过数年发展，成渝地区双城经济圈经济实力进一步提升，区域带动能力日趋增强。根据川渝统计联席会议2024年公布的数据，2023年成渝地区双城经济圈地区生产总值达到8.2万亿元，地区生产总值占国内生产总值和西部地区生产总值的比重分别达到6.5%和30.4%，较2022年分别提高0.1个百分点和0.3个百分点。2023年成渝地区双城经济圈地区生产总值增速达到6.1%，高于全国经济增速0.9个百分点，比西部地区经济增速高出0.5个百分点。与京津冀地区、粤港澳大湾区（不包含香港、澳门）和长三角地区相比，2023年成渝地区双城经济圈地区生产总值分别相当于上述地区的78.5%、74.4%和26.9%，较2022年分别提高1.1个百分点、0.3个百分点和0.3个百分点，与三大经济区经济发展差距持续缩小。①

在进一步全面深化改革的新起点上，成渝地区双城经济圈建设也需要及时谋划新的发展方略，肩负起在推动中国式现代化进程中，引领带动西部地区发展的重要任务。首要任务是推动经济高质量发展，按照创新、协调、绿色、开放、共享的新发展理念，塑造发展的新动能和新优势。关键工作是打造现代化产业体系，夯实发展新质生产力的产业基础，完善提升产业链供应链韧性和安全水平的制度。对于现代化产业发展而言，先进制造业是其中的重中之重。2023年6月，重庆市举行推动制造业高质量发展大会，提出打造"33618"现代制造业集群体系的目标。2022年，四川省人民政府办公厅发布《关于承接制造业有序转移的实施意见》，提出加快实施制造强省战略的要求，打造世界级电子信息等产业集群。由此可见，未来一段时期，推动先进制造业高质量发展将会成为成渝地区双城经济圈建设工作的重要内容，支撑现代化产业体系的构建，推动经济社会高质量发展，辐射带动西部地区发展在新时代西部大开发中迈上新的台阶。

2. 先进材料产业发展的重要性日趋凸显

先进制造业发展的特点在于产业链条长、中间产品多，一个健全的先进制造业发展体系的构建，离不开基础原材料的支撑，因而原材料工业的发展至关重要。对于原材料工业而言，我国已有坚实的发展基础，但尚存中低端产品严重过剩和高端产品供给不足并存的问题。为了摆脱原材料工业领域供需结构失衡的困境，2021年工业和信息化部等联合发布的《"十四五"原材料工业发展规划》明确要求，要加速推动原材料工业体系优化开放与高质量发展，努力推动原材料工业发展转型升级，瞄准高端材料产品，强化科技研发攻关，产出一批高质量的材料产品，构建支撑先进制造业，乃至整个国

---

① 《成渝地区双城经济圈建设川渝统计联席会议在蓉召开》，重庆市统计局网站，2024年3月5日，https://tjj.cq.gov.cn/zwxx_233/bmdt/202403/t20240305_12996631.html。

民经济体系发展的基础。为了推动原材料工业发展迈向更高层次，工业和信息化部在《重点新材料首批次应用示范指导目录（2019年版）》的基础上，制定了《重点新材料首批次应用示范指导目录（2021年版）》，自2022年起正式实施，明确新材料发展的重点领域，包括先进基础材料、关键战略材料、前沿新材料三个大类在内的304种具体材料，通过聚焦发展方向，聚力开展科技协同攻关，以点带面加快推动原材料工业实现跨越式发展，有效助力先进制造业生产领域急需的高端零部件等中间产品的生产，推动先进制造业的竞争力不断提升，推动制造强国建设不断迈上新台阶。

新材料之所以被称为"新"，是因为其相对于"旧"材料而言，运用新的技术实现对原有物质材料的改造，使材料产生新的性能，进而支撑产业链下游制造环节新产品的研发和生产。从这个意义上看，新材料体现出的是一种先进性，具有比传统材料更加优越的性能，与先进制造业的发展相适应、相匹配。由此可见，从物质材料的角度，"新材料"是在原有物质的基础上具有新的物理性能，如果把新材料应用于制造生产，则比原有材料更加能够转化为先进生产力。换言之，"先进材料"是从材料应用上对"新材料"的阐释，体现新材料被应用于生产新产品，从而迸发新动能的这一特殊性质。先进材料产业的发展，是通过技术创新手段对传统材料进行改造和升级，进而逐步形成一个健全的产业门类体系的过程，涉及的关键技术多样、工艺流程多样、产品应用多样，对推进制造业发展转型升级起到至关重要的作用，是筑牢先进制造业发展之基的关键，也对整个国民经济体系的发展起到重要支撑作用。在《中共中央关于进一步全面深化改革　推进中国式现代化的决定》中，专门做出健全先进材料等重点产业链发展体制机制的部署，先进材料产业发展的重要性不言而喻，发展先进材料将是各个地区推进现代化产业体系建设的重要工作。

3. 成渝地区双城经济圈先进材料产业发展迎来新机遇

现阶段，重庆市和四川省已经围绕先进材料产业发展，制定相应的发展方略。从重庆市对先进材料产业的发展规划上看，在"33618"现代制造业集群体系中，把先进材料作为三大万亿级主导产业集群之一。2023年，重庆市经信委印发《重庆市先进材料产业集群高质量发展行动计划（2023—

2027年）》，提出"4+4+N"现代先进材料产业体系，其中，"N"是培育"N"个前沿新材料产业。从四川省对先进材料产业的发展规划上看，2020年发布的《中共四川省委 四川省人民政府关于推动制造业高质量发展的意见》提出，建设先进材料产业集群，培育前沿新材料产业集群。由此可见，发展先进材料产业是成渝地区双城经济圈先进制造业建设的关键任务，其中的前沿新材料又是重庆市和四川省规划的重点产业。气凝胶材料、石墨烯材料，以及涵盖纳米材料、智能材料、仿生材料、液态金属、高熵合金和新型超导材料在内的未来材料，代表着成渝地区双城经济圈先进产业的发展方向，与向上游延伸的原材料产业和向下游延展的智能网联新能源汽车制造、高端装备制造、医疗器械、建筑建材，共同构成成渝地区双城经济圈先进材料产业的前沿发展领域，是未来一段时期成渝地区双城经济圈培育现代化产业的着力点。

立足成渝地区双城经济圈先进材料产业发展基础，在成渝地区双城经济圈建设谋划新发展与先进材料产业发展的重要性日趋凸显的双重条件加持下，成渝地区双城经济圈先进材料产业发展迎来新的机遇。从国家重要区域发展战略的角度上看，成渝地区双城经济圈建设在总体发展规划、科技创新发展、立体交通网络、金融中心建设等领域已有诸多国家层面的政策支持，随着成渝地区双城经济圈建设不断走深走实，未来还将有更多的政策支持，这为当地现代化产业体系的构建，特别是先进材料产业的发展，提供了良好的环境，在科技创新、设施支持、金融支撑等多重助力下，推动地区经济以先进材料产业为引擎，持续向前发展。从先进材料产业整体发展的角度上看，先进材料产业需要立足区域比较优势，深化产业分工与合作，优化产业发展的空间布局。考虑到先进材料产业发展对自然资源有一定的产业指向性，西部地区广袤的国土空间为先进材料产业发展提供天然支持，需要塑造一个核心区域，通过增长极打造带动西部先进材料产业的发展，成渝地区双城经济圈无疑是先进材料产业空间布局中的重要节点。因此，在区域经济发展战略和产业空间布局优化的现实背景下，成渝地区双城经济圈先进材料产业需要抢抓发展新契机，实现产业新突破。

（二）发展意义

1. 培育经济高质量发展的新动能

成渝地区双城经济圈积极发展壮大先进材料产业，能够为培育经济高质量发展新动能、加速经济高质量发展，进而为锚定"具有全国影响力的重要经济中心"的战略定位提供重要支撑。先进材料处于诸多高新技术产业链条的上游，广泛应用于电子信息、航空航天、轨道交通、生物医药、装备制造、绿色低碳等各个领域，是诸多高新技术产业发展的物质基础和"底盘技术"。先进材料产业的发展与创新能够对其他高新技术产业的发展产生强大的带动效应，同时下游高新技术产业对先进材料的新需求能够反过来刺激先进材料产业的发展，加速先进材料产业的换代升级。总的来说，先进材料产业的发展是其他高新技术产业发展的先导和基础，对其他高新技术产业的发展具有明显带动作用。

成渝地区双城经济圈积极推动先进材料产业发展，对地区经济体量增长和质量提升具有显著的促进作用。比如，截至2023年11月，重庆市从事先进材料生产的企业数量超200家，占规上材料企业的1/5。2023年前三季度，重庆市先进材料产业实现规上产值4754.8亿元，同比增长2.5%，先进材料产业规上增加值增长10.3%，对全市工业增长贡献率达到41.8%。[①] 成都市先进材料产业规模稳步提升，粘结钕铁硼磁体、镧系光学玻璃、压电石英晶片、六氟化硫及四氟化碳电子特气等先进材料领域的"拳头产品"市场占有率居全球前列，2022年成都市先进材料规上工业企业实现主营收入超2200亿元，并且近年来先进材料产业连续保持高速增长态势，是成都市经济高质量发展的重要动力。[②] 由此可见，先进材

[①] 《先进材料产业构建"4+4+N"体系 重庆将加大产业转移对接力度》，《重庆日报》2023年11月21日。

[②] 《人工智能产业增速全国第一、多款新型材料"拳头产品"市占率全球领先……成都新制造、新经济表现"抢眼"，金融"七大工程"助力发展提速》，每经网，2023年3月31日，https://www.nbd.com.cn/articles/2023-03-31/2740918.html。

料产业符合地区经济高质量发展的内在要求,呈现快速增长态势,对经济发展具有重要的促进作用。因此,成渝地区双城经济圈积极发展壮大先进材料产业,能够实现经济高质量发展新动能的培育,从而支撑"具有全国影响力的重要经济中心"的建设。

2. 助推科技创新能力取得新突破

先进材料产业是战略性新兴产业中的主导产业,具有技术、资本高度密集的特征,对成渝地区双城经济圈科技创新能力的提升、深入推动"具有全国影响力的科技创新中心"的建设具有重要促进作用。工业和信息化部牵头编制的《新材料产业发展指南》指出,新材料是新出现的具有优异性能或特殊功能的材料,或是传统材料改进后性能明显提高或产生新功能的材料,包括先进基础材料、关键战略材料以及前沿新材料三大类。也就是说,先进材料主要是新型材料的开发创新和传统材料的改造革新,这一产业对研究开发、中间阶段的实验以及最后的生产制备等各个环节都有较高的技术要求,并且产业发展需要的资金规模大、投资周期长,尤其是在初期的研究开发阶段。不仅如此,随着先进材料产业与高新技术产业融合发展加速进行,以新一代信息技术为代表的高新技术在先进材料研发生产过程中起着重要作用,尤其是对先进材料研发制备既有技术路线的改造乃至重塑,使得先进材料的研发和生产效率都大大提高。所以,先进材料产业融合关联性较强、高科技属性凸显,其发展与升级的核心动力必然来自技术的进步和突破。因此,成渝地区双城经济圈着力发展先进材料产业,对地区科创能力的提升具有重要促进作用。

发展先进材料产业对提升区域科技创新能力具有重要意义,尤其是在成渝地区双城经济圈中,先进材料产业的培育将有效推动科技创新能力的增强。首先,先进材料产业的发展依赖于高强度的研发投入,这种投入不仅体现为资金的持续注入,还包括人力资本、技术设备的配备以及创新环境的建设。成渝地区双城经济圈近年来在高技术制造业领域的研发投入显著增加,区域内对先进材料产业科技创新的重视程度不断提高。2019~2022年,四川省高技术制造业的研究与试验发展经费累计达到723.6亿元,年均增长率为

16.4%；研发投入强度达到1.98%，同比提高0.21个百分点。① 2022年，重庆市在高技术制造业的研究与试验发展经费达到118.1亿元，比上年增长11.9%；研发投入强度为1.55%，同比提高0.19个百分点。② 其次，先进材料产业具有强大的外溢效应，在新能源、电子信息、航空航天等高新技术领域的广泛应用，为这些领域的技术创新和产业升级提供牵引力。在成渝地区双城经济圈中，先进材料产业的发展将不断提升区域内部的研发投入强度以及激发其外溢效应，从而提升整个区域的经济竞争力。总的来说，成渝地区双城经济圈通过大力发展先进材料产业，能够推动区域科技创新能力不断提高。

3. 支撑现代化产业体系的新发展

成渝地区双城经济圈发展先进材料产业，对现代化产业体系的构建具有重要的战略意义。先进材料产业作为制造业产业链的基础，不仅提供了关键的原材料，还在推动产业升级、技术创新和区域经济合作中发挥着重要作用。先进材料为第一、第二、第三产业的发展提供了不可或缺的基础性支持，尤其是先进制造业的发展离不开先进材料产业的支撑。比如，在第一产业中，先进材料不仅能够提升农业领域的生产效率，还能够对农业的绿色发展起到积极作用；在第二产业中，先进材料产业为新能源、航空航天等领域提供必要的原材料，是这类产业技术升级与竞争力提升的重要基础；在第三产业中，先进材料的应用有助于信息技术、金融服务、医疗健康等现代服务业的加快发展，进一步提高服务类产品的供给质量。因此，成渝地区双城经济圈发展先进材料产业不仅能够加快区域内部的协调发展、加速本地产业体系的构建，还能够有效支撑全国产业链和供应链的稳定与优化。通过发展先进材料产业，成渝地区双城经济圈能够为国内的相关制造业提供高质量基础原材料，从而进一步融入国内制造业产业链。总的来说，成渝地区双城经济圈作为国家"改革开放新高地"的战略定位，要求其在推动全国经济发展

---

① 《2020年四川省科技经费投入统计公报》《2021年四川省科技经费投入统计公报》《2022年四川省科技经费投入统计公报》《2023年四川省科技经费投入统计公报》。
② 《2022年重庆市科技经费投入统计公报》。

中扮演更加积极的角色。发展先进材料产业既是成渝地区双城经济圈实现经济高质量发展的重要举措，也是引领区域经济合作、服务全国的关键路径，有助于建设"改革开放新高地"。

4. 助力民生事业发展取得新成绩

成渝地区双城经济圈发展先进材料产业对推动民生事业发展具有重要作用，尤其是在提升区域绿色发展水平和改善居民生活质量方面，能够为民生事业发展提供重要助力。具体来说，先进材料能够广泛应用于民生设施领域，特别是绿色环保材料领域，先进材料的广泛应用能够成为成渝地区双城经济圈绿色发展的有效驱动力。一方面，先进材料的应用能够大幅提升民生设施的质量和功能。比如，在道路、桥梁以及建筑物等城市基础设施建设过程中，采用强度高、耐久性好的先进材料能够有效延长城市基础设施的使用寿命，降低维护成本，提高城市基础设施质量。此外，在水处理系统、天然气供应系统等能源设施中应用先进材料，能够提高资源利用效率，减少环境污染，从而提升能源服务的质量。另一方面，绿色材料的广泛应用，是成渝地区双城经济圈推动绿色发展的重要路径。通过在建筑、交通、能源等领域引入低碳环保的先进材料，成渝地区双城经济圈不仅能够有效降低碳排放，还可以减少对自然资源的消耗，加速区域经济向绿色、低碳方向转型。总的来说，通过在民生实业各个领域广泛应用先进材料，能够有效改善民生设施质量、提升居民居住环境水平以及优化生态系统，从而助力成渝地区双城经济圈"高品质生活宜居地"战略目标的实现。

（三）政策支持

1. 国家层面的政策引导

先进材料产业是我国建设现代化产业体系，进而实现经济高质量发展的先导和重要支撑。党中央、国务院科学研判先进材料产业变革重大趋势，持续强化顶层设计与政策供给，围绕先进材料产业及其细分领域发展出台一系列政策规划，基本形成支持先进材料产业发展的政策体系。2013年，工业和信息化部制定了《新材料产业标准化工作三年行动计划》，提出要建设与新材料发展配套适用、对标国际水平，具有创新性、前瞻性的新材料产业标准体系，明确要加大特种金属功能材料、高端金属结构材料、先进高分子材料、新型无机非金属材料、高性能复合材料、前沿新材料等重点新材料领域标准制修订力度，同时提出要在重点新材料领域、重点地区大力开展新材料标准应用示范专项工程，推动地方新材料标准化工作。2016年，工业和信息化部等联合发布《新材料产业发展指南》，首次明确新材料产业的三大发展方向，即先进基础材料、关键战略材料和前沿新材料，提出要大幅提升先进基础材料以及关键战略材料的供应保障能力，推动新材料产业集群化、规模化发展，突破重要领域的关键核心技术与装备制造，逐步打造以企业为主体的协同创新体系。

同时，为提升先进材料产业创新发展能力，推动关键技术转化应用，国家针对先进材料产业发展的具体问题制定行动方案。2016年，工业和信息化部等联合发布《关于加快新材料产业创新发展的指导意见》，提出新材料产业总体技术水平明显提高，逐步进入国际先进行列的发展目标，明确要加快基础材料工业绿色化、智能化转型，推动先进复合材料、先进半导体材料、先进储能材料等关键战略材料的技术攻关与市场化培育，积极做好前沿新材料领域的创新布局。2017年，国家发展和改革委员会制定《新材料关键技术产业化实施方案》，提出要推动先进金属及非金属材料、先进有机材料、先进复合材料等市场潜力大、附加价值高的重点新材料关键技术产业化，全面提升关键技术与装备系统的自主创新能力。

不仅如此，为加快新材料产业重点平台建设，工业和信息化部等部门于2018年先后印发《国家新材料生产应用示范平台建设方案》《国家新材料测试评价平台建设方案》《国家新材料产业资源共享平台建设方案》。其中，《国家新材料生产应用示范平台建设方案》提出，要在重点领域构建以企业为主体、以市场为主导、产学研紧密结合的新材料生产应用示范平台；《国家新材料测试评价平台建设方案》提出，要加快建成新材料测试评价服务网络体系，形成以统筹协调、资源共享为核心功能的主中心，若干重点领域的行业中心以及若干新材料重点发展地区的区域中心；《国家新材料产业资源共享平台建设方案》提出，要建设高效集成、多方主体的新材料产业资源共享服务生态体系。同时，为筑牢制造业根基，推动原材料产业绿色化、数字化转型，国家围绕先进基础材料产业发展制定了一系列政策规划。2021年，工业和信息化部等联合发布《"十四五"原材料工业发展规划》，提出先进基础材料高端产品质量、稳定性、可靠性、适用性明显提升，新材料产业创新能力明显提升的发展目标，明确要突破关键材料，围绕与先进制造业基础零部件相关的高强铝合金、稀有稀贵金属材料、特种工程塑料、纤维新材料开展综合竞争力提升行动，对前沿材料进行前瞻性布局，支持科研机构和企业联合，大力发展超导材料、智能仿生、增材制造材料等先进材料，扩大中高端材料内需，激发中高端材料的消费潜能。2022年，工业和信息化部等多部门联合印发《原材料工业"三品"实施方案》，提出要优化传统材料品种结构，丰富新材料品种，全面提升新材料产品质量品质，大力推动新材料领域品牌建设工程。2023年，工业和信息化部等多部门联合印发《原材料工业数字化转型工作方案（2024—2026年）》，提出要打造原材料领域数字化转型典型场景，突破数字化应用转型关键技术，夯实数字化、网络化、智能化基础，培育数字化转型重点优势新材料企业，推动新材料产业园区数字化、智慧化建设。

2. 地方层面的政策实施

四川省与重庆市高度重视先进材料产业发展，制定了若干政策规划与行动方案。其中，四川省人民政府于2017年制定了《四川省"十三五"战略性新兴产业发展规划》，明确打造新材料领域特色优势产业链，将四川省建成国家重要新材料产业基地的发展目标，大力发展先进金属材料、先进高分子材料、新型无机非金属材料、高性能纤维及复合材料等重点领域，实施新材料产业创新能力提升工程与新材料协同应用工程，努力形成以成都、自贡、攀枝花等市为核心发展区，以泸州、绵阳、广元等市为重点拓展区的产业空间布局。2020年，中共四川省委与四川省人民政府发布《关于推动制造业高质量发展的意见》，提出要培育以钒钛、稀土、石墨烯、特种电子材料等为主导的先进材料产业集群的目标任务，明确要深化成渝地区双城经济

圈北翼地区先进材料产业协作，优化先进材料产业空间布局。2020年，四川省人民政府印发《新材料产业2020年度工作重点》，明确四川省先进材料产业2020年的发展目标与工作任务，提出全年先进材料产业实现营收增长10%以上的目标，提出加快形成钒钛、锂电材料等特色优势产业政策支持与集群体系，加大重点项目投资支持等工作任务。2021年，四川省发展改革委制定《四川省"十四五"规划和2035年远景目标纲要》，提出要壮大钒钛、铝基、晶硅、稀土等生产基地，推动传统化工原料精细化、绿色化转型，发展新材料特色优势集群，前瞻布局前沿新材料，培育钒钛新材料等产业创新中心，打造全国重要的先进材料产业集群。同时，推动传统材料产业绿色化、智能化转型。2022年，四川省经信厅专门制定《四川省"十四五"工业绿色发展规划》，提出要推动钢铁、建材、石化化工、有色金属等重点行业有序实现碳达峰的目标任务，实施工业碳达峰推进工程、工业绿色低碳转型工程以及资源高效循环利用工程，加快原材料、轻工、纺织、建材等传统产业绿色低碳改造升级，大力推广节能、节水、清洁生产技术，推动传统材料工业园区智慧化升级，促进材料产业绿色化、低碳化、循环化、数字化转型。而且，围绕先进材料产业的特色优势领域，四川省分别出台了具体的政策文件。2022年，四川省经信厅发布《四川省钒钛钢铁及稀土产业高质量发展指南》，提出四川省要立足钒钛磁铁矿资源优势，打造世界级钒钛钢铁及稀土产业基地的发展目标，明确突破钒钛磁铁矿综合利用技术等关键技术，优化钢铁、精钒钛产业布局等主要任务，重点发展高性能稀土材料、磁性材料、储能材料等细分领域。2022年，四川省经信厅等部门联合发布《四川省推动磷化工行业节能与绿色低碳发展实施方案》，提出要全面推动磷化工产业优化布局、产品结构调整、生产工艺转型、综合利用提质的发展目标。

重庆市人民政府于2021年印发《重庆市制造业高质量发展"十四五"规划（2021—2025年）》，提出打造六千亿级材料产业集群的发展目标，明确加快气凝胶、石墨烯等前沿材料产业布局，重点发展先进有色合金、高端合成材料、高性能纤维及复合材料等重点领域。2022年，重庆市经信委印发《重庆市材料工业高质量发展"十四五"规划》，进一步明确先进材料产业发展重点方向，提出要做大先进有色合金、高性能纤维和复合材料、新能源材料三大特色新材料产业，培育气凝胶、石墨烯、未来材料三大前沿新材料，做优先进钢铁材料、绿色建材两大先进基础材料的目标任务，同时提出要构建成渝地区双城经济圈先进材料产业协同发展格局，建设川渝合作示范园区、万达开川渝统筹发展示范区等先进材料产业协同发展的合作示范区。同时，为推动先进材料产业集群发展，2023年，重庆市经信委发布《重庆市先进材料产业集群高质量发展行动计划（2023—2027年）》，提出要打造"4+4+N"现代先进材料产业体系。其中，第一个"4"指先进有色金属材料、先进钢铁材料、先进化工材料、先进绿色建材四大先进基础材料产业；第二个"4"指新能源材料、特种功能材料、新一代信息技术材料、储能材料四大关键战略材料产业；"N"指气凝胶材料、石墨烯材料、未来材料等N个前沿新材料产业。此外，围绕合成材料、轻合金材料、纤维及复合材料三大细分优势领域，重庆市出台了专门的行动方案。其中，《重庆市合成材料产业高质量发展行动计划（2023—2027年）》提出，要做强聚氨酯、聚酰胺等优势合成材料产业，布局成长型合成材料产业，积极发展氟材料产业，培育可降解材料产业。《重庆市轻合金材料产业集群高质量发展行动计划（2023—2027年）》提出，要打造具有国际影响力的轻合金材料产业集群，实现轻合金材料产业规模突破2000亿元的发展目标，实施固链强链延链、技术创新、品质提升、主体培育、协同发展五大专项行动，优化全市轻合金材料产业空间布局，加大金融支持力度。《重庆市纤维及复合材料产业集群高质量发展行动计划（2023—2027年）》提出，要加快建设国家重要玻璃纤维及复合材料产业基地，实现纤维及复合材料产业规模突破500亿元的发展目标。

与此同时，四川省与重庆市不断加大政策沟通和联合施策力度，提升两地先进材料产业协同发展的水平。比如，2021年两地联合印发《重庆四川两省市贯彻落实〈成渝地区双城经济圈建设规划纲要〉联合实施方案》，提出要整合两地区先进材料产业特色优势资源，优化提升钒钛钢铁、锂电材料、铝镁钛轻合金、晶硅光伏、基板玻璃、特种陶瓷、氟硅新材料等先进材料产业布局。

二 成渝地区双城经济圈先进材料产业建设进展

(一)总体的建设进展

1. 企业数量稳步增长

成渝地区双城经济圈紧跟中央发展规划需求,积极推进先进材料产业建设。近年来,成渝地区双城经济圈先进材料产业企业数量得到了快速的增长。具体而言,如图1所示,成渝地区双城经济圈先进材料产业企业数量从2019年的49138家增加至2023年的87719家,增长率达到了78.52%。其中,2019~2021年增长较为迅速,且增长率逐年提升,2021年增长率已经超过20%。2022年之后,成渝地区双城经济圈先进材料产业企业数量由快速增长阶段开始转向平稳增长阶段。总体而言,成渝地区双城经济圈先进材料产业企业数量已经处于稳步增长的状态,未来将稳中向好地继续增长。

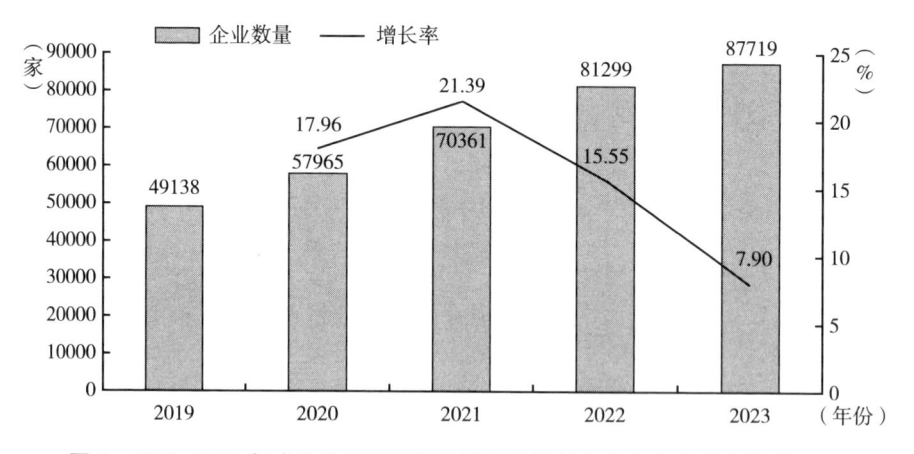

图1 2019~2023年成渝地区双城经济圈先进材料产业企业数量及其增长率

资料来源:作者根据教育部人文社会科学重点研究基地重庆工商大学成渝地区双城经济圈建设研究院"成渝地区双城经济圈产业云图系统"数据资料整理得出。

成渝地区双城经济圈先进材料产业可进一步分解为产业链上游①企业、产业链中游②企业和产业链下游③企业。根据上中下游企业的划分，可以进一步剖析先进材料细分产业中的企业数量变化。具体而言，如表1和图2所示，先进材料产业上中下游的各个企业数量总体而言都在平稳增长。就数量而言，上游企业数量最少，中游企业数量较少，下游企业数量最多，且下游企业数量是上中游企业数量总和的5倍左右。从增长率来看，除2023年上中游企业数量的增长率普遍下降外，2020~2022年上游企业数量的增长率一直保持在10%左右，中游企业数量的增长率一直保持高于15%，下游企业在经历了2020年和2021年20%左右的高速增长后开始逐步下降。但综合来看，下游企业数量仍以16.29%的年均增长率排名第一，中游企业则以15.12%的年均增长率位居其次，上游企业以8.92%的年均增长率位居最后。值得注意的是，2019~2023年上中下游企业数量的年均增长率排名和其数量排名保持一致，总体而言，先进材料产业上中下游企业数量都保持稳步增长。

表1 2020~2023年成渝地区双城经济圈先进材料产业上中下游企业数量的增长率

单位：%

	2020年	2021年	2022年	2023年	2019~2023年的年均增长率
下游	19.06	22.62	16.09	7.92	16.29
上游	9.08	12.00	9.99	4.73	8.92
中游	16.80	18.86	15.15	10.03	15.12

资料来源：作者根据教育部人文社会科学重点研究基地重庆工商大学成渝地区双城经济圈建设研究院"成渝地区双城经济圈产业云图系统"数据资料整理得出。

① 产业链上游为原材料领域，具体包括金属原料、化学纤维、陶瓷、树脂和石墨。
② 产业链中游包括气凝胶材料、石墨烯材料和未来材料三个基础领域。具体而言，气凝胶材料包括碳基气凝胶、有机气凝胶和新型氧化物气凝胶；石墨烯材料包括石墨烯粉体、石墨烯薄膜、石墨烯浆料、石墨烯纤维和石墨烯改性复合材料；未来材料包括纳米材料、智能材料、仿生材料、液态金属、高熵合金和新型超导材料。
③ 产业链下游则由高端装备制造、健康、建筑和汽车四个领域构成。具体而言，高端装备制造包括轨道交通、航空、船舶和装备制造；健康包括医疗器械和运动器材；建筑包括建筑材料和装饰装修；汽车包括汽车制造。

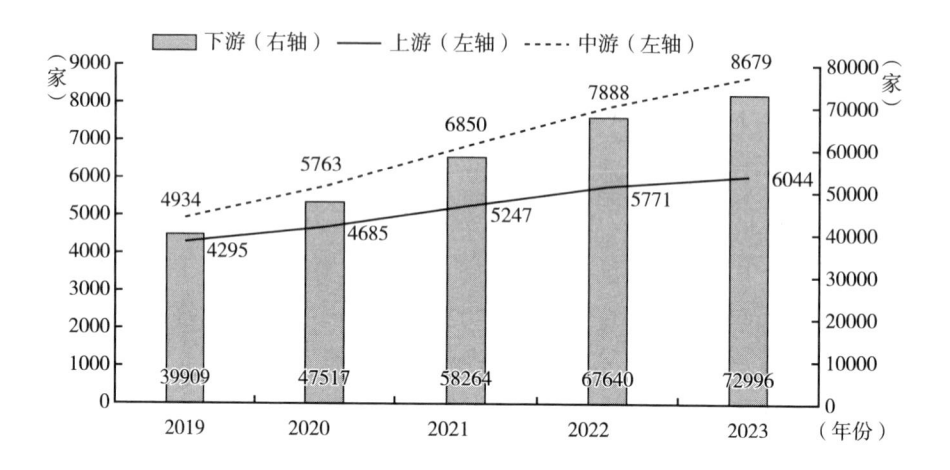

图 2 2019~2023 年成渝地区双城经济圈先进材料产业上中下游企业数量

2. 经营效益有所提升

近年来，成渝地区双城经济圈先进材料产业企业在数量稳定增长的同时，经营效益不断提升。作为成渝地区双城经济圈中最重要的两大核心城市，成都市和重庆市的发展状况在一定程度上代表了成渝地区双城经济圈先进材料产业的总体发展状况。具体而言，如表 2 和图 3 所示，2018~2022 年成都市和重庆市排名前 10 的上市企业营收额总体来说不断上升，成都市从 2018 年的 178.0 亿元增加至 2022 年的 296.9 亿元，增长率为 66.8%；重庆市从 2018 年的 1990.9 亿元增加至 2022 年的 3187.5 亿元，增长率为 60.1%。更进一步，成都市和重庆市排名前 10 的上市企业营收额在 2020~2021 年都经历了大幅度的上涨。成都市在 2021 年的增长率达到了 25.90%，重庆市在 2021 年的增长率更是达到了 29.48%。从 2018~2022 年的年均增长率来看，成都市为 13.64%，重庆市为 12.49%，二者基本持平，但成都市略微领先。

单个企业的发展状况也能很好地说明成都市和重庆市先进材料产业企业收益始终稳步上升。昊华化工科技集团股份有限公司（以下简称"昊华化工科技"）是成都市 2018~2022 年上市企业营收额排名第一的企业。其

表2　2019~2022年成都市、重庆市先进材料产业排名前10的上市企业营收额增长率

单位：%

	2019年	2020年	2021年	2022年	2018~2022年的年均增长率
成都市	4.83	9.65	25.90	15.26	13.64
重庆市	4.56	8.87	29.48	8.62	12.49

资料来源：作者根据教育部人文社会科学重点研究基地重庆工商大学成渝地区双城经济圈建设研究院"成渝地区双城经济圈产业云图系统"数据资料整理得出。

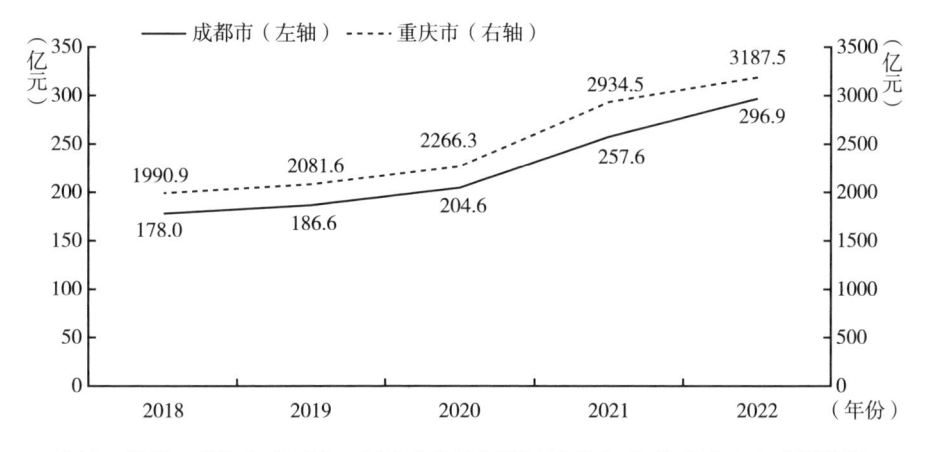

图3　2018~2022年成都市、重庆市先进材料产业排名前10的上市企业营收额

立志成为中国先进化工材料的引领者。昊华化工科技主要从事高端氟材料、电子化学品和特种化工材料的研发与生产，服务于国家多个核心产业，同时在工程技术服务与创新等领域有较大发展。[1] 2023年，在化工行业景气持续下行，产品价格高位持续回落，市场竞争加剧，全行业增产增销不增利、收入利润双下降的大背景下，昊华化工科技仍实现了营业收入78.52亿元，净利润达9亿元，新产品收入同比增长10.4%，主营业务综合毛利率同比提升

---

[1] 《昊华化工科技集团股份有限公司》，"昊华科技"微信公众号，2022年10月19日，https://mp.weixin.qq.com/s/xAHAcMRuiUfYC_3gkC723g。

2.17个百分点，总体高于行业水平，在同行中脱颖而出。① 重庆长安汽车股份有限公司是重庆市2018~2022年上市企业营收额排名第一的企业。中国长安汽车集团有限公司（以下简称"长安汽车"）是中国汽车四大集团之一，拥有162年的历史底蕴、40年的造车经验，全球有12个制造基地、22个工厂，是中国汽车品牌的典型代表之一。② 产品销量方面，2023年长安汽车销量超255万辆，其中自主品牌新能源销量超47万辆，自主品牌海外销量超23万辆，同时创历史新高。③ 财务数据方面，2023年长安汽车营业总收入1512.97亿元，较上一年增长了24.78%，净利润达95.02亿元，总体稳中向好发展。④

（二）产业链建设进展

1.产业链全链条建设稳步推进

产业链的完整度不仅对单个企业的运营和发展至关重要，也对整个经济体系的稳定和可持续发展具有重要意义。成渝地区双城经济圈通过稳步推进产业链全链条的建设，使产业链相关企业能够提高效率、降低成本、提升产品质量，并在市场竞争中保持领先地位。

以成渝地区双城经济圈中的成都市和重庆市为例，通过对成都市和重庆市的产业链完整度进行计算⑤，结果如图4所示。具体而言，成都市上中下游产业链完整度均为100%，产业链综合完整度为100%，说明成都市已经

---

① 《一图读懂昊华科技2023年年度报告》，"昊华科技"微信公众号，2024年5月2日，https://mp.weixin.qq.com/s/OFxk5igMmegAQ907JR89iA。
② 长安汽车网站，https://www.changan.com.cn。
③ 《销量快报 | 2023年长安汽车全年销量超255万辆，自主品牌新能源销量超47万辆，自主品牌海外销量超23万辆》，"长安汽车"微信公众号，2024年1月2日，https://mp.weixin.qq.com/s/zLIAsHmNJlsOZnyC19Z4dQ。
④ 长安汽车网站，https://www.changan.com.cn。
⑤ 基于产业链各环节的企业数量，判断每个环节是否有企业，然后统计有企业的环节数量，最后通过公式"完整度=有企业的环节数量/环节总数量×100%"计算出产业链完整度。同时，可对产业链上游、中游、下游分开进行统计计算。计算数据来源于教育部人文社会科学重点研究基地重庆工商大学成渝地区双城经济圈建设研究院"成渝地区双城经济圈产业云图系统"。

拥有了极为完善的产业链布局。重庆市产业链上游完整度为100%，中游完整度为68.75%，下游完整度为88.89%，产业链综合完整度为80%，说明重庆市已经拥有了较为完善的产业链布局，但产业链中下游建设还需加强。总体而言，成都市和重庆市都已经拥有了几近完善的产业链布局，产业链全链条建设稳步推进。

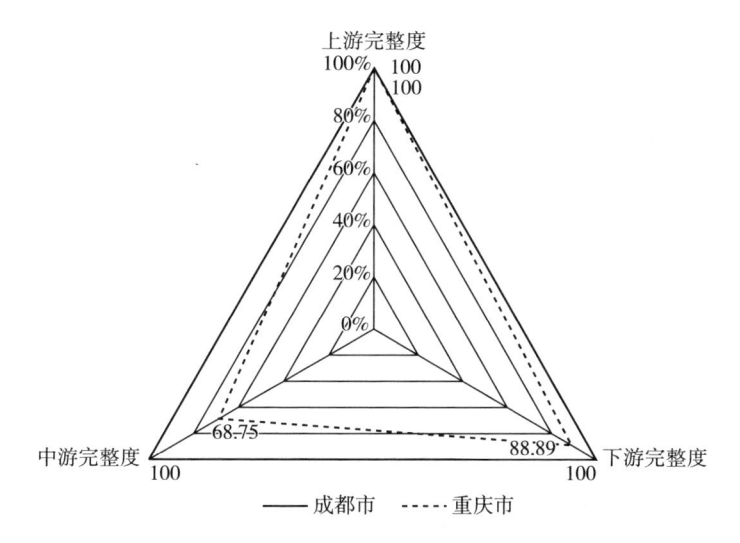

图4 成都市、重庆市先进材料产业链完整度

资料来源：作者根据教育部人文社会科学重点研究基地重庆工商大学成渝地区双城经济圈建设研究院"成渝地区双城经济圈产业云图系统"数据资料整理得出。

2. 分环节的企业数量不断增加

近年来，成渝地区双城经济圈先进材料产业不仅企业总体数量和上中下游企业数量都稳步增长，且分环节各企业数量不断增加。以成渝地区双城经济圈的核心城市成都市和重庆市为例，2019~2023年成都市先进材料产业分环节企业数量如表3所示，上游的原材料领域企业数量从2019年的1820家增加至2023年的2457家，增长率为35%。中游的气凝胶材料领域企业数量变动较小，增长率仅为8.70%；石墨烯材料领域企业数量在2019~2022年保持不变，2023年增加了5家；未来材料领域企业数量则从2019年的832

家增加至2023年的3232家，增长率高达288.46%，发展势头强劲。综合来看，2019~2023年，中游企业数量增长率为204.28%，企业数量增加了两倍。下游企业的高端装备制造领域企业数量增长率为51.43%；健康领域企业数量仅增加了1家；建筑领域企业数量从2019年的12679家增加至2023年的22763家，在较大基数的前提下增长率仍达到了79.53%；汽车领域企业数量则保持不变。综合来看，下游企业数量增长率为75.54%。

表3　2019~2023年成都市先进材料产业分环节企业数量

单位：家

企业所属产业链	企业所属领域	2019年	2020年	2021年	2022年	2023年
上游	原材料	1820	1942	2015	2348	2457
中游	气凝胶材料	345	355	370	375	375
	石墨烯材料	15	15	15	15	20
	未来材料	832	2130	2523	2927	3232
下游	高端装备制造	2030	2210	2429	2745	3074
	健康	15	15	15	16	16
	建筑	12679	15006	18340	21125	22763
	汽车	9	9	9	9	9

资料来源：作者根据教育部人文社会科学重点研究基地重庆工商大学成渝地区双城经济圈建设研究院"成渝地区双城经济圈产业云图系统"数据资料整理得出。

2019~2023年重庆市先进材料产业分环节企业数量如表4所示，上游的原材料领域企业数量从2019年的1420家增加至2023年的2108家，增长率为48.45%。中游的气凝胶材料领域企业数量从2019年的295家增加至2023年的375家，增长率为27.12%；未来材料领域则从2019年的1746家增加至2023年的3234家，增长率为85.22%。综合来看，2019~2023年，中游企业数量增长率为76.83%，企业数量快速增长。下游企业的高端装备制造领域企业数量增长率为41.49%；健康领域企业数量仅增加了2家；建筑领域企业数量从2019年的7507家增加到了2023年的16764家，在较大基数的前提下增长率仍达到了123.31%，在数量上翻了一番；汽车领域企业数量仅增加了1家。综合来看，下游企业数量增长率为97.80%。

表4 2019~2023年重庆市先进材料产业分环节企业数量

单位：家

企业所属产业链	企业所属领域	2019年	2020年	2021年	2022年	2023年
上游	原材料	1420	1602	1848	2026	2108
中游	气凝胶材料	295	345	375	375	375
	石墨烯材料	—	—	—	—	—
	未来材料	1746	2151	2585	2953	3234
下游	高端装备制造	3326	3651	4072	4425	4706
	健康	20	20	22	22	22
	建筑	7507	10415	13245	15703	16764
	汽车	26	26	27	27	27

注：重庆市石墨烯企业数据缺失。

资料来源：作者根据教育部人文社会科学重点研究基地重庆工商大学成渝地区双城经济圈建设研究院"成渝地区双城经济圈产业云图系统"数据资料整理得出。

（三）产业竞争力塑造

1. 产业竞争力逐步提升

产业竞争力是评价地区某一特定产业市场竞争力的重要指标。近年来，成渝地区双城经济圈先进材料产业蓬勃发展，产业竞争力逐步提升。较强的产业竞争力能够使该产业中的企业在市场中占据有利地位，吸引更多投资和消费，从而实现持续的增长和盈利。通过将产业竞争力分为产业链完整度、企业数量、龙头企业数量、高效益企业数量、高价值环节和产业专利数量六个部分，可以得到特定地区产业评测得分结果。

以成渝地区双城经济圈的核心城市成都市和重庆市为例，如图5所示，成都市先进材料产业链完整度得分为96.30，拥有极为完善的产业链布局；先进材料产业企业数量为31163家，在全国城市排名第6，得分为98.34，有极好的产业发展优势；先进材料产业龙头企业数量为2家，占全产业链龙头企业的0.98%，得分为22.22，龙头企业的带动效应还有所不足；先进材料产业高价值环节有6个，分别为纳米材料、智能材料、仿生材料、碳基气凝胶、铝基气凝胶和石墨烯纤维，得分为83.33，高价值环节的占比为

66.67%；先进材料产业高效益企业数量得分为66.32，其中盈利企业的占比为44.44%，盈利水平一般；先进材料产业专利数量为9.38万件，其中发明专利的占比为23.09%，产业专利数量得分为96.75，在全国城市排名第5，在技术方面展示出极好的竞争力。成都市综合得分为60.26，在全国城市排名第4。

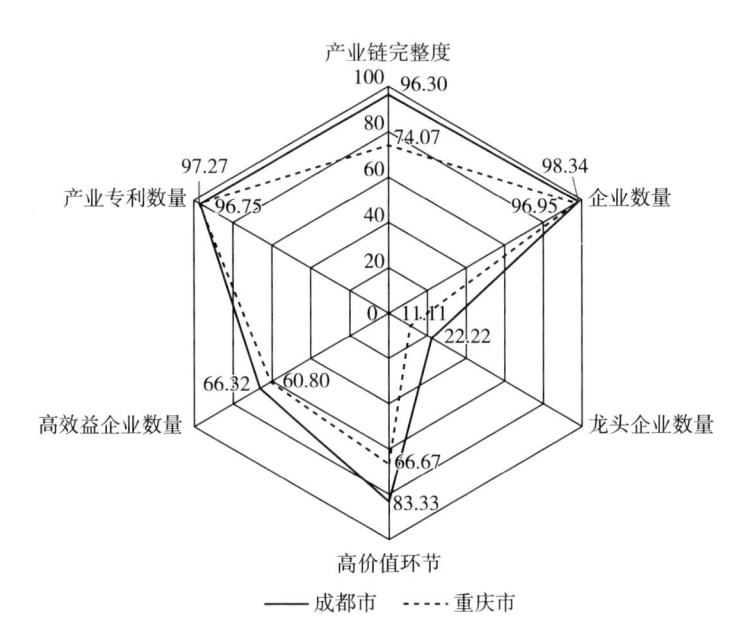

图5　成都市、重庆市先进材料产业测评得分

资料来源：作者根据教育部人文社会科学重点研究基地重庆工商大学成渝地区双城经济圈建设研究院"成渝地区双城经济圈产业云图系统"数据资料整理得出。

重庆市先进材料产业链完整度得分为74.07，拥有较为完善的产业链布局，中游完整度为68.75%，下游完整度为88.89%，产业链中下游完整度还需提高；先进材料产业企业数量为26432家，在全国城市排名第11，得分为96.95，有较好的产业发展优势；先进材料产业龙头企业数量为2家，占全产业链龙头企业的比重为0.98%，得分为11.11，龙头企业的带动效应还有所不足；先进材料产业高价值环节有5个，分别为纳米材料、智能材料、仿生材料、碳基气凝胶和铝基气凝胶,得分为66.67,高价值环节的占比为55.56%;先进材料产业高效益企业数量得分为60.80,其中盈利企业的占比为41.27%,盈利水平一般;先进材料产业专利数量为11.56万件,其中发明专利的占比为18.31%,产业专利数量得分为97.27,在全国城市排名第4,在技术方面展示出极好的竞争力。重庆市综合得分为52.05,在全国城市排名第5。

2. 产业集聚效应持续扩大

产业集聚不仅是推动区域经济增长的重要方式,还是构建区域创新系统的一种重要方式,更是提升区域竞争力的重要方式之一。近年来,成渝地区双城经济圈先进材料产业的快速发展吸引了来自全国各地的优秀企业落户,产业聚集效应持续扩大。这不仅有利于资源的集中、人才的储备、技术的创新以及知识的共享,还有利于"滚雪球效应"的形成,从而进一步扩大产业和市场的规模。

以成渝地区双城经济圈的核心城市成都市和重庆市为例,如表5所示,2019~2023年成都市先进材料产业企业迁出去向排名前10的城市主要可以分为三类:第一类是以北京、上海、深圳为代表的一线城市;第二类是成渝地区双城经济圈核心城市之一的重庆市;第三类是四川省除成都市以外的其他城市。具体而言,迁出去向是重庆市的企业数量最多,达到了529家,超过了第一类迁出去向城市企业数量总和(229家)以及第三类迁出去向城市企业数量总和(397家)。2019~2023年成都市先进材料产业企业迁入来向排名前10的城市主要可以分为四类:第一类是以北京、上海、深圳和广州为代表的一线城市;第二类是成渝地区双城经济圈核心城市之一的重庆市;第三类是以苏州、天津、杭州为代表的东部沿海地区城市;第四类是四川省除成都市以外的其他城市。具体而言,由北京市迁入成都市的先进材料产业企业数量一骑绝尘,达到了2434家。第一类迁入城市企业数量总数达到了4466家,超越了第二类、第三类和第四类迁入城市企业数量总和(1415家)。总体来看,成都市先进材料产业迁入企业数量远超迁出企业数量,若以迁出与迁入排名前10的城市为考察对象,

则迁出企业数量为1155家，迁入企业数量为5881家，迁入企业数量约是迁出企业数量的5倍。

表5 2019~2023年成都市先进材料产业企业迁出与迁入排名前10的城市

单位：家

成都市先进材料产业企业迁出①去向排名前10的城市									
重庆	上海	四川德阳	北京	四川峨眉山	四川雅安	四川凉山	四川宜宾	广东深圳	四川达州
529	91	88	79	72	65	61	60	59	51
成都市先进材料产业企业迁入②来向排名前10的城市									
北京	上海	广东深圳	重庆	江苏苏州	广东广州	天津	浙江杭州	四川眉山	四川德阳
2434	1005	769	360	282	258	226	217	174	156

资料来源：作者根据教育部人文社会科学重点研究基地重庆工商大学成渝地区双城经济圈建设研究院"成渝地区双城经济圈产业云图系统"数据资料整理得出。

如表6所示，2019~2023年重庆市先进材料产业企业迁出去向排名前10的城市主要可以分为四类：第一类是以北京、上海、深圳和广州为代表的一线城市；第二类是成渝地区双城经济圈核心城市之一的四川省成都市；第三类是以苏州和南京为代表的东部沿海地区城市；第四类是以昆明、遵义、贵阳为代表的西南地区城市。具体而言，迁出去向是成都市的企业数量最多，达到了360家，超过了第一类迁出去向城市企业数量总和（258家）、第三类迁出去向城市企业数量总和（56家）和第四类迁出去向城市企业数量总和（100家）。2019~2023年重庆市先进材料产业企业迁入来向排名前10的城市主要可以分为四类：第一类是以北京、上海、深圳和广州为代表的一线城市；第二类是成渝地区双城经济圈核心城市之一的四川省成都市；第三类是以苏

---

① 迁出的定义：①注册地址在本地的企业，在外地开设分支机构；②注册地址由本地变更为外地；③注册地址为本地的企业，对外地企业进行了投资且持股比例在10%及以上。
② 迁入的定义：①在本地开设分支机构；②注册地址由外地变更为本地；③外地企业对本地企业进行了投资且持股比例在10%及以上。

州、天津、杭州和温州为代表的东部沿海地区城市；第四类是以武汉为代表的中部地区城市。具体而言，由北京市迁入重庆市的先进材料产业企业数量遥遥领先，达到了2739家，且第一类迁入城市企业数量总数达到了3528家，超越了第二类、第三类、第四类迁入城市企业数量总和（1033家）。总体来看，重庆市先进材料产业迁入企业数量远超迁出企业数量，若以迁出与迁入排名前10的城市为考察对象，则迁出企业数量为774家，迁入企业数量为4561家，迁入企业数量约是迁出企业数量的6倍。

表6 2019~2023年重庆市先进材料产业企业迁出与迁入排名前10的城市

单位：家

重庆市先进材料产业企业迁出去向排名前10的城市									
四川成都	广东深圳	上海	北京	云南昆明	贵州遵义	广东广州	贵州贵阳	江苏苏州	江苏南京
360	79	77	72	39	32	30	29	28	28
重庆市先进材料产业企业迁入来向排名前10的城市									
北京	四川成都	上海	广东深圳	江苏苏州	天津	湖北武汉	广东广州	浙江杭州	浙江温州
2739	529	392	315	128	116	110	82	79	71

资料来源：作者根据教育部人文社会科学重点研究基地重庆工商大学成渝地区双城经济圈建设研究院"成渝地区双城经济圈产业云图系统"数据资料整理得出。

三 成渝地区双城经济圈先进材料产业空间分布

（一）重庆都市圈先进材料产业发展与布局

1. 区域企业总体数量

重庆都市圈是成渝地区双城经济圈的两大都市圈之一，其先进材料产业的企业数量在地区中占有很大比重。首先，重庆都市圈先进材料企业数量较多，在成渝地区双城经济圈中的占比较大。如表7所示，截至2024年7月，重庆都市圈先进材料产业企业数量为27628家，占成渝地区双城经济圈先进材料产业全部企业的 31.89%，庞大的企业数量为重庆都市圈先进材料产业的发展提供了巨大的助力。

表 7　截至 2024 年 7 月重庆都市圈先进材料产业企业数量及占比

单位：家，%

	企业数量	占比
重庆都市圈	27628	31.89

注：企业数量既包含特大型、大型、中型、小型、微型企业，也包含其他无法判断规模的企业，此后不赘。

资料来源：作者根据教育部人文社会科学重点研究基地重庆工商大学成渝地区双城经济圈建设研究院"成渝地区双城经济圈产业云图系统"数据资料整理得出。

其次，重庆都市圈先进材料产业不同规模的企业占比差别不大，大多介于 30%~40%，其中特大型企业数量较多，占地区的比重较高。具体来说，如表 8 所示，截至 2024 年 7 月，重庆都市圈先进材料产业中，特大型规模企业数量为 299 家，占 40.57%；大型规模企业数量为 259 家，占 32.25%；中型规模企业数量为 882 家，占 32.67%；小型规模企业数量为 1419 家，占 31.77%；微型企业数量为 18666 家，占 31.56%。其中，特大型规模企业占地区的比重远超其他规模的占比，说明重庆都市圈先进材料产业的特大型规模企业具有比较优势。

表 8　截至 2024 年 7 月重庆都市圈先进材料产业不同规模企业数量及占比

单位：家，%

企业规模	企业数量	占比
特大型	299	40.57
大型	259	32.25
中型	882	32.67
小型	1419	31.77
微型	18666	31.56

注：占比为占成渝地区双城经济圈同规模企业的比重。

资料来源：作者根据教育部人文社会科学重点研究基地重庆工商大学成渝地区双城经济圈建设研究院"成渝地区双城经济圈产业云图系统"数据资料整理得出。

最后，重庆都市圈先进材料产业不同类型的企业数量差别较大，占比差异也较大。具体来说，如表9所示，截至2024年7月，重庆都市圈先进材料产业拥有成渝地区双城经济圈唯一一家独角兽企业——赛力斯汽车有限公司；小巨人企业数量为10家，占地区的比重为71.43%，占比非常高；专精特新企业和高新技术企业数量分别为183家和831家，占比分别为43.16%和37.52%，占地区的比重比较高；上市企业、科技型中小企业和瞪羚企业数量分别为48家、553家和11家，占比仅分别为33.10%、24.12%和15.28%，在三大区域中占比较低。

表9 截至2024年7月重庆都市圈先进材料产业不同类型企业数量及占比

单位：家，%

企业类型	企业数量	占比
上市企业	48	33.10
高新技术企业	831	37.52
科技型中小企业	553	24.12
专精特新企业	183	43.16
瞪羚企业	11	15.28
小巨人企业	10	71.43
独角兽企业	1	100.00

注：占比为占成渝地区双城经济圈同类型企业的比重；除上述企业类型外，还有其他类型未列出，此后不赘。

资料来源：作者根据教育部人文社会科学重点研究基地重庆工商大学成渝地区双城经济圈建设研究院"成渝地区双城经济圈产业云图系统"数据资料整理得出。

2. 分城市的企业分布情况

重庆市作为成渝地区双城经济圈的核心城市，在重庆都市圈两大城市（重庆市和广安市）中占据绝对优势地位，遥遥领先于广安市。首先，在重庆都市圈先进材料产业城市企业总数上，重庆市远远超过广安市。如表10所示，截至2024年7月，重庆市先进材料企业数量为26432家，广安市仅有1196家，重庆市的企业数量是广安市的22倍多；在地区占比中，重庆市占比高达30.51%，广安市仅为1.38%。

表 10　截至 2024 年 7 月重庆都市圈两大城市先进材料产业企业数量及占比

单位：家，%

	企业数量	占比
重庆市	26432	30.51
广安市	1196	1.38

注：占比为占成渝地区双城经济圈企业总数量的比重。
资料来源：作者根据教育部人文社会科学重点研究基地重庆工商大学成渝地区双城经济圈建设研究院"成渝地区双城经济圈产业云图系统"数据资料整理得出。

其次，在重庆都市圈先进材料产业不同规模的企业数量上，重庆市在所有规模的企业数量上都远超广安市。具体来说，如表 11 所示，截至 2024 年 7 月，重庆市拥有特大型、大型、中型、小型和微型企业数量分别为 299 家、253 家、853 家、1354 家和 17875 家；广安市则分别为 0 家、6 家、29 家、65 家和 791 家，都远少于重庆市。可见，在重庆都市圈先进材料产业中，重庆市在各种企业规模上都处于绝对领先地位，是重庆都市圈的核心。

表 11　截至 2024 年 7 月重庆都市圈两大城市先进材料产业不同规模企业数量

单位：家

	特大型	大型	中型	小型	微型
重庆市	299	253	853	1354	17875
广安市	0	6	29	65	791

资料来源：作者根据教育部人文社会科学重点研究基地重庆工商大学成渝地区双城经济圈建设研究院"成渝地区双城经济圈产业云图系统"数据资料整理得出。

最后，在重庆都市圈先进材料产业不同类型的企业数量上，重庆市仍然遥遥领先广安市。具体来说，如表 12 所示，截至 2024 年 7 月，重庆市在高新技术企业、科技型中小企业和专精特新企业上数量较多，分别为 814 家、523 家和 181 家；广安市的这三种类型企业数量很少，远少于重庆市，但在本市中具有比较优势，分别为 17 家、30 家和 2 家；在上市企业、瞪羚企业、小巨人企业和独角兽企业上，重庆市的企业数量分别为 48 家、11 家、

10家和1家,而广安市均为0家,这意味着重庆市这四种类型的企业数量在重庆都市圈中均占100%。值得一提的是,重庆市的独角兽企业数量只有1家,而且是成渝地区双城经济圈中唯一的1家。

表12 截至2024年7月重庆都市圈两大城市先进材料产业不同类型企业数量

单位:家

	上市企业	高新技术企业	科技型中小企业	专精特新企业	瞪羚企业	小巨人企业	独角兽企业
重庆市	48	814	523	181	11	10	1
广安市	0	17	30	2	0	0	0

资料来源:作者根据教育部人文社会科学重点研究基地重庆工商大学成渝地区双城经济圈建设研究院"成渝地区双城经济圈产业云图系统"数据资料整理得出。

(二)成都都市圈先进材料产业发展与布局

1. 区域企业总体数量

成都都市圈是成渝地区双城经济圈另一大都市圈,其先进材料产业的企业数量与重庆都市圈不相上下,甚至在部分方面领先于重庆都市圈和成渝地区双城经济圈其他区域。首先,在企业总体数量上,如表13所示,截至2024年7月,成都都市圈先进材料企业数量为37640家,占比高达43.44%,超过重庆都市圈,居三大区域首位。3万多家先进材料产业企业不仅促进了成都都市圈先进材料产业的繁荣发展,而且为成渝地区双城经济圈先进材料产业的发展提供了不竭动力。

表13 截至2024年7月成都都市圈先进材料产业企业数量及占比

单位:家,%

	企业数量	占比
成都都市圈	37640	43.44

资料来源:作者根据教育部人文社会科学重点研究基地重庆工商大学成渝地区双城经济圈建设研究院"成渝地区双城经济圈产业云图系统"数据资料整理得出。

其次，在不同企业规模上，成都都市圈先进材料产业企业的占比都超过了40%，成为引领成渝地区双城经济圈发展的领头羊。具体来说，如表14所示，截至2024年7月，成都都市圈的大型和中型企业占地区的比重都接近50%，分别为49.19%和49.52%，企业数量分别为395家和1337家，在不同规模的企业占比中具有较大优势。而特大型、小型和微型企业的占比也都超过了40%，分别为42.33%、47.65%和43.47%，企业数量分别为312家、2128家和25712家，成为成渝地区双城经济圈先进材料产业的中流砥柱。

表14 截至2024年7月成都都市圈先进材料产业不同规模企业数量及占比

单位：家，%

企业规模	企业数量	占比
特大型	312	42.33
大型	395	49.19
中型	1337	49.52
小型	2128	47.65
微型	25712	43.47

注：占比为占成渝地区双城经济圈同规模企业的比重。
资料来源：作者根据教育部人文社会科学重点研究基地重庆工商大学成渝地区双城经济圈建设研究院"成渝地区双城经济圈产业云图系统"数据资料整理得出。

最后，在不同企业类型上，成都都市圈先进材料产业企业数量及占比有高有低，与重庆都市圈相比各有优劣。具体来说，如表15所示，截至2024年7月，成都都市圈先进材料产业在上市企业、高新技术企业、科技型中小企业和瞪羚企业上具有优势，占地区的比重较高，企业数量分别为69家、1003家、1016家和47家，占比分别为47.59%、45.28%、44.31%和65.28%，说明成都都市圈的科技型企业发展较好，数量较多。但是，在专精特新企业和小巨人企业上，成都都市圈的企业数量相对较少，分别为134家和3家，占比仅分别为31.60%和21.43%，尤其是在独角兽企业上，成都都市圈还没有培育出独角兽企业。

表 15 截至 2024 年 7 月成都都市圈先进材料产业不同类型企业数量及占比

单位：家，%

企业类型	企业数量	占比
上市企业	69	47.59
高新技术企业	1003	45.28
科技型中小企业	1016	44.31
专精特新企业	134	31.60
瞪羚企业	47	65.28
小巨人企业	3	21.43
独角兽企业	0	0.00

注：占比为占成渝地区双城经济圈同类型企业的比重。
资料来源：作者根据教育部人文社会科学重点研究基地重庆工商大学成渝地区双城经济圈建设研究院"成渝地区双城经济圈产业云图系统"数据资料整理得出。

2. 分城市的企业分布情况

成都都市圈包括成都市、德阳市、眉山市和资阳市四个城市，其中成都市先进材料产业发展水平遥遥领先，其他三个城市的先进材料产业发展水平差别不大。首先，成都市先进材料产业企业数量非常多，不仅超过其他三个城市之和，还在成渝地区双城经济圈先进材料产业企业中的占比最高。具体来说，如表 16 所示，截至 2024 年 7 月，成都市先进材料企业数量高达 31163 家，占地区的比重为 35.97%，不仅在成都都市圈各城市中占领先地位，而且在成渝地区双城经济圈中的占比最高；德阳市、眉山市和资阳市先进材料产业企业数量分别为 3174 家、2095 家和 1208 家，占比分别为 3.66%、2.42% 和 1.39%，合计数量为 6477 家，合计占 7.47%，远远低于成都市。

其次，在成都都市圈先进材料产业不同规模的企业数量上，成都市在不同规模的企业数量上都居于领先地位，德阳市次之，眉山市排名第三，资阳市最少。具体来说，如表 17 所示，截至 2024 年 7 月，成都市先进材料产业特大型、大型、中型、小型和微型企业数量分别为 261 家、322 家、1071 家、1702 家和 21433 家，所有类型的企业数量都高于德阳市、眉山市和资

表 16　截至 2024 年 7 月成都都市圈先进材料产业各城市企业数量及占比

单位：家，%

	企业数量	占比
成都市	31163	35.97
德阳市	3174	3.66
眉山市	2095	2.42
资阳市	1208	1.39

注：占比为占成渝地区双城经济圈企业总数量的比重。
资料来源：作者根据教育部人文社会科学重点研究基地重庆工商大学成渝地区双城经济圈建设研究院"成渝地区双城经济圈产业云图系统"数据资料整理得出。

阳市，是成都都市圈的绝对核心，其先进材料产业发展水平最高；德阳市不同规模企业数量分别为 25 家、45 家、164 家、288 家和 2094 家，超过了眉山市和资阳市；眉山市不同规模企业数量分别为 18 家、23 家、80 家、88 家和 1409 家，仅略高于资阳市；资阳市不同规模企业数量分别为 8 家、5 家、22 家、50 家和 776 家，所有规模企业数量都是最少的，说明资阳市先进材料产业的发展水平相对不高，仍有很大的发展空间。

表 17　截至 2024 年 7 月成都都市圈先进材料产业各城市不同规模企业数量

单位：家

	特大型	大型	中型	小型	微型
成都市	261	322	1071	1702	21433
德阳市	25	45	164	288	2094
眉山市	18	23	80	88	1409
资阳市	8	5	22	50	776

资料来源：作者根据教育部人文社会科学重点研究基地重庆工商大学成渝地区双城经济圈建设研究院"成渝地区双城经济圈产业云图系统"数据资料整理得出。

最后，在成都都市圈先进材料产业的企业类型上，除独角兽企业外，成都市的不同类型企业数量依旧遥遥领先于其他三个城市，而且超过三个城市的企业数量之和。具体而言，如表 18 所示，截至 2024 年 7 月，成都市先进材料产业拥有上市企业、高新技术企业、科技型中小企业、专精特新企业、瞪羚企业、小巨人企业数量分别为57家、842家、742家、97家、45家和2家，尽管数量有多有少，但依旧遥遥领先于其他三个城市，在成都都市圈各城市中发展水平最高；德阳市不同类型企业数量分别为9家、102家、176家、24家、1家和1家，仅次于成都市，多于眉山市和资阳市，也基本多于眉山市和资阳市之和，值得一提的是，虽然德阳市不同类型的企业数量不多，但除独角兽企业之外，其他类型的企业均有分布，发展水平相对均衡；眉山市不同类型企业数量分别为3家、42家、55家、9家、1家和0家，仅略高于资阳市；资阳市的先进材料产业只有17家高新技术企业、43家科技型中小企业和4家专精特新企业。遗憾的是，成都都市圈四个城市都没有独角兽企业，这是成都都市圈先进材料产业发展的短板，亟须改变。

表18　截至2024年7月成都都市圈先进材料产业各城市不同类型企业数量

单位：家

	上市企业	高新技术企业	科技型中小企业	专精特新企业	瞪羚企业	小巨人企业	独角兽企业
成都市	57	842	742	97	45	2	0
德阳市	9	102	176	24	1	1	0
眉山市	3	42	55	9	1	0	0
资阳市	0	17	43	4	0	0	0

资料来源：作者根据教育部人文社会科学重点研究基地重庆工商大学成渝地区双城经济圈建设研究院"成渝地区双城经济圈产业云图系统"数据资料整理得出。

（三）成渝地区双城经济圈其他区域的先进材料产业发展与布局

1. 区域企业总体数量

成渝地区双城经济圈其他区域（以下简称"其他区域"）包含了除重庆都市圈和成都都市圈6个城市以外的10个地级市，其先进材料产业拥有一定数量的企业，是成渝地区双城经济圈先进材料产业的重要组成部分。首先，在企业总体数量上，如表19所示，截至2024年7月，其他区域先进材料企业数量为21374家，占比仅为24.67%，低于成都都市圈和重庆都市圈。其他区域2万多家先进材料产业企业为地区产业发展、经济发展提供了巨大支持，也促进了成渝地区双城经济圈先进材料产业的发展。

表19 截至2024年7月其他区域先进材料产业企业数量及占比

单位：家，%

	企业数量	占比
其他区域	21374	24.67

资料来源：作者根据教育部人文社会科学重点研究基地重庆工商大学成渝地区双城经济圈建设研究院"成渝地区双城经济圈产业云图系统"数据资料整理得出。

其次，在不同企业规模上，其他区域先进材料产业的企业规模类别比较齐全，但企业数量比较少，占比也很低。具体来说，如表20所示，截至2024年7月，在企业数量上，其他区域微型和小型企业数量较多，分别为14766家和919家，中型企业数量居中，为481家，特大型和大型企业数量较少，分别为126家和149家；在企业占地区比重上，其他区域微型和小型企业的占比相对较高，均超过20%，分别为24.97%和20.58%，特大型、大型和中型企业的占比在18%左右，分别为17.10%、18.56%和17.81%，占比相对较低，需要进一步培育该类型企业，提升先进材料产业的竞争力。

表20 截至2024年7月其他区域先进材料产业不同规模企业数量及占比

单位：家，%

企业规模	企业数量	占比
特大型	126	17.10
大型	149	18.56
中型	481	17.81
小型	919	20.58
微型	14766	24.97

注：占比为占成渝地区双城经济圈同规模企业的比重。
资料来源：作者根据教育部人文社会科学重点研究基地重庆工商大学成渝地区双城经济圈建设研究院"成渝地区双城经济圈产业云图系统"数据资料整理得出。

最后，在不同企业类型上，其他区域先进材料产业企业数量有多有少，占比有高有低，有一定的比较优势，但劣势也很明显。具体来说，如表21所示，截至2024年7月，其他区域上市企业和瞪羚企业数量相较于其他类型企业数量较少，仅分别有28家和14家，但是占地区的比重相对适中，分别为19.31%和19.44%；高新技术企业数量在各种类型中排名第二，为381家，但是占比相对较低，仅有17.20%；科技型中小企业在其他区域先进材料产业不同企业类型中表现最好，数量最多，达724家，占地区的比重也最高，为31.57%，是其他区域先进材料产业企业类型的表率；专精特新企业数量为107家，占比为25.24%，在不同企业类型中处于中等水平；小巨人企业不仅数量少，只有1家，而且占比很低，仅为7.14%；其他区域先进材料产业的独角兽企业和成都都市圈一样，都没有。

表21 截至2024年7月其他区域先进材料产业不同类型企业数量及占比

单位：家，%

企业类型	企业数量	占比
上市企业	28	19.31
高新技术企业	381	17.20
科技型中小企业	724	31.57
专精特新企业	107	25.24
瞪羚企业	14	19.44
小巨人企业	1	7.14
独角兽企业	0	0.00

注：占比为占成渝地区双城经济圈同类型企业的比重。
资料来源：作者根据教育部人文社会科学重点研究基地重庆工商大学成渝地区双城经济圈建设研究院"成渝地区双城经济圈产业云图系统"数据资料整理得出。

2. 分城市的企业分布情况

其他区域10个城市先进材料产业的企业数量以及不同规模、类型的企业数量差别不大，且各有优劣，除个别城市外，总体上各城市之间先进材料产业发展比较均衡。首先，绵阳市在企业数量上一骑绝尘，其他各城市企业数量介于1000~3000家，差别不大。具体来说，如表22所示，截至2024年

7月，绵阳市先进材料产业企业数量高达4541家，是其他区域中唯一一个企业数量超过3000家的城市，占地区的比重为5.24%，也是其他区域中唯一一个占比超过5%的城市；南充市和宜宾市企业数量在其他区域10个城市中处于第二梯队，均超过了2000家，分别为2811家和2684家，占比也都超过了3%，分别为3.24%和3.10%；自贡市、泸州市和乐山市以接近2000家的企业数量处于第三梯队，分别为1977家、1974家和1936家，占比则均略高于2.20%；遂宁市、达州市、内江市和雅安市的企业数量比较少，分别为1548家、1488家、1342家和1073家，占比则均低于2.00%，在其他区域10个城市中处于第四梯队。

表22　截至2024年7月其他区域先进材料产业各城市企业数量及占比

单位：家，%

	企业数量	占比		企业数量	占比
绵阳市	4541	5.24	乐山市	1936	2.23
南充市	2811	3.24	遂宁市	1548	1.79
宜宾市	2684	3.10	达州市	1488	1.72
自贡市	1977	2.28	内江市	1342	1.55
泸州市	1974	2.28	雅安市	1073	1.24

注：占比为占成渝地区双城经济圈企业总数量的比重。
资料来源：作者根据教育部人文社会科学重点研究基地重庆工商大学成渝地区双城经济圈建设研究院"成渝地区双城经济圈产业云图系统"数据资料整理得出。

其次，在其他区域先进材料产业不同规模的企业数量上，除绵阳市在不同规模上都具有绝对优势外，其他各城市则各有优劣，城市间差异较小。具体来说，如表23所示，截至2024年7月，绵阳市的特大型、大型、中型、小型和微型企业数量分别为26家、33家、122家、239家和2988家，不同规模的企业数量均超过了其他城市，在其他区域中居首位。在特大型企业数量上，乐山市、宜宾市、泸州市、南充市和雅安市的企业数量均不低于10家，分别是22家、21家、11家、10家和10家，在其他区域中处于中等水平；其余4个城市企业数量则少于10家，相对较少。在大型企业数量上，自贡市、雅安市、乐山市和宜宾市分别为23家、20家、17家和16家,均超过了15家;其余5个城市则少于15家。在中型企业数量上,自贡市、宜宾市、乐山市和泸州市分别为74家、46家、46家和43家,企业数量相对较多;其他城市则都少于40家,企业数量相对较少。在小型企业数量上,自贡市是除绵阳市外仅有的企业数量超过100家的城市,为136家;乐山市、泸州市、宜宾市和南充市分别为96家、88家、87家和81家,都超过了80家,企业数量相对较多;其余4个城市的企业数量都少于60家。在微型企业数量上,除绵阳市外,其他城市都少于2000家,其中南充市、宜宾市、自贡市、泸州市、乐山市和遂宁市都超过了1000家,处于中等水平;达州市、内江市和雅安市都少于1000家,企业数量较少。

表23 截至2024年7月其他区域先进材料产业各城市不同规模企业数量

单位:家

	特大型	大型	中型	小型	微型
绵阳市	26	33	122	239	2988
南充市	10	10	35	81	1995
宜宾市	21	16	46	87	1840
自贡市	8	23	74	136	1444
泸州市	11	12	43	88	1383
乐山市	22	17	46	96	1374
遂宁市	6	8	37	53	1081
达州市	5	2	15	47	951
内江市	7	8	38	53	925
雅安市	10	20	25	39	785

资料来源:作者根据教育部人文社会科学重点研究基地重庆工商大学成渝地区双城经济圈建设研究院"成渝地区双城经济圈产业云图系统"数据资料整理得出。

最后,在其他区域先进材料产业的企业类型上,除独角兽企业外,其他类型的企业在城市中有分布,绵阳市依旧在大多数企业类型中处于绝对领先地位,其他城市各有优劣。具体来说,如表24所示,截至2024年7月,在上市企业数量上,各城市间差别不大,绵阳市以11家企业领先于其他城市;乐山市和自贡市分别有6家和4家,处于第二梯队;宜宾市、内江市和雅安市各有 2 家，处于中等水平；遂宁市只有 1 家；其他城市则没有上市企业。在高新技术企业数量上，绵阳市有 123 家，是唯一一个超过百家的城市；自贡市、宜宾市、乐山市和遂宁市分别为 52 家、40 家、34 家和 30 家，企业数量相对较多，超过了其他城市。在科技型中小企业数量上，绵阳市依旧遥遥领先，是唯一一个超过百家的城市，有 263 家；南充市、自贡市、宜宾市和遂宁市分别为 89 家、79 家、64 家和 57 家，均超过了 50 家，企业数量比较多；泸州市有 49 家，接近 50 家，超过了内江市、乐山市、达州市和雅安市的企业数量。在专精特新企业数量上，绵阳市以 29 家的数量继续保持领先；遂宁市、宜宾市和自贡市分别有 13 家、11 家和 10 家，企业数量相对较多；南充市、泸州市和乐山市均有 9 家；达州市、雅安市和内江市企业数量则相对较少。在瞪羚企业数量上，绵阳市和自贡市均有 5 家，并列第一；宜宾市、泸州市、达州市和雅安市均有 1 家；其他城市则没有瞪羚企业。值得肯定的是，自贡市拥有其他区域先进材料产业中唯一一家小巨人企业。同时，其他区域和成都都市圈一样，没有独角兽企业，急需补齐短板。

表 24　截至 2024 年 7 月其他区域先进材料产业各城市不同类型企业数量

单位：家

	上市企业	高新技术企业	科技型中小企业	专精特新企业	瞪羚企业	小巨人企业	独角兽企业
绵阳市	11	123	263	29	5	0	0
南充市	0	18	89	9	0	0	0
宜宾市	2	40	64	11	1	0	0
自贡市	4	52	79	10	5	1	0
泸州市	0	28	49	9	1	0	0
乐山市	6	34	34	9	0	0	0
遂宁市	1	30	57	13	0	0	0
达州市	0	18	31	6	1	0	0
内江市	2	23	36	5	0	0	0
雅安市	2	15	22	6	1	0	0

资料来源：作者根据教育部人文社会科学重点研究基地重庆工商大学成渝地区双城经济圈建设研究院"成渝地区双城经济圈产业云图系统"数据资料整理得出。

四 成渝地区双城经济圈先进材料产业发展趋势展望

（一）发展趋势研判

1. 企业数量持续提升，产业发展的势头良好

近年来，成渝地区双城经济圈的先进材料产业企业数量呈现显著增长。2019年，成渝地区双城经济圈拥有49138家先进材料产业企业，到了2023年则增加至87719家，增长率达到了78.52%，特别是在2019~2021年，企业数量增长迅速，增长率逐年提升，2020年增长率为17.96%，2021年增长率更是达到了21.39%。从2022年开始，增长率下降至15.55%，2023年则下降至7.90%，先进材料产业企业的增长态势逐渐趋于稳定。2019~2023年年均增长率达15.6%，显示出成渝地区双城经济圈先进材料产业在数量增加上的可持续性和发展逐渐趋于成熟的特征。

成渝地区双城经济圈先进材料产业企业数量的持续提升，不仅是简单的数量上的增长，还反映了成渝地区双城经济圈先进材料产业内部活力、创新能力以及市场竞争力的提升，这些都对先进材料产业的长期健康发展具有积极的促进作用。新企业的涌现通常伴随新的技术、管理模式和商业模式的引入，并且会带动整个供应链和产业链的扩展和完善，从而形成更加完整和高效的产业生态系统。此外，多样化的企业结构和竞争环境可以增强市场的动态性和韧性，减少单一企业或少数企业对市场的过度依赖，降低行业整体发展风险。因此，成渝地区双城经济圈先进材料产业在未来将继续迈向新的发展高度，对成渝地区双城经济圈在科技创新和产业发展方面贡献出新的力量。

2. 产业链条逐步趋于完整，高价值环节有所突破

近年来，成渝地区双城经济圈先进材料产业链条逐步趋于完整，产业链各环节的企业数量不断增加。上中下游企业数量分别从2019年的4295家、

4934家和39909家增加至2023年的6044家、8679家和72996家，增长率分别为40.72%、75.90%和82.91%。其中，下游企业数量增长最为迅速，中游企业数量增长速度紧随其后，上游企业数量增长速度稍稍落后。综合来看，先进材料产业链各环节企业数量和增长速度符合各环节发展逻辑，更进一步说明了成渝地区双城经济圈先进材料产业各产业链条逐步发展过程中保持着合适的企业数量比例，为产业链全链条供应的安全性奠定了重要基础。

成渝地区双城经济圈先进材料产业高价值环节不断取得突破。近年来，先进材料产业在纳米材料、智能材料、仿生材料、碳基气凝胶、铝基气凝胶和石墨烯纤维六个产业链中游环节的发展取得了优异的成绩。这些环节不仅能够给企业带来直接的经济利益，还能够巩固企业在市场上的竞争优势和持续发展能力。更重要的是，中游企业作为连接上下游企业的桥梁，对高价值环节的突破不仅为上游企业提供了更多的生产空间，还为下游企业的发展提供了原材料保障，在完善产业结构的过程中发挥着不可替代的作用。这同样说明了成渝地区双城经济圈先进材料产业链的发展更加完整、安全、可靠，为先进材料产业的发展提供了重要保障。

3. 产业发展形成集聚态势，辐射带动力不断提升

成渝地区双城经济圈先进材料产业发展以重庆市和成都市为核心，呈现集聚态势，带动重庆都市圈和成都都市圈的发展，进而辐射整个地区。一方面，成渝地区双城经济圈以重庆市和成都市为核心，聚集了四个中等城市，形成了两大都市圈。在重庆都市圈中，重庆市以雄厚的工业基础，使先进材料产业获得了长足发展，带动了广安市先进材料产业的发展；在成都都市圈中，成都市和德阳市、眉山市、资阳市相互促进、互为补充，不仅使成都市先进材料产业得以快速发展，还带动了周边城市产业的振兴。

另一方面，以重庆和成都两大都市圈为中心，辐射带动整个成渝地区双城经济圈先进材料产业的发展。重庆都市圈和成都都市圈重点发展先进材料产业的大型企业和特大型企业，提前抢占产业的未来制高点，以提升产业质量、提高产业竞争力为主；其他区域则围绕两大都市圈发展配套产业，在积极融入都市圈的同时，完善本地产业体系，促进产业的全面发展。因此，成渝地区双城经济圈先进材料产业发展形成集聚态势,以核心城市的发展带动都市圈的发展,进而带动整个地区产业的全面发展。

4. 产业发展尚存一定短板,有待进一步补强弱项

成渝地区双城经济圈先进材料产业主要面临效益整体不高,大型、特大型企业发展不足,企业类型发展不均衡,企业地区分布不均衡等问题,有待进一步补强弱项。首先,成渝地区双城经济圈先进材料产业效益整体不高,近半数企业效益较低,企业发展前景堪忧。其次,先进材料企业规模以微型企业为主,小型和中型企业数量次之,大型和特大型企业数量最少,企业规模总体偏小,参与外部竞争的能力较弱,不利于提高地区产业竞争力。再次,先进材料企业类型中龙头企业、上市企业、瞪羚企业、小巨人企业和独角兽企业的数量较少,尤其是独角兽企业仅有1家,高市值、高市占、高成长企业数量较少,说明成渝地区双城经济圈先进材料产业企业类型较单一且实力整体不强,抢占产业未来制高点的能力较弱。最后,成渝地区双城经济圈先进材料产业企业地区分布不均衡。一方面,从都市圈来看,重庆都市圈和成都都市圈处于绝对领先地位,其他区域企业数量占比非常低,亟须补齐短板,提升其在先进材料产业中的整体实力;另一方面,从城市来看,两大核心城市重庆市和成都市的先进材料产业企业数量在地区中有明显优势,甚至远远超过其他城市之和,说明当前企业地区分布极不均衡,核心城市占据大部分产业发展资源,其他城市发展较慢。因此,成渝地区双城经济圈先进材料产业发展面临诸多挑战,有待于进一步补齐短板,提升综合实力。

(二)未来趋势展望

1. 借助先进材料应用前景日益广阔的契机,推动产业发展

先进材料作为具有优异性能和特殊功能的关键性材料,以高技术含量、高附加值和广泛的应用领域,成为推动现代化产业体系升级的重要驱动力。先进材料产业的发展不仅对生物医药、新能源、高端装备等战略性新兴产业发展起着先导性和带动性作用,而且对传统产业的转型升级具有助推效应。例如,在航空航天领域,碳纤维复合材料和钛合金因轻量化和高强度的特性，显著提升了飞行器的性能和燃料效率；在电子信息领域，新型半导体材料和纳米材料的开发与应用，极大地增强了电子器件的小型化、高性能化和多功能化，尤其是在5G技术和柔性电子设备领域的应用，显著提升了相关产业的技术水平和市场竞争力。总体而言，先进材料在产业发展中的作用不可忽视，其不仅显著提升了产品的性能和质量，增强了市场竞争力，还有效推动了新兴产业的发展和传统产业的升级。此外，先进材料的应用还显著提高了资源利用效率，有效推动了绿色发展的实现。通过高性能材料的推广和应用，产业能够在实现经济效益的同时，减少资源消耗和环境污染，从而达到经济效益与环境效益相统一的双重目标。先进材料广阔的应用前景及其对其他产业发展的重要推动作用，充分体现了先进材料在现代化经济体系中的核心地位和战略价值。

同时，先进材料作为制造业发展的基础，其发展对引领材料工业升级换代、支撑先进制造业发展、保障国家重大工程建设、推动供给侧结构性改革具有重要的战略意义。因此，成渝地区双城经济圈在推动先进材料发展的过程中，应紧扣本地优势、找准细分领域和发展方向，持续推进先进材料产业建圈强链、走深走实。具体来说，一是要准确把握产业发展机遇，积极抢抓重点企业的优势项目，通过形成具有战略意义的协议，推动先进材料产业的高质量发展。为此，相关成员单位需要靠前服务，全面参与项目的策划、实施和管理，确保项目顺利推进，建立完善的项目全生命周期管理体系，有效保障重点企业项目的高效执行，以实现先进材料产业高质量发展。二是要优化产业布局和加大政策支持力度，科学合理的产业布局是推动先进材料产业集聚发展的重要保障，成渝地区双城经济圈应根据各地资源禀赋和产业基础，规划和建设一批具有国际竞争力的先进材料产业园区，同时，政府应制定有利于先进材料产业发展的政策措施，如税收优惠、研发补贴、人才引进等，营造良好的产业发展环境。三是要加强科技创新能力建设，充分利用区域内丰富的科研资源，鼓励高校、科研院所和企业开展联合攻关，推动先进材料基础研究和应用研究的协调发展，政府应加大对关键技术研发的资金支持力度，形成良好的创新生态系统。四是要推动产学研深度合作，通过建立产学研合作平台，促进科研成果的转化和产业化，鼓励企业与高校、科研院所开展联合研发，搭建从基础研究到产业应用的桥梁，政府应出台相关政策，支持产学研合作项目，促进先进材料技术的快速落地和应用推广。

2.适应产业融合发展趋势，加快数字化、绿色化升级

成渝地区双城经济圈在推动先进材料产业发展的过程中，必须积极适应新一轮科技革命和产业变革背景下产业融合发展的重要趋势，加快先进材料产业的数字化、绿色化升级。当前，全球供应链复杂化、市场竞争加剧，产业融合发展不仅是不同产业间的联合，还是跨领域、跨行业的深度整合，是形成创新导向、效率驱动、可持续发展的现代化产业的必由之路。一方面，先进材料产业应用的广泛性能够带动其他高新技术产业的突破和发展；另一方面，新一代信息技术、新能源、生物等高新技术与先进材料产业加速融合，不仅能够加速先进材料设计、制造和应用各个环节的智能化升级，提高生产效率，还能够大幅提升资源利用效率。不仅如此，还要积极推动先进材料研发制造全过程的绿色化转型，通过开发和推广可再生材料、可降解材料、低碳材料，以及绿色制造技术的普及，不仅可以降低先进材料产业的排放，还能够为其他产业提供绿色发展支持，从而在更大范围内推动绿色化转型升级。

具体来说，为了适应产业融合发展趋势，加快数字化、绿色化升级，先进材料产业必须积极应对和抓住当前的挑战与机遇，制定并实施科学的战略措施。一是成渝地区双城经济圈应加强科技创新能力建设，加大对先进数字技术、智能制造技术的研发投入，推动材料领域的数字化转型。通过建设集研发、生产、应用于一体的创新平台，形成以数字技术为核心驱动的产业生态系统，实现材料研发与应用的智能化、精准化。二是区域内的产业链上下游企业应加强协同创新与合作，推动先进材料在多个领域的跨行业应用，打破传统产业边界，形成跨领域的技术和资源整合，构建以先进材料为核心的产业融合新格局，从而提升产业链的整体效率和抗风险能力，并且进一步催生新的产业形态和商业模式，推动区域经济的多元化发展和可持续增长。三是政府应在政策层面提供有力支持，通过出台鼓励数字创新、促进绿色发展

的政策措施，如研发补贴、税收优惠、绿色金融等，为先进材料产业的数字化、绿色化转型创造良好的政策环境和市场条件。成渝地区双城经济圈在未来应继续发挥与夯实自身的区位优势和产业基础，紧抓产业融合发展的机遇，积极推动先进材料产业的数字化、绿色化升级。

3. 对标行业头部企业发展，着力打造一批龙头企业

成渝地区双城经济圈在推动先进材料产业发展过程中，必须着力打造一批龙头企业。一方面，龙头企业的培育和带动，能够加快区域内产业集群的形成，进而推动成渝地区双城经济圈在先进材料产业中的崛起，提升其在国内乃至国际产业链中的地位；另一方面，其他中小企业通过对标学习，能够在技术和管理方面有所提升。此外，龙头企业的形成有助于成渝地区双城经济圈形成先进材料产业发展的优良环境，吸引更多的人才、资金等要素向区域内聚集。这对成渝地区双城经济圈推动先进材料产业链的升级扩展，形成具有竞争力的产业集群，最终引领地区产业发展具有重要意义。

具体来说，一是要积极挖掘本地企业存量，加快建设成渝地区双城经济圈先进材料产业企业数据库，实施领军企业、龙头企业培育工程，着力培育一批立足本土、根植性强、区域特色优势明显的先进材料龙头企业，全面提升骨干核心企业整体能级与辐射效应。同时，强化先进材料领域巴蜀品牌建设专项行动，立足本土重点企业，打造区域特色材料品牌，实施企业标准"领跑者"制度，支持龙头企业参与先进材料领域的国内外标准制定和认证工作，对标国际先进质量水平，有效增强龙头企业的市场竞争力与品牌影响力。二是要针对先进材料产业重点领域与薄弱环节进行招商引资，积极引育一批先进材料重点龙头企业。编制先进材料产业招商目录、需求目录，创新招商引资模式，制定专项政策，吸引一批行业龙头企业落户成渝地区双城经济圈，引导央企、大型国企在成渝两地建设产业战略备份基地，积极争取国家重大项目落户成渝地区双城经济圈，支持成渝地区双城经济圈先进材料企业申报国家重点专项。同时，成渝地区双城经济圈应建立协同招商机制，定期联合发布投资机会清单，制定协同招商政策，促进资源信息共享。三是要打造先进材料产业大中小企业融通发展的竞合生态，借鉴国内国际先进经

验，聚焦产业链、供应链、创新链关键环节，构建线上线下一体化的大中小企业融通服务平台，形成信息全面共享、供需有效对接、项目持续孵化的融通机制。鼓励成渝两地本土龙头企业向中小企业开放供应链，形成区域性供应链合作关系，同时，支持中小企业围绕龙头企业的核心技术和产品，开展配套协作，形成优势互补、协同发展的产业生态，鼓励龙头企业牵头组建产业创新联盟，促进产业链上下游企业融通，特别是拓展核心产品在下游领域的应用示范和全面推广。四是要强化顶层设计，加大成渝地区双城经济圈先进材料龙头企业培育的政策扶持力度。两大城市圈应针对各自特色优势产业，制定专项政策文件，出台税收减免、税收返还等优惠政策，对符合条件的先进材料产业重点企业给予专项补贴。同时，以材料产业园区建设为引领，积极引导规划产业集群，优化区域布局，有效整合产业链上下游企业。

4. 瞄准产业集群前沿标准，优化产业结构和布局

成渝地区双城经济圈先进材料产业应进一步对标产业集群前沿标准，优化产业结构和布局。一方面，在产业集群建设过程中积极对标国际先进标准，引入高水平的技术和管理模式，提升先进材料产业附加值。另一方面，在优化产业结构上，通过提高大型企业的比重来增强成渝地区双城经济圈先进材料产业的竞争力；在优化产业布局上，通过适度引导产业向其他具备承接能力的城市扩散，如绵阳、德阳、涪陵、万州等，提升区域内资源配置效率。通过形成大中小企业分布均衡、大中小城市协同合作的产业体系，实现区域内先进材料产业的协调发展。只有通过不断提升产业集群质量、优化产业结构和布局，才能够持续推动成渝地区双城经济圈先进材料产业的高质量发展。

具体来说，一是要聚焦成渝地区双城经济圈先进材料产业优势领域与新一轮科技革命新趋势，优化先进材料产业结构。成渝地区双城经济圈要着眼于产业分工协作和产业链重构，做大做强先进基础材料、持续提升关键战略材料、加快培育前沿新材料，同时聚焦优势领域，优化三大材料方向的结构，构建先进材料产业差异化发展格局。成都都市圈应做强芳纶纤维、钒钛合金、硬质合金、新型绿色建材等先进基础材料，提升生物医用材料、新型

显示材料、先进储能材料、锂电池材料等关键战略材料，前瞻培育半导体材料、先进陶瓷材料、树脂材料等前沿新材料。重庆都市圈则应做强先进钢铁、合成材料、玻璃纤维等先进基础材料，提升金属复合材料、柔性显示材料等关键战略材料，培育气凝胶材料、纳米材料等前沿新材料。二是要立足成渝地区双城经济圈先进材料产业基础与资源优势，优化产业空间布局。成渝两地应立足各自产业基础及其资源、人才等优势，形成先进材料产业错位发展、良性发展的空间格局。成都都市圈应依托遂宁、宜宾、雅安等地的锂矿资源优势与锂电材料产业基础，优化锂电材料产业链条，提升产业集聚程度；依托乐山、眉山等地，大力发展晶硅光伏材料及其配套产业；依托攀枝花等地的钒钛磁铁矿资源优势，着力提升钒钛钢铁材料产业集群能力；依托达州、华蓥山、罗江等地，重点发展碳纤维、芳纶纤维等复合材料产业；依托冕宁、德昌两大稀土矿区，着力发展稀土材料产业。重庆都市圈则应重点打造以九龙坡、綦江、涪陵等地为核心的合金材料产业集群，以大渡口、长寿等地为核心的复合材料及纤维材料产业集群；以两江新区、西部科学城为核心的先进电子材料产业集群、石墨烯材料产业集群；以两江新区、大渡口区为核心的航空材料产业集群。三是要围绕先进材料产业重点环节、薄弱环节，着力"延链、补链、强链、固链"，培育以产业链领军企业与"链主"企业为引领的产业集群体系，深入落实"链长制"。成渝地区双城经济圈要立足各地区资源优势，培育先进材料重点细分产业领域的"链主"角色，支持有条件的龙头企业担任细分产业链"链主"，强化以"链主"企业为引领、中小企业深度嵌入的产业链上下游联动机制，构建以龙头企业为引领、中小企业共同参与管理的产业链管理机制。同时，鼓励"链主"企业与中小企业在产业链、供应链环节深度嵌入，促进"链主"企业与中小企业补链成群，形成良性竞合生态与协作分工专业网络。四是要打造成渝地区双城经济圈先进材料产业协同体系，实现成渝两地先进材料产业错位竞争、协同发展、优势互补。完善成渝两地先进材料产业协同发展政策体系，同时依托数字技术，编制成渝两地先进材料产业重点领域产业图谱与产业链全景图，对成渝两地先进材料产业进行实时监控与动态评测。

参考文献

《成渝地区双城经济圈建设川渝统计联席会议在蓉召开》，重庆市统计局网站，2024年3月5日，https://tjj.cq.gov.cn/zwxx_233/bmdt/202403/t20240305_12996631.html。

石青川：《重庆的新梦想：从"超大"到"国际化超大"》，《中国经济周刊》2024年第7期。

《先进材料产业构建"4+4+N"体系 重庆将加大产业转移对接力度》，《重庆日报》2023年11月21日，第4版。

《人工智能产业增速全国第一、多款新型材料"拳头产品"市占率全球领先……成都新制造、新经济表现"抢眼"，金融"七大工程"助力发展提速》，每经网，2023年3月31日，https://www.nbd.com.cn/articles/2023-03-31/2740918.html。

《重庆启动先进材料产业集群高质量发展行动计划》，《重庆日报》2023年12月4日，第1版。

分 报 告

B.2 成渝地区双城经济圈先进材料产业链分布研究

刘霜 林细妹*

摘　要： 本报告对成渝地区双城经济圈先进材料产业链上游、中游、下游环节企业的空间分布进行分析，分析结果显示，成渝地区双城经济圈先进材料企业空间分布主要集中于成都都市圈和重庆都市圈，产业链上的企业数量按照上游、中游、下游依次递增，重庆市和成都市先进材料产业链下游环节企业数量高于中游环节企业和上游环节企业。未来，成渝地区双城经济圈应该优化调整先进材料产业结构，不断延伸产业链链条，持续增强产业链自主创新能力，优化先进材料产业链空间分布格局。

关键词： 先进材料产业　产业链　企业空间分布　成渝地区双城经济圈

---

* 刘霜，重庆工商大学成渝地区双城经济圈建设研究院助理研究员，博士研究生，主要研究方向为区域经济与产业发展；林细妹，硕士，重庆工商大学成渝地区双城经济圈建设研究院助理研究员，主要研究方向为经济社会发展战略设计。

一 成渝地区双城经济圈先进材料产业链环节梳理

先进材料产业包括先进基础材料、关键战略材料和前沿新材料三大发展方向，[①] 是先进制造业发展的重要基础，被广泛应用于航空航天、装备制造、石油化工、医疗器械等领域。先进材料作为国民经济先导产业和高端制造及国防工业的重要保障，其发展水平已然成为衡量国家经济社会发展水平的重要参数，也是加快建设制造强国、质量强国、航天强国、交通强国的核心产业之一。党的二十大报告明确提出，"高质量发展是全面建设社会主义现代化国家的首要任务"，"建设现代化产业体系"，"坚持把发展经济的着力点放在实体经济上"，产业链的高质量发展是经济高质量发展和现代化产业体系的核心内容，也是加速新旧动能转换的重要推动力。[②] 先进材料作为"产业粮食"和"发明之母"，是科技进步的基石，也是推动经济社会发展的重要力量，其产业链分布的合理性和完备性体现了跨主体、跨产业、跨区域的资源整合和配置能力，是形成产业竞争力的核心要素。

成渝地区双城经济圈作为中国西部地区的重要经济增长极，近年来在先进材料产业链方面取得了显著进展，尤其是随着《成渝地区双城经济圈建设规划纲要》《重庆市新材料产业发展实施方案》《重庆市先进材料产业集群高质量发展行动计划（2023—2027年）》《四川省先进材料产业提质倍增行动方案（2022—2027年）》等政策的深入实施，成渝地区双城经济圈先进材料产业发展态势良好，先进材料产业链在布局上呈现多点开花、协同发展的趋势。成渝地区双城经济圈先进材料产业链包括上中下游环节企业87611家，其中上游环节企业6042家、中游环节企业8573家、下游环节企业72996家（见图1）。

[①] 《工业和信息化部、发展改革委、科技部、财政部关于印发新材料产业发展指南的通知》，工业和信息化部网站，2017年1月23日，https://www.miit.gov.cn/ztzl/rdzt/xclcyfz/zcgh/art/2020/art_e27ba0ba54304c1b933c3cb32ecce94c.html。

[②] 王宇、束容与：《平台经济推动产业链高质量发展的机制与路径研究》，《当代经济科学》2024年第5期。

```
上游环节（6042家）          中游环节（8573家）              下游环节（72996家）

原材料            6042家    气凝胶材料            182家    高端装备制造领域   11463家
 ·金属原料        4831家     ·碳基气凝胶          182家     ·轨道交通          141家
 ·化学纤维         166家     ·有机气凝胶          181家     ·航空               84家
 ·陶瓷             150家     ·新型氧化物气凝胶    177家     ·船舶              143家
 ·树脂              63家                                    ·装备制造        11098家
 ·石墨             832家    石墨烯材料             25家
                             ·石墨烯粉体           25家    健康领域             58家
                             ·石墨烯薄膜           25家     ·医疗器械           10家
                             ·石墨烯浆料           25家     ·运动器材           48家
                             ·石墨烯纤维           25家
                             ·石墨烯改性复合材料   25家    建筑领域          61447家
                                                            ·建筑材料         4908家
                            未来材料              8470家    ·装饰装修        56539家
                             ·纳米材料           3157家
                             ·智能材料             17家    汽车领域             42家
                             ·仿生材料             23家     ·汽车               42家
                             ·液态金属             82家
                             ·高熵合金           4926家
                             ·新型超导材料        593家
```

图1　成渝地区双城经济圈先进材料产业链

注：上中下游产业链企业总数为去重后企业数，因少部分企业存在涉及多个产业链环节的现象，因此细分类别产业链上的企业数涉及重复计算。

资料来源：作者根据教育部人文社会科学重点研究基地重庆工商大学成渝地区双城经济圈建设研究院"成渝地区双城经济圈产业云图系统"数据资料整理得出。以下图表相同，此后不赘。

成渝地区双城经济圈先进材料产业链全景包含以金属原料、化学纤维、陶瓷、树脂、石墨为原材料的上游环节，以气凝胶材料（碳基气凝胶、有机气凝胶、新型氧化物气凝胶）、石墨烯材料（石墨烯粉体、石墨烯薄膜、石墨烯浆料、石墨烯纤维、石墨烯改性复合材料）、未来材料（纳米材料、智能材料、仿生材料、液态金属、高熵合金、新型超导材料）为主的中游环节，以高端装备制造领域（轨道交通、航空、船舶、装备制造）、健康领域（医疗器械、运动器材）、建筑领域（建筑材料、装饰装修）、汽车领域（汽车）为主的下游环节（见表1）。

表1　成渝地区双城经济圈先进材料产业链上中下游环节具体情况

环节	类别	具体领域	概念或性质
上游	原材料	金属原料	具有光泽、延展性、容易导电、传热等性质的材料，一般分为黑色金属和有色金属两种
		化学纤维	用天然高分子化合物或人工合成的高分子化合物原料，经过制备纺丝原液、纺丝和后处理等工序制得的具有纺织性能的纤维

续表

环节	类别	具体领域	概念或性质
上游	原材料	陶瓷	陶器与瓷器的统称,陶是以黏性较高、可塑性较强的黏土为主要原料制成的,具有不透明、有细微气孔和微弱的吸水性,击之声浊;瓷是以黏土、长石和石英制成的,具有半透明、不吸水、抗腐蚀性质,胎质坚硬紧密,叩之声脆
		树脂	作为塑料制品加工原料的高分子化合物
		石墨	是碳的一种同素异形体,灰黑色、不透明固体,其化学性质稳定,耐腐蚀,同酸、碱等药剂不易发生反应
中游	气凝胶材料	碳基气凝胶	是以碳为主要成分的气凝胶材料,具有连续的三维网络结构,孔隙率高达80%~98%,孔隙尺寸小且可控,网络胶体颗粒直径在纳米级别
		有机气凝胶	是指其三维多孔网络由大分子组成的气凝胶,具有轻质、多孔的特性
		新型氧化物气凝胶	是通过氧化物结构单元(如珍珠链、纳米棒及纳米片等)构成纳米骨架结构,并由气体均匀分散于骨架周围的纳米孔隙中,形成的一类多孔、轻质、隔热等特点的新型纳米固体材料,具有极低的热导率
	石墨烯材料	石墨烯粉体	是由石墨烯纳米片组成的一种粉末材料,具有纳米级的尺寸和形态
		石墨烯薄膜	是一种由单层碳原子组成的薄膜材料,主要通过外延生长法及化学气相沉积法(CVD)等先进工艺制备而成
		石墨烯浆料	是一种将石墨烯剥离后并分散于溶剂中形成的浆料
		石墨烯纤维	由石墨烯或者功能化石墨烯纳米片的液晶原液,经过湿法纺丝、一维有序组装等工艺制成的纤维
		石墨烯改性复合材料	是一种以石墨烯为基体,通过添加一种或多种其他材料(如聚合物、无机材料、纳米粒子等)而形成的复合材料
	未来材料	纳米材料	是三维空间中至少有一维处于纳米尺度范围或者由以该尺度范围的物质为基本结构单元所构成的超精细颗粒材料的总称
		智能材料	是一种能感知外部刺激,能判断并适当处理本身可执行的新型功能材料,是继天然材料、合成材料、人工设计材料之后的第四代材料
		仿生材料	是指模仿生物的各种特点或特性研制开发的材料,通常把仿照生命系统的运行模式和生物材料的结构规律设计制造的人工材料称为仿生材料
		液态金属	是一种不定型、可流动的金属,可看作由正离子流体和自由电子气组成的混合物

续表

环节	类别	具体领域	概念或性质
中游	未来材料	高熵合金	High-Entropy Alloys(HEA),是由5种或5种以上等量或大约等量的金属形成的合金
		新型超导材料	是一种在特定条件下,直流电阻为零和具有完全抗磁性的新型材料,按照温度来划分,可划为低温($T_c<25K$)超导材料和高温($T_c \geqslant 25K$)超导材料
下游	高端装备制造	轨道交通	是指运营车辆需要在特定轨道上行驶的一类交通工具或运输系统
		航空	一种复杂而有战略意义的人类活动,指飞行器在地球大气层(空气空间)飞行(航行)的活动
		船舶	是船只的总称,是能航行或停泊于水域进行运输或作业的交通工具
		装备制造	是指处于价值链高端和产业链核心环节,并决定整个产业链综合竞争力的关键设备制造,具有技术密集、资金密集、附加值高、成长空间大、带动作用强等突出特点
	健康	医疗器械	是指直接或间接用于人体的仪器、设备、器具、体外诊断试剂及校准物、材料以及其他类似或者相关的物品,包括所需要的计算机软件
		运动器材	是竞技体育比赛和身体锻炼所使用的各种器械、装备及用品的总称
	建筑	建筑材料	是在建筑工程中所应用的各种材料,包括无机材料、有机材料和复合材料
		装饰装修	是从专业设计和可实现性角度为客户营造更温馨和舒适环境的领域
	汽车	汽车制造	由动力驱动,具有4个或4个以上车轮的非轨道承载的车辆

二 成渝地区双城经济圈先进材料产业链上游环节的空间分布

截至2023年,成渝地区双城经济圈先进材料产业链上游环节原材料企业共6042家。根据原材料类别划分,涵盖金属原料企业4831家、化学纤维企业166家、陶瓷企业150家、树脂企业63家、石墨企业832家；根据原材料企业资本来源划分，包括民营企业6021家，占比高达99.65%。2019～2023年，上游环节原材料企业增加1749家，增长率为40.74%（见图2）。

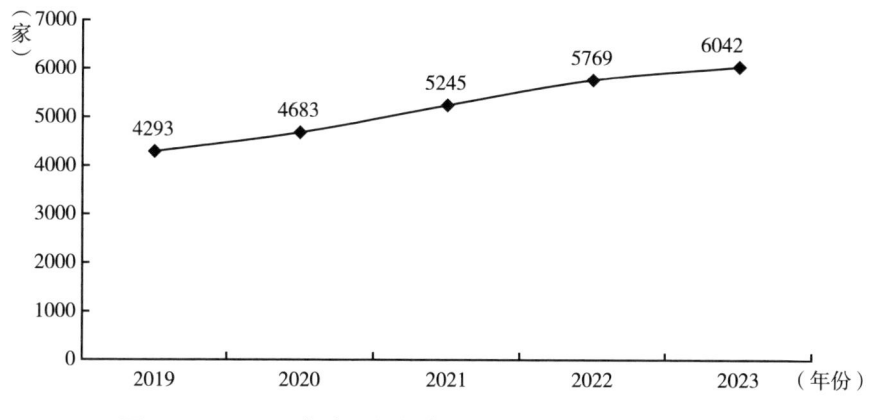

图2　2019～2023年先进材料产业链上游环节原材料企业数量

（一）先进材料产业链上游环节企业总体空间分布

2023年成渝地区双城经济圈先进材料产业链上游环节原材料企业数据显示，成都都市圈①拥有原材料企业2786家，重庆都市圈拥有原材料企业2135家，包含雅安市、自贡市、绵阳市、乐山市、宜宾市、达州市、内江市、遂宁市、南充市和泸州市在内的成渝地区双城经济圈其他区域（以下简称"其他区域"）共拥有原材料企业1121家（见表2）。从图3可以看出，成都都市圈和重庆都市圈集聚了81.45%的先进材料产业链上游环节企业，其中成都都市圈拥有的先进材料产业链上游环节企

---

① 根据2021年国务院印发的《成渝地区双城经济圈建设规划纲要》，2021年由国家发展改革委批复的《成都都市圈发展规划》以及2022年由重庆市人民政府与四川省人民政府联合印发的《重庆都市圈发展规划》的区域划定范围：重庆市、广安市归属"重庆都市圈"，成都市、德阳市、眉山市、资阳市归属"成都都市圈"，其他城市归属"成渝地区双城经济圈其他区域"。

业占46.11%，成都市和重庆市作为各自国家级都市圈的领头羊，分别拥有原材料企业2459家和2108家，产业集聚特征明显。其他区域的先进材料产业链上游环节企业占18.55%，其中，雅安市拥有原材料企业249家，是成渝地区双城经济圈其他区域拥有原材料企业唯一突破200家的地级市。

表2 2023年先进材料产业链上游环节原材料企业数量

单位：家

区域	城市	企业数量	各区域企业数量
重庆都市圈	重庆	2108	2135
	广安	27	
成都都市圈	成都	2459	2786
	德阳	230	
	眉山	74	
	资阳	23	
其他区域	雅安	249	1121
	自贡	186	
	绵阳	163	
	乐山	168	
	宜宾	87	
	达州	62	
	内江	57	
	遂宁	44	
	南充	42	
	泸州	63	

（二）先进材料产业链上游环节原材料企业分类别空间分布

根据表3和图4所示，成渝地区双城经济圈先进材料产业链上游环节根据原材料类别可以细分为金属原料、化学纤维、陶瓷、树脂和石墨，且成都都市圈、重庆都市圈、其他区域各自拥有的金属原料企业均远远超过所在区域拥有的化学纤维企业、陶瓷企业、树脂企业和石墨企业。

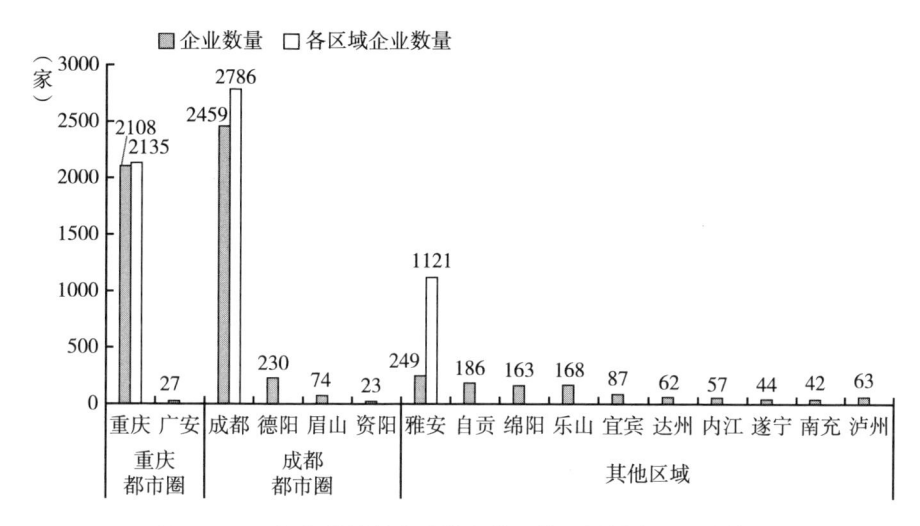

图 3 2023 年先进材料产业链上游环节原材料企业分布情况

表 3 2023 年先进材料产业链上游环节根据原材料类别细分企业数量

单位：家

区域	金属原料	化学纤维	陶瓷	树脂	石墨
重庆都市圈	1652	68	48	13	354
成都都市圈	2469	61	31	33	192
其他区域	710	37	71	17	286

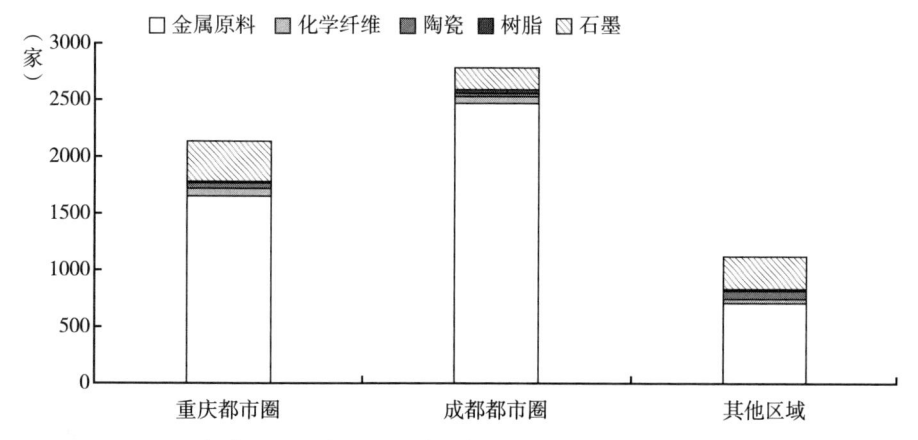

图 4 2023 年先进材料产业链上游环节根据原材料类别细分企业分布情况

从表4和图5金属原料企业空间分布来看,成都都市圈金属原料企业2469家,重庆都市圈金属原料企业1652家,其他区域金属原料企业710家,可见85.30%的金属原料企业集中在两大都市圈,且主要位于都市圈核心区域成都市(2241家)和重庆市(1639家)。其他区域拥有金属原料企业超过100家的仅有3个地级市,即雅安市(191家)、自贡市(116家)、绵阳市(106家)。

表4 2023年先进材料产业链上游环节金属原料企业数量

单位:家

区域	城市	企业数量	各区域企业数量
重庆都市圈	重庆	1639	1652
	广安	13	
成都都市圈	成都	2241	2469
	德阳	174	
	眉山	40	
	资阳	14	
其他区域	雅安	191	710
	自贡	116	
	绵阳	106	
	乐山	97	
	宜宾	50	
	达州	43	
	内江	27	
	遂宁	25	
	南充	19	
	泸州	36	

从表5和图6化学纤维企业空间分布来看,重庆都市圈化学纤维企业68家,成都都市圈化学纤维企业61家,其他区域化学纤维企业37家,可见77.71%的化学纤维企业集中在两大都市圈,且主要位于都市圈核心区域重庆市(63家)和成都市(48家)。除了位于其他区域的内江市没有化学

成渝地区双城经济圈先进材料产业链分布研究

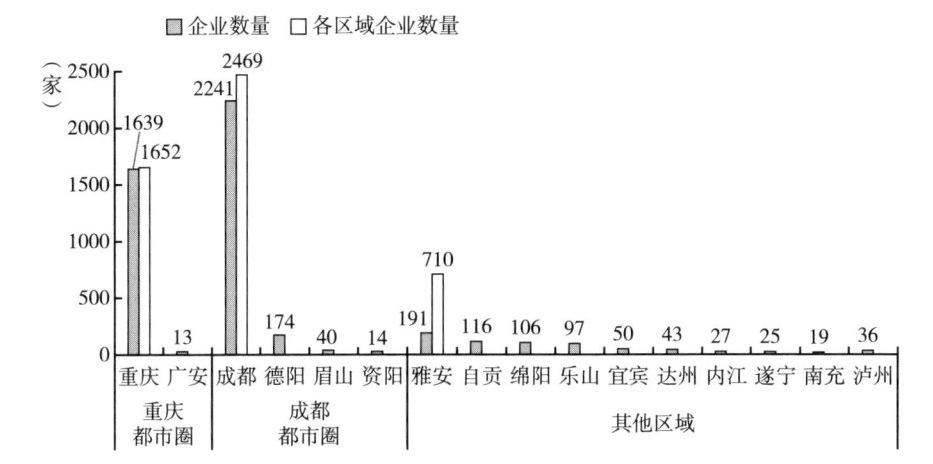

图 5　2023 年先进材料产业链上游环节金属原料企业分布情况

表 5　2023 年先进材料产业链上游环节化学纤维企业数量

单位：家

区域	城市	企业数量	各区域企业数量
重庆都市圈	重庆	63	68
	广安	5	
成都都市圈	成都	48	61
	德阳	8	
	眉山	2	
	资阳	3	
其他区域	雅安	5	37
	自贡	4	
	绵阳	1	
	乐山	2	
	宜宾	8	
	达州	4	
	内江	0	
	遂宁	3	
	南充	6	
	泸州	4	

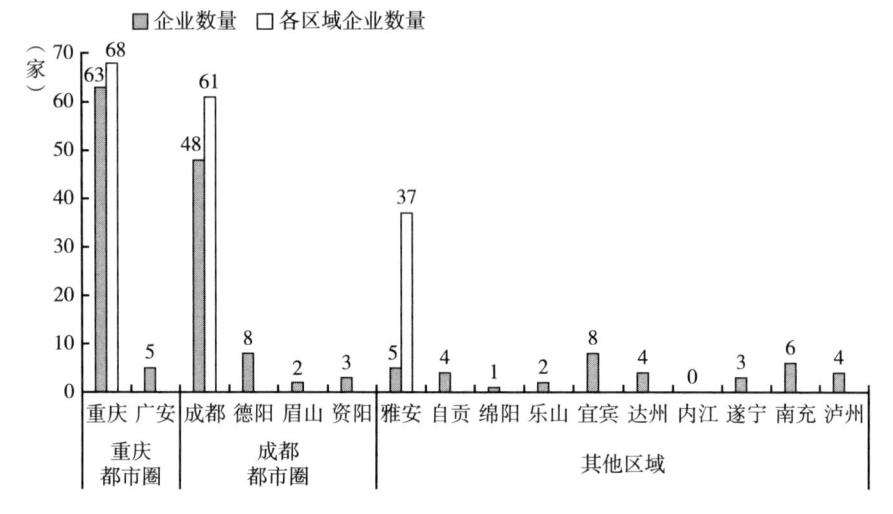

图 6 2023 年先进材料产业链上游环节化学纤维企业分布情况

纤维企业之外，成渝地区双城经济圈的其他各市均零星建有化学纤维企业，其中位于成都都市圈的德阳市和其他区域的宜宾市均拥有 8 家化学纤维企业。

从表 6 和图 7 陶瓷企业空间分布来看，其他区域拥有陶瓷企业 71 家，陶瓷是唯一一个在其他区域范围的企业总数超过了重庆都市圈企业数量（48 家）和成都都市圈企业数量（31 家）的原材料种类。三大区域中各有 1 个代表市拥有陶瓷企业超过 20 家，分别为重庆市（46 家）、成都市（21 家）和乐山市（26 家）。目前，位于成都都市圈的资阳市还没有陶瓷企业落户，位于其他区域的泸州市仅有 1 家陶瓷企业。

表 6 2023 年先进材料产业链上游环节陶瓷企业数量

单位：家

区域	城市	企业数量	各区域企业数量
重庆都市圈	重庆	46	48
	广安	2	
成都都市圈	成都	21	31

续表

区域	城市	企业数量	各区域企业数量
成都都市圈	德阳	5	31
	眉山	5	
	资阳	0	
其他区域	雅安	3	71
	自贡	10	
	绵阳	7	
	乐山	26	
	宜宾	6	
	达州	2	
	内江	7	
	遂宁	2	
	南充	7	
	泸州	1	

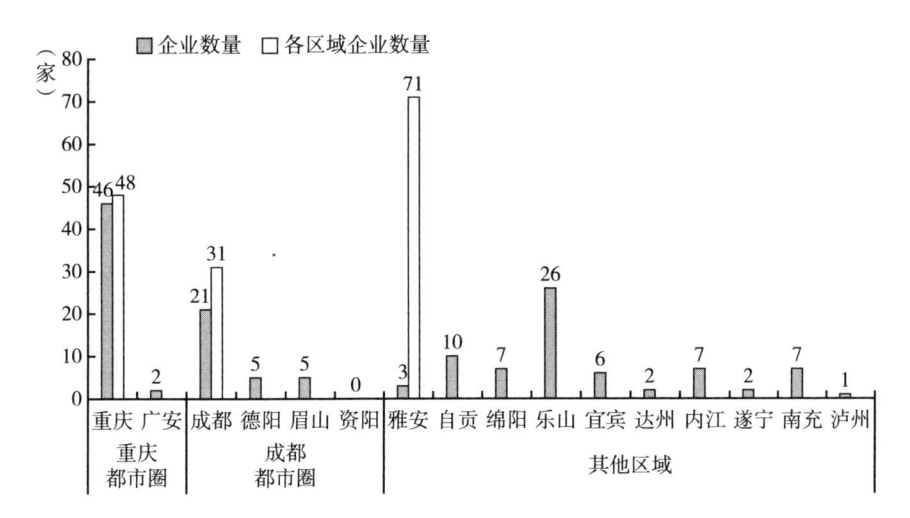

图 7　2023 年先进材料产业链上游环节陶瓷企业分布情况

从表 7 和图 8 树脂企业空间分布来看，成都都市圈树脂企业 33 家，重庆都市圈树脂企业 13 家，其他区域树脂企业 17 家，可见 73.02% 的树脂企业集中在两大都市圈，且主要位于都市圈核心区域成都市（22家）和重庆市（13家），拥有树脂企业10家的地级市还有位于成都都市圈的德阳市（10家）。三大区域中分别有1个市截至2023年还没有树脂企业落户，分别为广安市、资阳市、内江市。

表7　2023年先进材料产业链上游环节树脂企业空间数量

单位：家

区域	城市	企业数量	各区域企业数量
重庆都市圈	重庆	13	13
	广安	0	
成都都市圈	成都	22	33
	德阳	10	
	眉山	1	
	资阳	0	
其他区域	雅安	1	17
	自贡	2	
	绵阳	2	
	乐山	1	
	宜宾	4	
	达州	1	
	内江	0	
	遂宁	2	
	南充	3	
	泸州	1	

从表8和图9石墨企业空间分布来看，重庆都市圈石墨企业354家，其中重庆市347家、广安市7家，重庆市在石墨企业数量上拥有绝对优势；成都都市圈石墨企业192家，其中成都市127家、德阳市33家、眉山市26家、资阳市6家；其他区域石墨企业286家，其中自贡市54家、雅安市49家、绵阳市47家、乐山市42家、内江市23家、泸州市21家、宜宾市19家、达州市和遂宁市均为12家、南充7家。

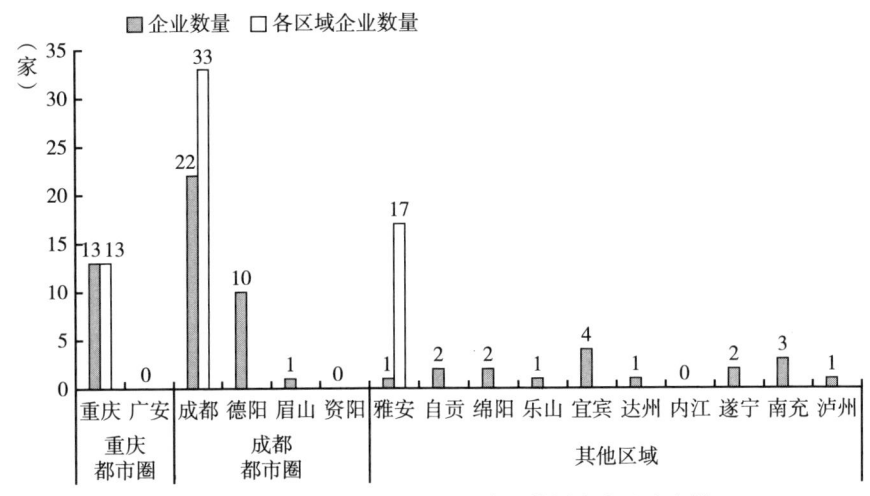

图 8　2023 年先进材料产业链上游环节树脂企业分布情况

表 8　2023 年先进材料产业链上游环节石墨企业数量

单位：家

区域	城市	企业数量	各区域企业数量
重庆都市圈	重庆	347	354
	广安	7	
成都都市圈	成都	127	192
	德阳	33	
	眉山	26	
	资阳	6	
其他区域	雅安	49	286
	自贡	54	
	绵阳	47	
	乐山	42	
	宜宾	19	
	达州	12	
	内江	23	
	遂宁	12	
	南充	7	
	泸州	21	

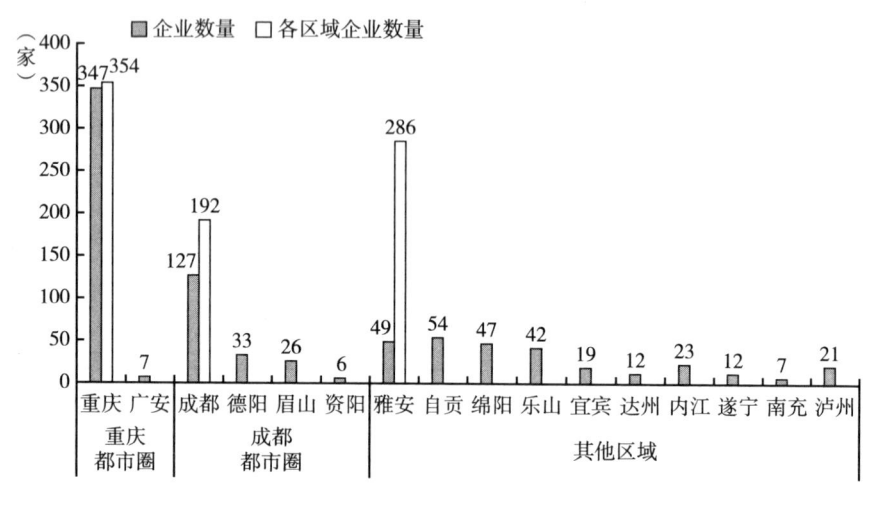

图 9　2023 年先进材料产业链上游环节石墨企业分布情况

三　成渝地区双城经济圈先进材料产业链中游环节的空间分布

截至 2023 年，成渝地区双城经济圈先进材料产业链中游环节企业共 8573 家。成渝地区双城经济圈先进材料产业链中游环节企业可根据材料类别划分为气凝胶材料企业 182 家、石墨烯材料企业 25 家和未来材料企业 8407 家；根据中游环节企业资本来源划分，包括民营企业 8516 家，占比高达 99.34%。2019~2023 年，中游环节企业增加 3640 家，增长率为 73.79%（见图 10）。

（一）先进材料产业链中游环节企业总体空间分布

2023 年成渝地区双城经济圈先进材料产业链中游环节企业数据显示，成都都市圈拥有中游环节企业 3749 家，重庆都市圈拥有中游环节企业 3226 家，包含雅安市、自贡市、绵阳市、乐山市、宜宾市、达州市、内江市、遂

成渝地区双城经济圈先进材料产业链分布研究

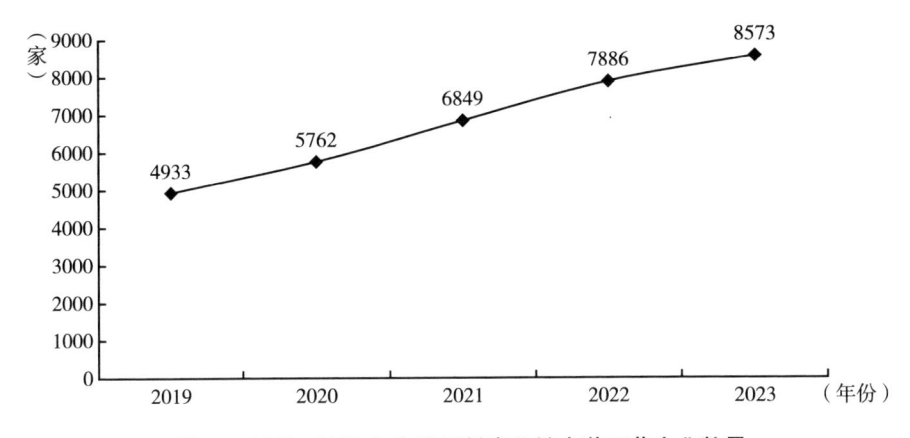

图10　2019~2023年先进材料产业链中游环节企业数量

数据点：2019年4933，2020年5762，2021年6849，2022年7886，2023年8573。

宁市、南充市和泸州市在内的其他区域共拥有中游环节企业1598家（见表9）。从图11可以看出，成都都市圈和重庆都市圈集聚了81.36%的先进材料产业链中游环节企业，其中成都都市圈拥有的先进材料产业链中游环节企业占43.73%，重庆都市圈拥有的先进材料产业链中游环节企业占37.63%，成都市和重庆市拥有中游环节企业数量相当，均为3145家。其他区域拥有的先进材料产业链中游环节企业占18.64%，其中，绵阳市拥有中游环节企业547家，是其他区域拥有中游环节企业唯一突破500家的地级市，且在整个成渝地区双城经济圈先进材料产业链中游环节企业数量排名第二，仅次于成都市和重庆市。

表9　2023年先进材料产业链中游环节企业数量

单位：家

区域	城市	企业数量	各区域企业数量
重庆都市圈	重庆	3145	3226
	广安	81	
成都都市圈	成都	3145	3749
	德阳	380	
	眉山	160	
	资阳	64	

续表

区域	城市	企业数量	各区域企业数量
其他区域	雅安	100	1598
	自贡	200	
	绵阳	547	
	乐山	108	
	宜宾	158	
	达州	62	
	内江	67	
	遂宁	107	
	南充	143	
	泸州	106	

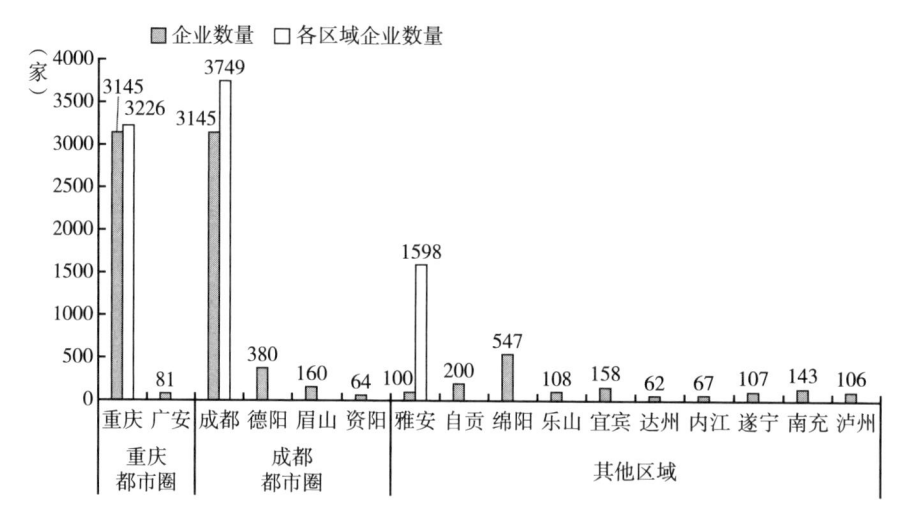

图11　2023年先进材料产业链中游环节企业分布情况

（二）先进材料产业链中游环节企业分类别空间分布

根据表10和图12所示，成渝地区双城经济圈先进材料产业链中游环节根据类别可以细分为气凝胶材料、石墨烯材料和未来材料，且成都都市圈、重庆都市圈、其他区域分别拥有的未来材料企业数量最多，均远远超过所在区域拥有的气凝胶材料企业和石墨烯材料企业。

表10　2023年先进材料产业链中游环节根据类别细分企业数量

单位：家

区域	气凝胶材料	石墨烯材料	未来材料
重庆都市圈	75	0	3189
成都都市圈	85	6	3707
其他区域	22	19	1574

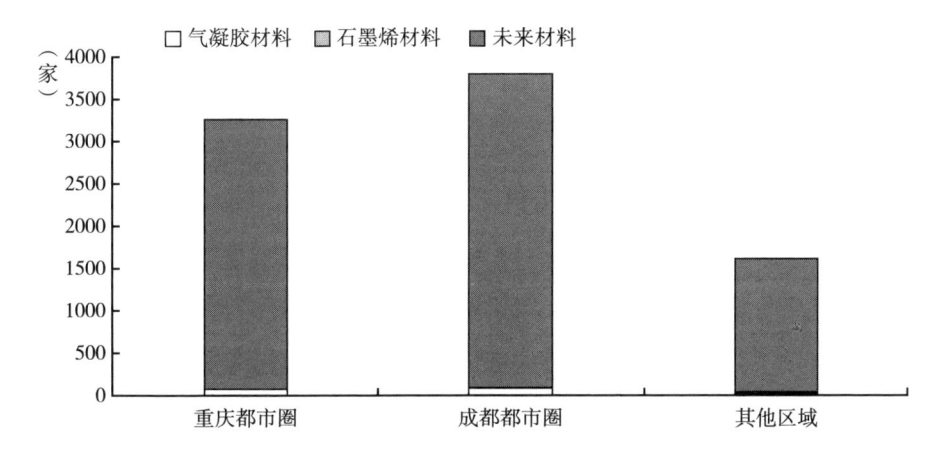

图12　2023年先进材料产业链中游环节根据类别细分企业分布情况

从表11和图13气凝胶材料企业空间分布来看，成都都市圈气凝胶材料企业85家，重庆都市圈气凝胶材料企业75家，其他区域气凝胶材料企业22家，可见87.91%的气凝胶材料企业集中在两大都市圈，且主要位于都市圈核心区域重庆市（75家）和成都市（74家）。其他区域拥有气凝胶材料企业5家及以上的地级市有2个，即乐山市（7家）和绵阳市（5家）。目前，成渝地区双城经济圈未引进或未自建先进材料产业链中游环节气凝胶材料企业的地级市有位于重庆都市圈的广安市、位于成都都市圈的资阳市以及位于其他区域的自贡市、内江市和遂宁市。

表11　2023年先进材料产业链中游环节气凝胶材料企业数量

单位：家

区域	城市	企业数量	各区域企业数量
重庆都市圈	重庆	75	75
	广安	0	
成都都市圈	成都	74	85
	德阳	7	
	眉山	4	
	资阳	0	
其他区域	雅安	2	22
	自贡	0	
	绵阳	5	
	乐山	7	
	宜宾	1	
	达州	2	
	内江	0	
	遂宁	0	
	南充	4	
	泸州	1	

从表12和图14石墨烯材料企业空间分布来看，成都都市圈石墨烯材料企业6家，其中成都市4家、眉山市2家；其他区域石墨烯材料企业19家，占成渝地区双城经济圈先进材料产业链中游环节石墨烯材料企业总数的76%，其中自贡市5家、雅安市4家、乐山市和南充市均为3家、绵阳市和遂宁市均为2家。目前，成渝地区双城经济圈未引进或未自建先进材料产业链中游环节石墨烯材料企业的地级市有位于重庆都市圈的重庆市和广安市、位于成都都市圈的德阳市和资阳市以及位于其他区域的宜宾市、达州市、内江市和泸州市。

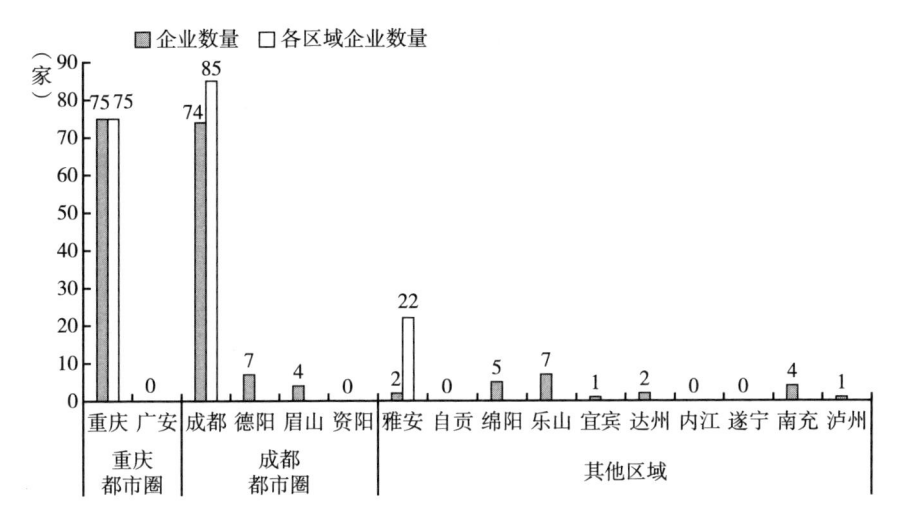

图 13　2023 年先进材料产业链中游环节气凝胶材料企业分布情况

表 12　2023 年先进材料产业链中游环节石墨烯材料企业数量

单位：家

区域	城市	企业数量	各区域企业数量
重庆都市圈	重庆	0	0
	广安	0	
成都都市圈	成都	4	6
	德阳	0	
	眉山	2	
	资阳	0	
其他区域	雅安	4	19
	自贡	5	
	绵阳	2	
	乐山	3	
	宜宾	0	
	达州	0	
	内江	0	
	遂宁	2	
	南充	3	
	泸州	0	

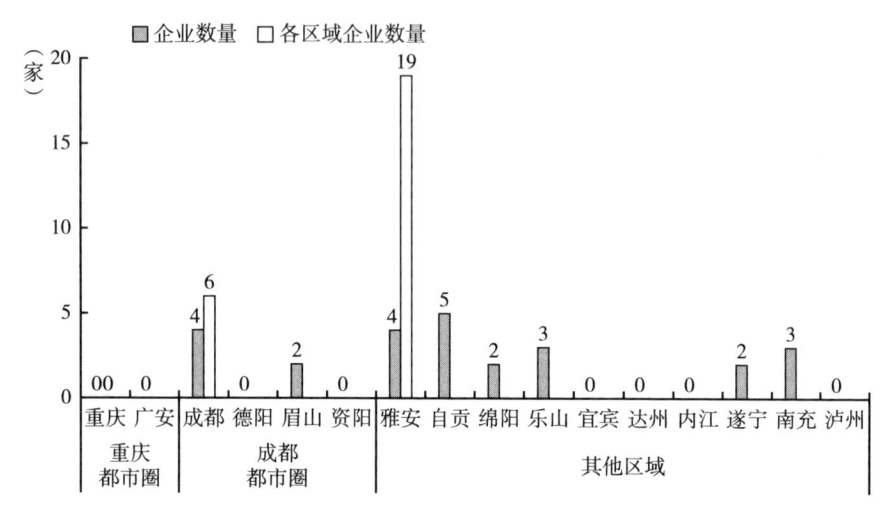

图 14　2023 年先进材料产业链中游环节石墨烯材料企业分布情况

从表 13 和图 15 未来材料企业空间分布来看，成都都市圈未来材料企业 3707 家，重庆都市圈未来材料企业 3189 家，其他区域未来材料企业 1574 家，可见 81.42% 的未来材料企业集中在两大都市圈，且主要位于都市圈核心区域成都市（3110 家）和重庆市（3108 家）。成渝地区双城经济圈先进材料产业链中游环节未来材料企业数量 100 家及以上的地级市有位于成都都市圈的德阳市（376 家）和眉山市（157 家），以及位于其他区域的绵阳市（543 家）、自贡市（196 家）、宜宾市（158 家）、南充市（140 家）、遂宁市（106 家）、泸州市（105 家）和乐山市（100 家）。

表 13　2023 年先进材料产业链中游环节未来材料企业数量

单位：家

区域	城市	企业数量	各区域企业数量
重庆都市圈	重庆	3108	3189
	广安	81	
成都都市圈	成都	3110	3707
	德阳	376	
	眉山	157	
	资阳	64	

续表

区域	城市	企业数量	各区域企业数量
其他区域	雅安	99	1574
	自贡	196	
	绵阳	543	
	乐山	100	
	宜宾	158	
	达州	60	
	内江	67	
	遂宁	106	
	南充	140	
	泸州	105	

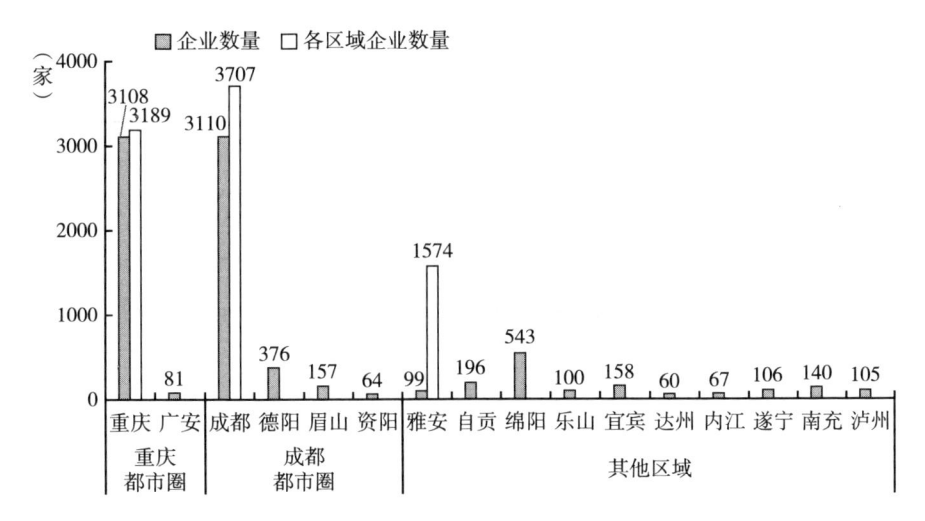

图15 2023年先进材料产业链中游环节未来材料企业分布情况

四 成渝地区双城经济圈先进材料产业链下游环节的空间分布

截至2023年，成渝地区双城经济圈先进材料产业链下游环节企业共

72996 家。成渝地区双城经济圈先进材料产业链下游环节企业可根据领域类别划分为高端装备制造企业 11463 家、健康企业 58 家、建筑企业 61447 家和汽车企业 42 家；根据下游环节企业资本来源划分，包括民营企业 72934 家，占比高达 99.92%。2019~2023 年，下游环节企业增加 33068 家，增长率为 82%（见图 16）。

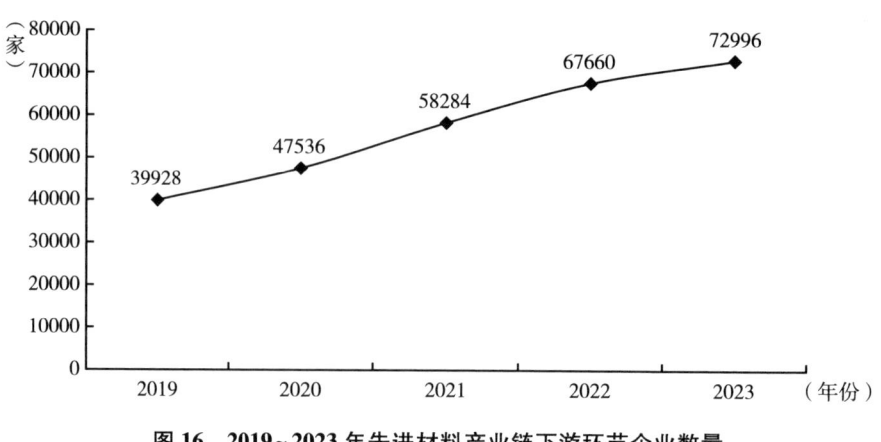

图 16　2019~2023 年先进材料产业链下游环节企业数量

（一）先进材料产业链下游环节企业总体空间分布

2023 年成渝地区双城经济圈先进材料产业链下游环节企业数据显示，成都都市圈拥有下游环节企业 31478 家，重庆都市圈拥有下游环节企业 22623 家，包含雅安市、自贡市、绵阳市、乐山市、宜宾市、达州市、内江市、遂宁市、南充市和泸州市在内的其他区域共拥有下游环节企业 18895 家（见表 14）。从图 17 可以看出，成都都市圈和重庆都市圈集聚了 74.12% 的先进材料产业链下游环节企业，成都都市圈拥有的先进材料产业链下游环节企业占 43.12%，其中成都市拥有下游环节企业 25854 家；重庆都市圈拥有的先进材料产业链下游环节企业占 30.99%，重庆市拥有下游环节企业 21517 家。其他区域拥有的先进材料产业链下游环节企业占 25.88%，其中，绵阳市拥有下游环节企业 3896 家，是其他区域拥有下游环节企业唯一突破

3000 家的地级市，且在整个成渝地区双城经济圈先进材料产业链下游环节企业数量排名第三。

表14　2023 年先进材料产业链下游环节企业数量

单位：家

区域	城市	企业数量	各区域企业数量
重庆都市圈	重庆	21517	22623
	广安	1106	
成都都市圈	成都	25854	31478
	德阳	2622	
	眉山	1875	
	资阳	1127	
其他区域	雅安	749	18895
	自贡	1636	
	绵阳	3896	
	乐山	1673	
	宜宾	2469	
	达州	1371	
	内江	1221	
	遂宁	1403	
	南充	2653	
	泸州	1824	

（二）先进材料产业链下游环节企业分类别空间分布

根据表15和图18所示，成渝地区双城经济圈先进材料产业链下游环节根据类别可划分为高端装备制造、健康、建筑和汽车，且成都都市圈、重庆都市圈、其他区域分别拥有的建筑企业数量最多，其次是高端装备制造企业，均远远超过所在区域拥有的健康企业和汽车企业。

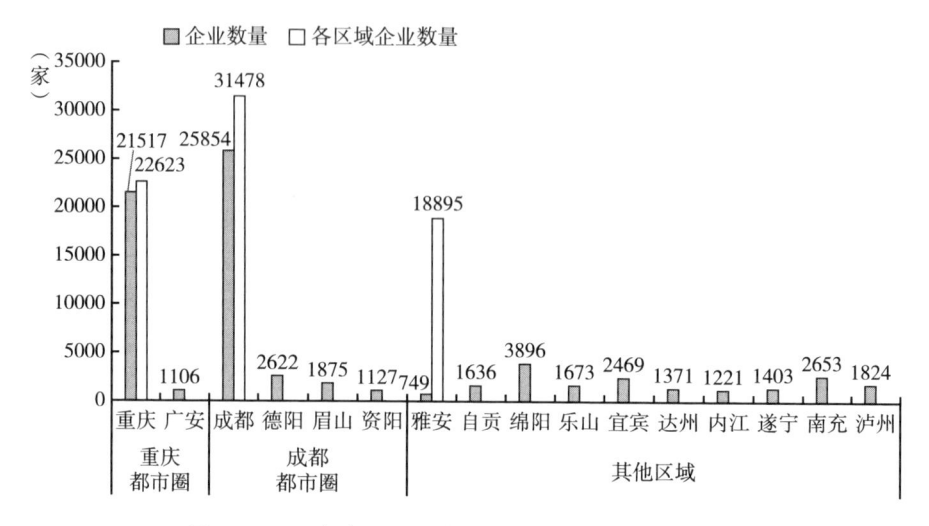

图 17 2023年先进材料产业链下游环节企业分布情况

表 15 2023年先进材料产业链下游环节根据类别细分企业数量

单位：家

区域	高端装备制造	健康	建筑	汽车
重庆都市圈	4818	23	17759	27
成都都市圈	4229	18	27226	11
其他区域	2416	17	16462	4

从表16和图19高端装备制造企业空间分布来看，重庆都市圈高端装备制造企业有4818家，成都都市圈高端装备制造企业有4229家，其他区域高端装备制造企业有2416家，可以看出78.92%的高端装备制造的相关企业集中在两大都市圈，且主要位于都市圈核心区域重庆市（4707家）和成都市（3072家）。除此之外，成渝地区双城经济圈拥有高端装备制造企业超过500家的地级市有3个，即位于成都都市圈的德阳市（813家）、位于其他区域的自贡市（545家）和绵阳市（520家）。

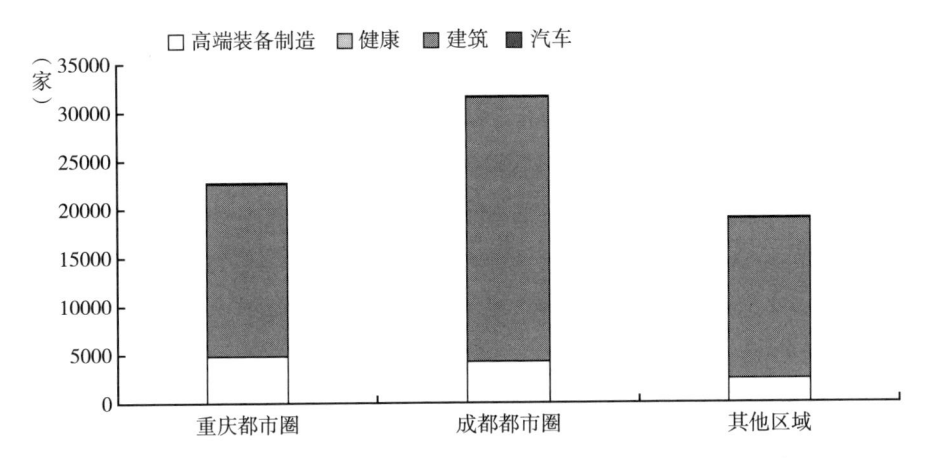

图18 2023年先进材料产业链下游环节根据类别细分企业分布情况

表16 2023年先进材料产业链下游环节高端装备制造企业数量

单位：家

区域	城市	企业数量	各区域企业数量
重庆都市圈	重庆	4707	4818
	广安	111	
成都都市圈	成都	3072	4229
	德阳	813	
	眉山	200	
	资阳	144	
其他区域	雅安	44	2416
	自贡	545	
	绵阳	520	
	乐山	226	
	宜宾	230	
	达州	116	
	内江	145	
	遂宁	102	
	南充	234	
	泸州	254	

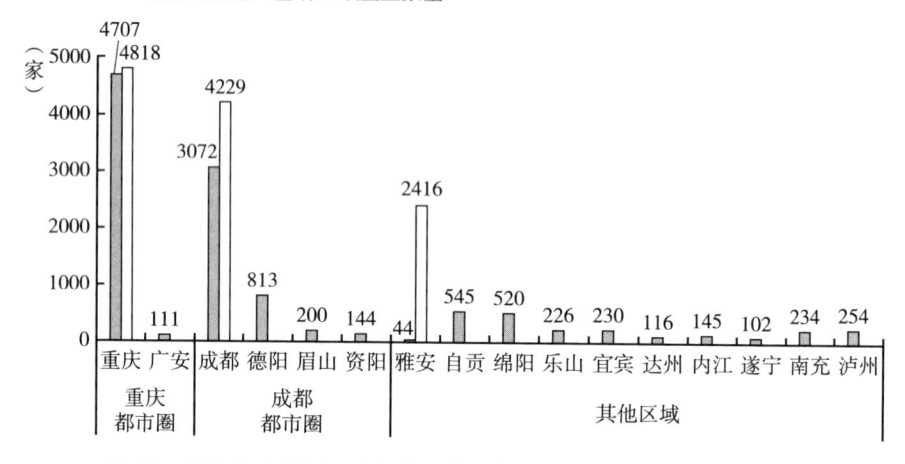

图 19　2023 年先进材料产业链下游环节高端装备制造企业分布情况

从表 17 和图 20 健康企业空间分布来看，重庆都市圈健康企业有 23 家，其中重庆市 22 家、广安市 1 家；成都都市圈健康企业有 18 家，其中成都市 16 家、德阳市 1 家、眉山市 1 家；其他区域健康企业有 17 家，其中绵阳市和达州市分别为 4 家、宜宾市和内江市以及泸州市分别为 2 家、雅安市和自贡市以及南充市分别为 1 家。除此之外，成渝地区双城经济圈未引入或未自建健康企业的地级市有位于成都都市圈的资阳市、位于其他区域的乐山市和遂宁市。

表 17　2023 年先进材料产业链下游环节健康企业数量

单位：家

区域	城市	企业数量	各区域企业数量
重庆都市圈	重庆	22	23
	广安	1	
成都都市圈	成都	16	18
	德阳	1	
	眉山	1	
	资阳	0	

续表

区域	城市	企业数量	各区域企业数量
其他区域	雅安	1	17
	自贡	1	
	绵阳	4	
	乐山	0	
	宜宾	2	
	达州	4	
	内江	2	
	遂宁	0	
	南充	1	
	泸州	2	

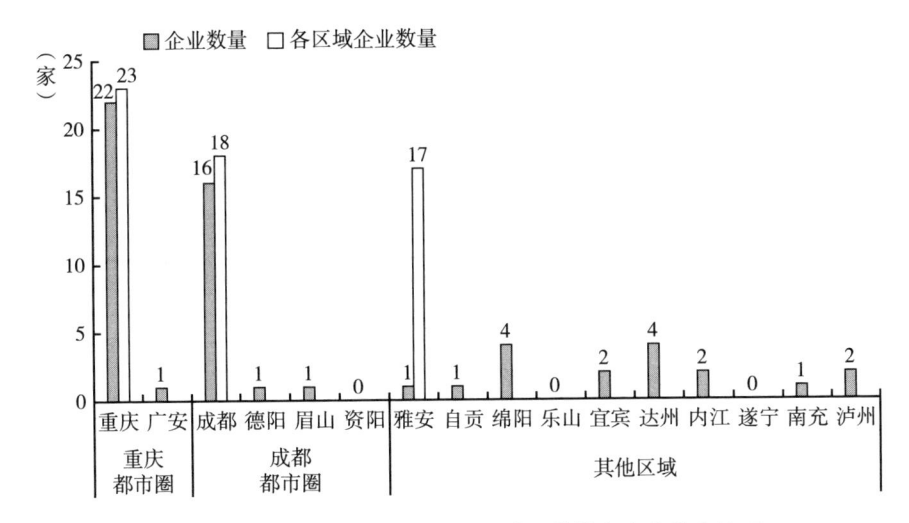

图20 2023年先进材料产业链下游环节健康企业分布情况

从表18和图21建筑企业空间分布来看，成都都市圈建筑企业有27226家，重庆都市圈建筑企业有17759家，其他区域建筑企业有16462家。由此可以看出，44.31%的建筑企业集中在成都都市圈，28.90%的建筑企业集中在重庆都市圈，且主要位于都市圈核心区域成都市

（22763家）和重庆市（16764家）。另外，成渝地区双城经济圈拥有建筑企业超过1500家的地级市有6个，即位于成都都市圈的德阳市（1808家）和眉山市（1674家），位于其他区域的绵阳市（3373家）、南充市（2418家）、宜宾市（2236家）和泸州市（1568家）。

表18　2023年先进材料产业链下游环节建筑企业数量

单位：家

区域	城市	企业数量	各区域企业数量
重庆都市圈	重庆	16764	17759
	广安	995	
成都都市圈	成都	22763	27226
	德阳	1808	
	眉山	1674	
	资阳	981	
其他区域	雅安	704	16462
	自贡	1089	
	绵阳	3373	
	乐山	1447	
	宜宾	2236	
	达州	1251	
	内江	1076	
	遂宁	1300	
	南充	2418	
	泸州	1568	

从表19和图22汽车企业空间分布来看，重庆都市圈汽车企业有27家，其中重庆市27家；成都都市圈汽车企业有11家，其中成都市9家、资阳市2家；其他区域汽车企业仅有4家，分别是自贡市1家、宜宾市1家、遂宁市1家和南充市1家。除此之外，成渝地区双城经济圈未引入或未自建汽车企业的地级市有位于重庆都市圈的广安市，位于成都都市圈的德阳市和眉山市，位于其他区域的雅安市、绵阳市、乐山市、达州市、内江市和泸州市。

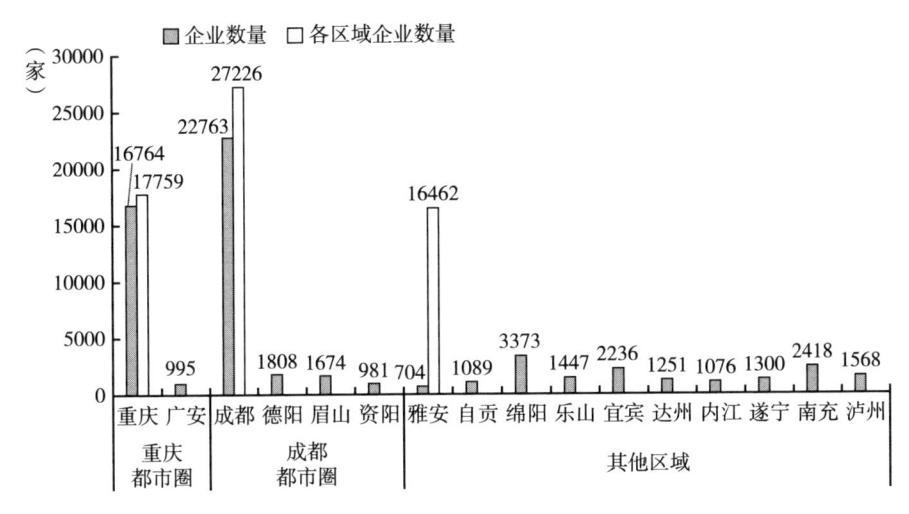

图 21　2023 年先进材料产业链下游环节建筑企业分布情况

表 19　2023 年先进材料产业链下游环节汽车企业数量

单位：家

区域	城市	企业数量	各区域企业数量
重庆都市圈	重庆	27	27
	广安	0	
成都都市圈	成都	9	11
	德阳	0	
	眉山	0	
	资阳	2	
其他区域	雅安	0	4
	自贡	1	
	绵阳	0	
	乐山	0	
	宜宾	1	
	达州	0	
	内江	0	
	遂宁	1	
	南充	1	
	泸州	0	

077

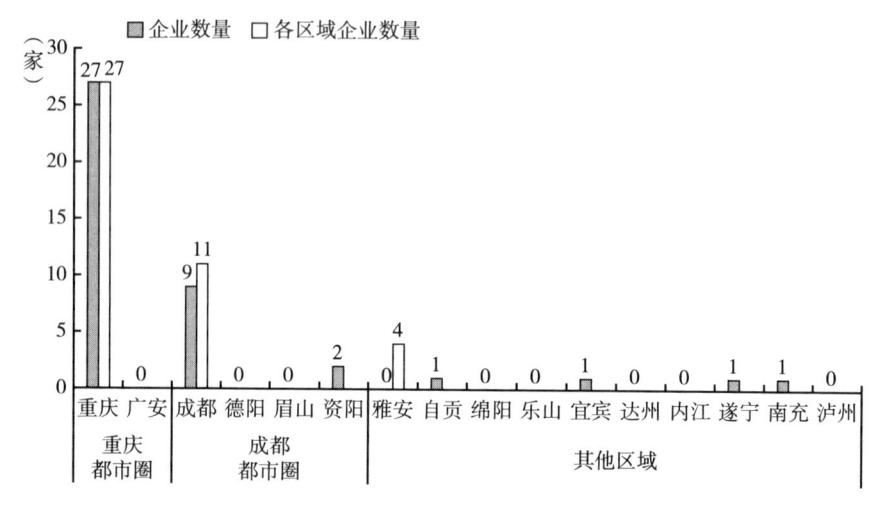

图22　2023年先进材料产业链下游环节汽车企业分布情况

五　成渝地区双城经济圈先进材料产业链分布优化路径

（一）成渝地区双城经济圈先进材料产业链空间分布特征

从三大区域对比来看，成都都市圈聚集的先进材料产业链上游环节企业数量、中游环节企业数量以及下游环节企业数量在三个区域中均排名第一，其次是重庆都市圈，其他区域排名第三，由图23可以看出，成都都市圈在先进材料全产业链上均表现出较强的发展势头。成都都市圈在先进材料领域具有较强的产业基础，2020年《关于促进成都新型材料产业高质量发展的实施意见》执行以来，成都市积极培育构建先进材料产业生态圈，打造"四大特色材料+四大优势材料"的新型材料产业体系，形成了特色鲜明、布局合理、配套完善的产业发展格局。

从全产业链对比来看，成都都市圈、重庆都市圈、其他区域均表现出先进材料产业链下游环节企业数量>中游环节企业数量>上游环节企业

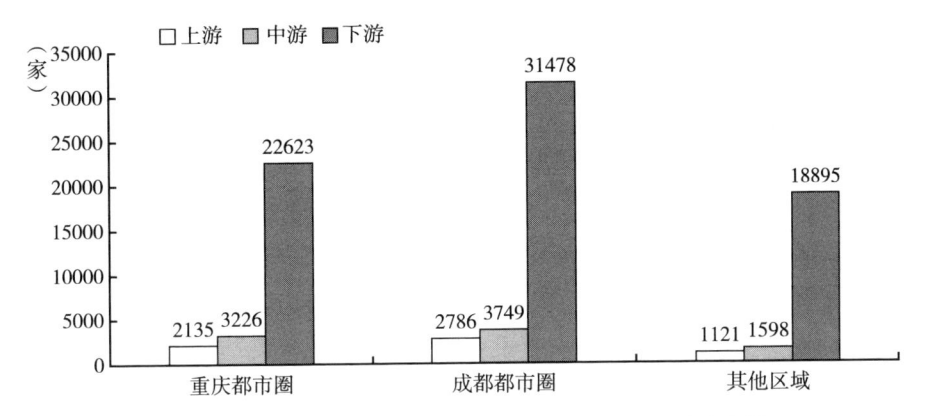

图 23 2023年先进材料产业链上中下游环节企业区域分布情况

数量,且三大区域的下游企业数量均远远超过所在区域中游企业数量和上游企业数量。成渝地区双城经济圈先进材料产业链上游环节企业数量和中游环节企业数量较少,原因在于先进材料的上游环节和中游环节通常涉及较高的技术门槛、较大的研发资金投入、较高的市场集中度。从下游环节企业数量较多可以看出,先进材料满足各领域的多样化需求,而成渝地区双城经济圈先进材料产业链下游的应用非常广泛,主要应用于高端装备制造、健康、建筑以及汽车,其中建筑企业有61447家,占下游环节企业总数的84.18%,建筑中主要集中于装饰装修企业(56539家);高端装备制造企业有11463家,占下游环节企业总数的15.70%,高端装备制造主要集中于装备制造企业(11098家);健康企业和汽车企业分别有58家和42家,在企业数量上还有较大的提升空间。

从地区对比来看(见图24),成渝地区双城经济圈先进材料产业链下游环节企业数量>中游环节企业数量>上游环节企业数量的地级市有位于重庆都市圈的重庆市、广安市,位于成都都市圈的成都市、德阳市、眉山市和资阳市,位于其他区域的自贡市、绵阳市、宜宾市、内江市、遂宁市、南充市、泸州市,由于上游环节企业主要为原材料供应商,该环节的进入门槛高,对资源依赖性较强,企业数量少而稳定。成渝地区双城经济圈先进材料产业链下游环节企业数量>上游环节企业数量>中游环节企业数量的地级市有位于其他区域的雅安市和乐山市。成渝地区双城经济圈先进材料产业链下游环节企业数量>上游环节企业数量=中游环节企业数量的地级市有位于其他区域的达州市，下游环节企业主要为先进材料应用领域，其企业数量多表明先进材料应用广泛。

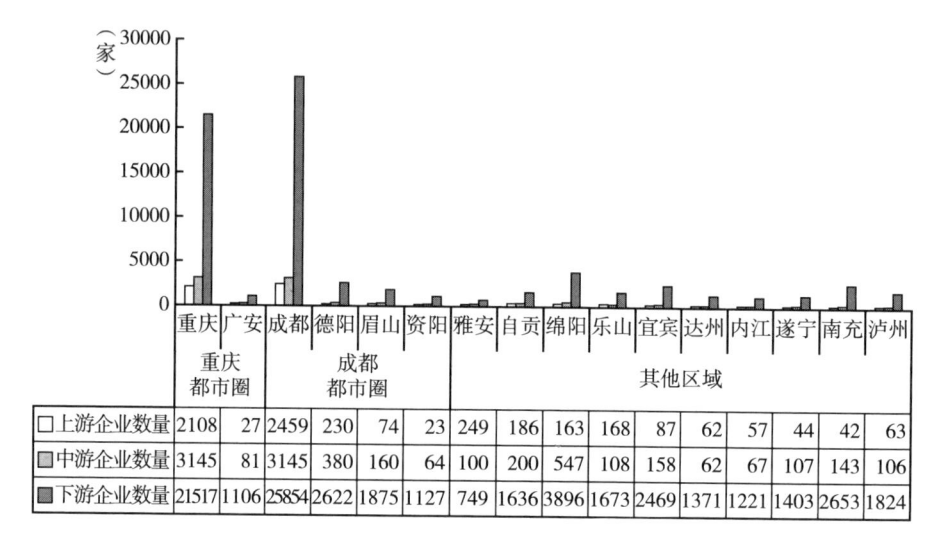

	重庆都市圈		成都都市圈				其他区域								
	重庆	广安	成都	德阳	眉山	资阳	雅安	自贡	绵阳	乐山	宜宾	达州	内江	遂宁	南充	泸州
上游企业数量	2108	27	2459	230	74	23	249	186	163	168	87	62	57	44	42	63
中游企业数量	3145	81	3145	380	160	64	100	200	547	108	158	62	67	107	143	106
下游企业数量	21517	1106	25854	2622	1875	1127	749	1636	3896	1673	2469	1371	1221	1403	2653	1824

图 24　2023 年先进材料产业链地级市分布情况

（二）成渝地区双城经济圈先进材料产业链分布优化路径

优化、调整成渝地区双城经济圈先进材料产业结构。成渝地区双城经济圈先进材料产业原材料资源丰富，属于内陆地区的石墨产业高地，上游环节原材料石墨企业 832 家，然而中游环节的石墨烯材料企业仅 25 家。基于成渝地区双城经济圈先进材料的企业数量和企业布局现状，需积极引进先进材料产业战略投资者，不断完善先进材料产业链，围绕"强龙头、补链条、建集群"开展有针对性的先进材料产业招商，实现先进材料产业集聚发展。

不断延伸成渝地区双城经济圈先进材料产业链链条。目前，先进材料在航空航天、电子信息、新能源、生物医疗、智能制造、环境保护等多个领域具有广泛的应用前景。然而，成渝地区双城经济圈先进材料在高端装备制造领域、建筑领域应用较广泛，在健康、汽车、电子信息、新能源等领域的应用还有极大的拓展空间，因此需积极开展先进材料产业链延伸行动，持续推进先进材料相关产业的协同发展。

持续增强成渝地区双城经济圈先进材料产业链自主创新能力。成渝地区双城经济圈要通过先进材料现代产业链融通发展，实现开放式的多边创新合作，推动先进材料破解"卡脖子"技术难题的行动共同体的建设，在突破先进材料关键技术的同时，掌握一批我国自主拥有的"撒手锏"技术，引领和支撑战略性新兴产业和未来产业的发展，形成更高质量、更高层级的新供给，不断增强先进材料的新质生产力。

参考文献

《工业和信息化部、发展改革委、科技部、财政部关于印发新材料产业发展指南的通知》，工业和信息化部网站，2017年1月23日，https：//www.miit.gov.cn/ztzl/rdzt/xclcyfz/zcgh/art/2020/art_ e27ba0ba54304c1b933c3cb32ecce94c.html。

王宇、束容与：《平台经济推动产业链高质量发展的机制与路径研究》，《当代经济科学》2024年第5期。

B.3
成渝地区双城经济圈先进材料产业组织研究

许岩 杨振寰*

摘　要： 本报告对成渝地区双城经济圈先进材料产业组织进行分析，解析先进材料产业市场结构、企业行为以及市场竞争力。分析结果显示，成渝地区双城经济圈先进材料产业的市场竞争格局呈现多元化趋势，行业进入与退出有一定的壁垒，企业经营既依靠创新研发参与市场竞争，也依靠与其他企业在产业链上协同合作，市场竞争力逐步增强，逐步形成重庆和成都两大竞争力极核。未来，成渝地区双城经济圈应该通过强化产业规划、健全创新体系、加强产业协同、拓宽融资渠道、优化政策环境、实施人才战略、深化区域合作，促进先进材料产业组织发展。

关键词： 先进材料产业　产业组织　企业行为　市场竞争力　成渝地区双城经济圈

在当今全球科技竞争日益激烈的背景下，先进材料产业作为支撑高端制造业、推动产业升级的关键领域，正迎来前所未有的发展机遇。信息技术、生物技术、新能源技术等新兴技术的迅猛发展，对材料性能的要求不断提高，促使先进材料不断向高性能化、多功能化、智能化方向演进。全球范围内，各国纷纷加大了对先进材料产业的投入，通过政策引导、资金扶持、技

---

* 许岩，博士，重庆工商大学成渝地区双城经济圈建设研究院专职研究员，副教授，主要研究方向为劳动经济学、人口经济学；杨振寰，重庆工商大学硕士研究生，主要研究方向为人口、资源与环境经济学。

术创新等手段，加快先进材料产业的布局与发展，力求在新一轮科技革命和产业变革中占据领先地位。然而，先进材料产业的发展也面临诸多挑战。一方面，技术门槛高、研发投入大、周期长等特点使得先进材料产业的进入门槛较高；另一方面，全球贸易保护主义抬头、技术封锁加剧等外部环境的变化，给先进材料产业的国际合作与市场竞争带来了不确定性。因此，如何在全球化的背景下，把握先进材料产业的发展趋势，应对各种挑战，成为各国政府和企业共同关注的问题。

成渝地区双城经济圈位于中国西部地区，涵盖重庆市全境和四川省部分地区，是中国经济版图中具有重要战略地位的区域之一。2020年中央财经委员会第六次会议明确提出"推动成渝地区双城经济圈建设"以来，该区域被赋予了前所未有的战略使命和发展机遇。成渝地区双城经济圈不仅是中国西部大开发的重要平台，也是长江经济带和"一带一路"倡议的重要交汇点，其发展战略地位日益凸显。在先进材料产业领域，成渝地区双城经济圈具有得天独厚的优势和潜力。区域内拥有丰富的矿产资源、完善的工业体系和强大的科研实力，为先进材料产业的发展提供了坚实的基础。同时，随着区域经济的快速发展和产业结构的不断优化升级，先进材料产业作为战略性新兴产业的重要组成部分，正逐渐成为成渝地区双城经济圈新的经济增长点。例如，《重庆市先进材料产业集群高质量发展行动计划（2023—2027年）》明确提出，到2027年，全市先进材料产业产值突破1万亿元，建成国家重要轻合金、玻璃纤维及复合材料、合成材料产业基地，成为国家有重要影响力的特色先进材料产业集聚区。

近年来，成渝地区双城经济圈在先进材料产业领域取得了显著成效。一方面，区域内涌现一批具有国际竞争力的先进材料企业，涵盖了电子信息材料、新能源材料、生物医用材料等多个细分领域，形成了较为完整的产业链条。这些企业在技术研发、产品生产、市场推广等方面积累了丰富的经验，为产业集群的形成和发展奠定了坚实基础；另一方面，成渝地区双城经济圈政府和企业高度重视先进材料产业的发展，通过制定产业发展规划、加大政策扶持力度、推动产学研用深度融合等措施，不断优化产业发展环境，提升产业创新能力。同时，区域内积极构建开放、合作的产业生态体系，加强与国内外先进地区的交流合作，共同推动先进材料产业的高质量发展。然而，在快速发展的同时，成渝地区双城经济圈先进材料产业集群面临着一些挑战和问题，如产业链协同不足、创新体系不完善、市场开放度不高等，这些挑战和问题制约了产业集群的进一步发展壮大。因此，深入分析成渝地区双城经济圈先进材料产业集群的产业组织特征和发展规律，对探索适合该区域的产业发展模式和路径具有重要意义。

一 成渝地区双城经济圈先进材料产业的市场结构分析

（一）企业数量

成渝地区双城经济圈作为西部地区的重要经济增长极，其先进材料产业在近年来取得了显著发展。根据"成渝地区双城经济圈产业云图系统"数据，2023年成渝地区双城经济圈先进材料产业链上共有企业86616家，其中重庆市有24430家，四川省有62186家。按产业链划分，上游企业有6042家、中游企业有8573家、下游企业有72996家。[①] 中游企业主要涉及气溶胶材料、石墨烯材料与未来材料三大产业链。

随着政策扶持力度的加大和市场需求的提升，成渝地区双城经济圈先进材料产业链上的企业数量整体呈现增加的基本态势。根据"成渝地区双城经济圈产业云图系统"数据，2019年成渝地区双城经济圈先进材料产业链上的企业数量为58506家，而到2023年增加到了86616家，增长了48.05%（见图1）。预计未来几年内，随着市场需求的提升和技术创新的推动，成渝地区双城经济圈先进材料产业链上的企业数量将持续提高。

---

① 上中下游产业链企业总数为去重后企业数，因少部分企业存在涉及多个产业链环节现象，因此细分类别产业链上企业数涉及重复计算。

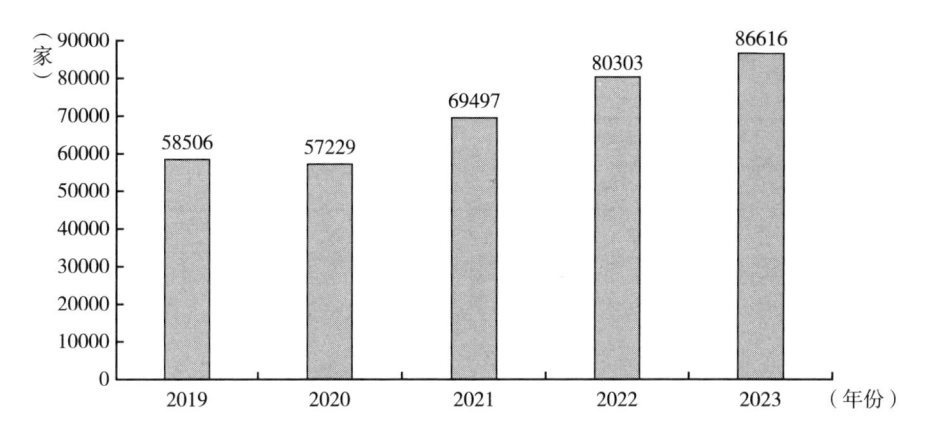

图1 2019~2023年成渝地区双城经济圈先进材料产业链上的企业数量

数据（单位：家）：2019年58506，2020年57229，2021年69497，2022年80303，2023年86616。

资料来源：作者根据教育部人文社会科学重点研究基地重庆工商大学成渝地区双城经济圈建设研究院"成渝地区双城经济圈产业云图系统"数据资料整理得出。

（二）市场集中度分析

成渝地区双城经济圈先进材料产业集群的市场集中度分析，主要关注集群内企业的市场份额以及市场垄断与竞争程度。市场集中度是衡量市场结构的重要指标，反映了市场竞争或垄断的程度。在先进材料产业中，市场集中度高可能意味着少数几家企业拥有大部分市场份额，具有较强的市场影响力；市场集中度低则表明市场竞争较为充分，中小企业有更多生存空间。

成渝地区双城经济圈的先进材料产业集群的市场竞争格局呈现多元化特点。从企业规模结构来看，2023年成渝地区双城经济圈先进材料产业链上的企业以小微企业为主，小微企业的占比达到93.73%，中型企业、大型企业以及特大型企业的占比分别为3.99%、1.19%、1.09%（见表1）。同时，该地区共有龙头企业6家，分别是重庆长安汽车股份有限公司、依米康科技集团股份有限公司、四川东材科技集团股份有限公司、四川中科兴业高新材料有限公司、中化学华陆新材料有限公司、四川国纳科技有限公司。

表1　2023年成渝地区双城经济圈先进材料产业链上的各类企业占比

单位：%

	小微企业	中型企业	大型企业	特大型企业
占比	93.73	3.99	1.19	1.09

资料来源：作者根据教育部人文社会科学重点研究基地重庆工商大学成渝地区双城经济圈建设研究院"成渝地区双城经济圈产业云图系统"数据资料整理得出。

在这种企业规模结构下，一方面，龙头企业凭借技术实力、品牌影响力和市场渠道优势，在市场竞争中占据有利地位，但龙头企业的数量较少；另一方面，中小企业通过差异化竞争、专业化生产等方式，在市场中找到了自己的生存空间。这种多元化的竞争格局有助于促进产业创新和提升产业整体竞争力。从现有信息来看，成渝地区双城经济圈的先进材料产业集群没有形成高度垄断的市场结构。龙头企业虽然在某些领域具有显著优势，但整体市场竞争依然较为激烈。这种竞争态势有助于推动产业技术进步和产品升级换代，提高产业整体发展水平。

（三）进入与退出壁垒分析

1. 进入壁垒分析

（1）技术壁垒

先进材料产业往往涉及复杂的技术和研发过程，需要一定的专业知识和技术积累。新进入者只有投入大量资源进行技术研发和创新，才能满足市场需求，特别是行业内关键技术和专利的保护，使得新进入者难以快速复制现有产品和技术，增加了进入难度。以气溶胶材料产业为例，气溶胶新材料的研究往往涉及复杂的基础科学问题，如气溶胶的生成、传输、转化及其环境效应等，这需要深厚的基础科学积累和长期的研发投入，包括材料科学、化学工程、环境工程等，技术创新的难度较大。同时，气溶胶新材料的性能检测往往需要采用先进的检测手段和技术，如电子显微镜、光谱分析等，这些检测手段对操作人员的技术水平和设备精度要求较高。此外，气溶胶新材料的核心技术往往被少数企业或个人掌握，并通过专利进行保护，新进入者需要突破这些专利壁垒才能进入市场。

（2）资金壁垒

先进材料产业作为技术创新与高端制造的核心领域，其发展往往需要大量的初始投资以支撑设备购置、技术研发和市场推广等关键环节。在成渝地区双城经济圈，这一特征尤为明显。以建立从原材料到成品的全产业链为例，从基础材料研究、中试生产线建设到市场推广，每一个环节都需要庞大的资金支持。企业不仅要有足够的资本积累，还需要能够有效整合各方资源。尽管成渝地区双城经济圈在先进材料产业方面拥有政策上的诸多优势，如政府提供的研发补贴、税收优惠以及土地和厂房等生产要素的优先配置，但新进入者在实际操作中仍然面临融资难的问题，特别是在项目初期，由于技术尚未成熟、市场前景存在不确定性，新进入者往往难以从传统金融机构获得足够的贷款支持。此时，资金获取渠道显得尤为有限，除了少数能够获得风险投资或私募股权投资的幸运儿外，大多数企业需要依靠自身的积累或寻求非传统的融资方式。

（3）市场壁垒

先进材料产业因产品特性和应用领域的特殊性，通常展现出较高的客户黏性。这一特性在成渝地区双城经济圈的先进材料产业中体现得尤为明显。先进材料的具体产品，如高性能合金、先进陶瓷、新型复合材料等，往往与客户的生产工艺紧密相关，一旦客户选择了某种材料并成功应用于其生产流程中，会形成较强的依赖性和黏性。这种黏性不仅来源于材料本身的性能优势，还与客户对供应链稳定性和产品一致性的需求密切相关。在成渝地区双城经济圈的先进材料产业集群内，已有企业经过多年的市场耕耘，建立了稳定的客户群体和销售渠道，形成了较为坚固的市场壁垒。新进入者想要在短时间内打破这种稳定的市场关系，面临着巨大的挑战。除了需要克服技术上的障碍外，新进入者还需要花费大量时间和资源来打造自己的品牌知名度、建立客户信任和销售渠道。

（4）人才壁垒

先进材料产业作为高科技产业，对高层次人才的需求尤为迫切。然而，目前成渝地区双城经济圈在高端人才方面存在明显不足，难以满足产业快速发展的需要。《成渝地区双城经济圈人才需求目录》显示，成渝地区双城经济圈制造业人才需求总体旺盛，特别是在先进材料产业领域，对专业技术类和技能类人才的需求占比均超过95%。然而，这些关键岗位的人才供给不足，形成了明显的人才缺口。同时，不同类型的企业在人才吸引力方面存在显著差异。国有企业和创新型企业由于品牌效应、薪资待遇、发展前景等优势，对高层次人才的吸引力较强。而民营中小微企业则普遍面临"引才难、留才难"的问题，难以吸引和留住高端人才。

2. 退出壁垒分析

（1）资产专用性

先进材料产业往往涉及高度专业化的生产设备、研发设施和知识产权等资产。这些资产具有很强的专用性，一旦企业决定退出市场，这些资产往往难以转售或用于其他用途，导致产生巨大的沉没成本。例如，高端的材料制备设备、精密的检测仪器等，其高昂的购置成本和低流动性使得企业在退出时面临巨大的经济损失。

（2）供应链关系中断

先进材料企业在长期经营过程中，与上下游企业建立了稳定的供应链关系。一旦企业退出市场，这些供应链关系将被迫中断，给相关企业带来不便和损失。同时，企业退出可能导致市场份额的重新分配和竞争格局的变化，进一步影响区域经济的稳定性。

（3）技术积累与传承

先进材料产业的技术研发周期长、投入大，企业在长期经营过程中积累了大量的技术成果和经验。这些技术成果和经验是企业核心竞争力的重要组成部分，也是企业退出市场的重大障碍。一方面，技术的传承需要时间和资源；另一方面，技术的流失可能导致企业商业秘密的泄露和竞争优势的丧失。

二 成渝地区双城经济圈先进材料产业的企业行为分析

（一）企业的竞争与产业链协同行为分析

1. 企业的竞争行为分析

成渝地区双城经济圈的先进材料产业市场竞争激烈，形成了以大型企业为龙头、以中小企业为支撑的多元化竞争格局。龙头企业通过规模效应和技术优势占据市场主导地位，中小企业则依托灵活的经营机制和差异化的产品策略在细分市场中寻求突破。企业的竞争策略主要包括以下几点。

（1）技术创新

技术创新是企业提升竞争力的关键。成渝地区双城经济圈的先进材料企业普遍重视研发投入，加强与高校、科研院所的合作，推动产学研深度融合。通过自主研发和引进消化吸收再创新，企业不断推出具有自主知识产权的新产品、新技术，提高产品附加值和市场占有率。

（2）品牌建设

品牌是企业无形资产的重要组成部分。成渝地区双城经济圈的先进材料企业积极实施品牌战略，通过提升产品质量、优化客户服务、加强品牌宣传等手段，打造具有国际影响力的知名品牌。

（3）市场拓展

市场拓展是企业实现可持续发展的重要途径。成渝地区双城经济圈的先进材料企业积极开拓国内外市场，通过参加国际展会、建立海外销售网络、开展跨境电商等方式，拓宽销售渠道和客户群体。同时，企业加强与上下游企业的合作，构建稳定的供应链体系，提高市场响应速度和抗风险能力。

2. 企业的产业链协同行为分析

（1）产业链布局

成渝地区双城经济圈的先进材料产业已初步形成较为完整的产业链布

局。例如，根据"成渝地区双城经济圈产业云图系统"数据，2024年重庆市前沿新材料产业链完整度为80%，其中上游完整度为100%，中游完整度为68.75%，下游完整度为88.89%，具有较为完整的产业链布局。2024年成都市前沿新材料产业链完整度为100%，拥有极为完善的产业链布局。上游原材料供应、中游生产制造、下游应用推广等环节紧密相连，形成了协同发展的良好态势。企业通过加强产业链上下游企业的合作与交流，共同推动了产业链的优化升级和协同发展。在"2023第二届成渝地区双城经济圈新材料产业协同发展论坛"上，四川、重庆两地相关企业签署了多项合作协议，旨在加强新材料与先进制造业的上下游对接，推动两地相关行业的合作创新。这种跨区域的产业协同发展模式，有助于整合两地资源，促进新材料产业的技术创新和高质量发展。

（2）产业协同模式

在产业链协同方面，成渝地区双城经济圈的先进材料企业积极探索多种协同模式。一是建立战略联盟或产业联盟，通过资源共享、优势互补等方式实现协同发展。例如，重庆长寿经济技术产业开发区与四川自贡市沿滩高新技术产业园区合作共建，旨在打造"千亿级天然气化工新材料产业合作示范园区"。该园区立足两地天然气化工新材料产业基础和优势，通过产业集群发展思路，引导上下游产业链配套发展、协同发展、特色发展。二是开展联合研发和技术攻关，共同突破关键技术和瓶颈。成渝两地政府、企业和科研机构通过共建研发平台、共享创新资源、联合申报科技项目等方式，不断推动新材料领域的技术创新和产业升级。例如，在高性能纤维、先进复合材料、新型功能材料等领域，两地企业通过自主研发和引进吸收再创新，突破了一批关键技术，提升了产品的核心竞争力。三是加强市场协同和品牌推广，共同开拓国内外市场和提高品牌知名度。在市场拓展与品牌建设方面，成渝地区双城经济圈的新材料企业积极开拓国内外市场，参与国际竞争与合作。通过参加国际展会、建立海外销售网络、加强品牌宣传等方式，提升了产品的知名度和美誉度。例如，定期举办"成渝地区双城经济圈新材料产业协同发展论坛"。通过论坛与展览为成渝地区双城经济圈的新材料企业提供了一个展示和交流的平台，促进了企业间的合作与对接。通过论坛的研讨和展览的展示，企业可以了解市场需求和技术趋势，共同探索市场机遇。

（二）企业的研发与创新行为分析

1. 企业的研发行为分析

（1）研发的投入规模

成渝地区双城经济圈内的政府和企业对新材料研发的投入不断加大。成渝两地政府通过设立专项基金、提供税收优惠等方式，鼓励企业增加研发支出。同时，企业认识到技术创新的重要性，纷纷加大在新材料研发领域的投入，推动技术突破和产品升级。例如，天齐锂业作为国内领先的锂资源综合开发企业，其在成渝两地的研发资金投入增长显著。近年来，天齐锂业积极响应国家新能源发展战略，加大对锂电池核心材料的研发力度。公司在四川射洪和重庆铜梁均设有研发中心，两地研发资金的持续投入，不仅推动了公司技术水平的不断提升，还促进了新产品的快速迭代。公开数据显示，天齐锂业近年来研发资金投入年均增长率超过20%。

（2）研发的市场导向

前沿材料产业作为高新技术产业的重要组成部分，其研发行为深受市场需求的影响。随着新能源、智能制造、航空航天等领域的快速发展，高性能、高附加值材料的需求日益增长。成渝地区双城经济圈的企业积极响应市场需求，加大新材料领域的研发投入，力求开发出满足市场需求的创新产品。

（3）研发的政策环境

近年来，从《成渝经济区区域规划》到《成渝地区双城经济圈建设规划纲要》，成渝地区双城经济圈建设被明确列为国家的发展战略。党的二十大报告更是将"推动成渝地区双城经济圈建设"列入国家重大区域发展战略。这些政策为前沿材料产业的发展提供了强有力的支持，增强了企业加大

研发投入的积极性。例如，政府通过税收优惠、科研项目资助等激励政策，鼓励企业进行技术创新和产业升级。

2. 企业的创新行为分析

（1）创新主体

随着新材料产业的快速发展，成渝地区双城经济圈的创新主体日益多元化。除了传统的大中型企业和科研机构外，越来越多的初创企业、高新技术企业以及高校和科研院所也积极参与新材料产业的创新活动。这些创新主体各具特色、优势互补，共同推动了新材料产业的创新发展。

（2）创新模式

成渝地区双城经济圈在新材料创新方面不断探索新的模式和方法。例如，通过产学研用深度融合、协同创新等方式，推动技术创新和成果转化；通过搭建开放共享的创新平台和服务体系，为中小企业提供技术支持和服务；通过举办创新创业大赛、科技成果对接会等活动，激发全社会的创新活力和创造力。

（3）创新机制

成渝地区双城经济圈在推动新材料产业创新方面，不断完善创新机制和政策体系。政府通过出台一系列政策措施，鼓励企业加大创新投入、引进高端人才、建立创新平台等。同时，加强了知识产权保护和运用，为创新活动提供了良好的法律保障和市场环境。

（4）创新成果

成渝地区双城经济圈注重创新成果的转化和应用。通过完善科技成果转化机制和政策体系，推动创新成果从实验室走向市场、从样品走向产品。同时，加强与国内外知名企业和科研机构的合作与交流，共同推动新材料技术的国际化和产业化进程。截至2023年，该区域先进材料产业中游企业中，共有高新技术企业1280家、专精特新企业269家、科技型中小企业1142家（见图2）。

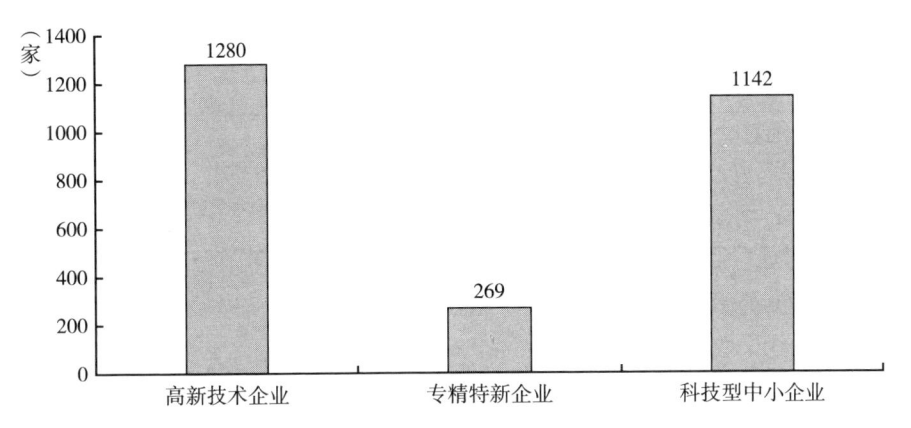

图 2　成渝地区双城经济圈先进材料产业的创新型企业数量

资料来源：作者根据教育部人文社会科学重点研究基地重庆工商大学成渝地区双城经济圈建设研究院"成渝地区双城经济圈产业云图系统"数据资料整理得出。

三　成渝地区双城经济圈先进材料产业的市场竞争力分析

（一）成渝地区双城经济圈先进材料产业市场竞争力的评价

参考"成渝地区双城经济圈产业云图系统"数据，本报告从企业数量、龙头企业数量、高价值环节数量、盈利企业占比、产业专利数量、产业链完整度以及产业优势环节等七个方面构建了产业竞争力评价体系。表2展示了重庆与成都两个城市在各个评价维度上的综合表现。

表 2　重庆和成都先进材料产业竞争力评价体系

	重庆	成都
企业数量（个）	26430	31142
龙头企业数量（个）	2	3
高价值环节数量（个）	5	6
盈利企业占比（%）	41.27	44.44

续表

	重庆	成都
产业专利数量(万件)	11.56	9.38
产业链完整度(%)	80	100
产业优势环节(个)	19	16

资料来源:作者根据教育部人文社会科学重点研究基地重庆工商大学成渝地区双城经济圈建设研究院"成渝地区双城经济圈产业云图系统"数据资料整理得出。

重庆方面,先进材料产业链上共有企业26430家,在全国各个城市中排名第11,在企业数量上有显著的比较优势;有先进材料产业的龙头企业2家,龙头企业的带动效应仍显不足;有高价值环节5个,分别布局在碳基气溶胶、铝基气溶胶、纳米材料、智能材料以及仿生材料,高价值环节布局占比为55.56%;盈利企业占比为41.27%,盈利水平一般;产业专利数量为11.56万件,其中发明专利占比为18.31%,在全国城市中排名第4,技术方面表现出较强的竞争力;有产业优势环节19个,分别为碳基气溶胶、有机气溶胶、铝基气溶胶等;产业链完整度为80%,其中上游完整度为100%,中游完整度为68.75%,下游完整度为88.89%。

成都方面,先进材料产业链上共有企业31142家,在全国各个城市中排名第6,在企业数量上有较大的比较优势;有先进材料产业的龙头企业3家,龙头企业的带动效应明显不足;有高价值环节6个,分别布局在仿生材料、碳基气溶胶、铝基气溶胶、纳米材料、石墨烯纤维以及智能材料,高价值环节布局占比为66.67%;盈利企业占比为44.44%,盈利水平一般;产业专利数量为9.38万件,其中发明专利占比为23.09%,在全国城市中排名第5,技术方面表现出较强的竞争力;有产业优势环节16个,分别为仿生材料、液态金属等;产业链完整度为100%,其中上游完整度为100%,中游完整度为100%,下游完整度为100%。

在此基础上,本报告进一步计算了重庆与成都两个城市先进材料产业竞争力评价得分，具体如表3所示。重庆与成都先进材料产业竞争力的总得分分别为52.05与60.26，从成渝地区双城经济圈内部来看，成都市在该产业链中更具竞争力。具体来看，在企业数量得分上，重庆为96.95，成都为98.34；在龙头企业数量得分上，重庆为11.11，成都为22.22；在高价值环节数量得分上，重庆为66.67，成都为83.33；在高效益企业得分上，重庆为60.80，成都为66.32；在产业专利数量得分上，重庆为97.27，成都为96.75；在产业链完整度得分上，重庆为74.07，成都为96.30。

表3 重庆和成都先进材料产业竞争力评价得分

	重庆	成都
企业数量得分	96.95	98.34
龙头企业数量得分	11.11	22.22
高价值环节数量得分	66.67	83.33
高效益企业得分	60.80	66.32
产业专利数量得分	97.27	96.75
产业链完整度得分	74.07	96.30
产业优势环节得分	0	0
竞争力总得分	52.05	60.26

资料来源：作者根据教育部人文社会科学重点研究基地重庆工商大学成渝地区双城经济圈建设研究院"成渝地区双城经济圈产业云图系统"数据资料整理得出。

此外，在此基础上，本报告进一步计算了重庆、成都、北京、上海、广州五座城市先进材料产业竞争力评价得分。从各地先进材料产业竞争力总得分来看，重庆与成都的竞争力总得分分别为52.05、60.26，显著低于北京、上海、广州的70.88、74.07、63.39（见表4）。重庆、成都先进材料产业的竞争力短板主要体现在企业数量、龙头企业数量、产业链完整度与产业专利数量四个方面。

表4 不同城市先进材料产业竞争力评价得分

	重庆	成都	北京	上海	广州
企业数量得分	96.95	98.34	99.45	99.72	95.01
龙头企业数量得分	11.11	22.22	77.78	88.89	44.44
高价值环节数量得分	66.67	83.33	83.33	83.33	83.33
高效益企业得分	60.80	66.32	56.63	66.47	55.74
产业专利数量得分	97.27	96.75	99.83	99.32	99.15
产业链完整度得分	74.07	96.30	96.30	96.30	96.30
产业优势环节得分	0	0	0	0	0
竞争力总得分	52.05	60.26	70.88	74.07	63.39

资料来源：作者根据教育部人文社会科学重点研究基地重庆工商大学成渝地区双城经济圈建设研究院"成渝地区双城经济圈产业云图系统"数据资料整理得出。

（二）成渝地区双城经济圈先进材料产业市场竞争力的横向比较

为了更加全面地对成渝地区双城经济圈先进材料产业的市场竞争力有清晰的定位，本报告进一步将重庆、成都的相关数据与发达地区的北京、上海、广州进行了对比分析。表5进一步展示了上述五个城市在企业数量、龙头企业数量、高价值环节数量、盈利企业占比、产业专利数量、产业链完整度以及产业优势环节七个方面上的数据。从该组数据中可以发现，与北京、上海、广州相比，成渝两地先进材料产业的竞争力仍显不足。在企业数量上，北京市、上海市的先进材料产业链上分别有企业47686家、73344家，大大多于重庆与成都。在龙头企业数量上，北京、上海两地的优势则更加明显，分别拥有29家与30家龙头企业，即使是广州也拥有5家龙头企业。在高价值环节数量上，成渝两地与北京、上海、广州三地的差距不大，仅重庆市高价值环节数量略低。在产业专利数量上，成渝两地与北京、上海、广州三地有较大的差距，北京、上海、广州三地产业专利数量分别为62.23万件、34.48万件与18.3万件，大大多于重庆、成都的11.56万件与9.38万件。如果从企业平均产业专利数量来看，成渝两地与东部地区的差距则更加明显，北京、上海与广州企业平均产业专利数量分别为13.05件、4.70件、

8.57件,但重庆与成都分别只有4.37件、3.01件。这反映出成渝地区双城经济圈先进材料产业的创新能力与东部地区相比仍有较大差距。在产业链完整度上,重庆与北京、上海、广州相比仍有不足,北京、上海、广州三地的产业链完整度均为100%。在产业优势环节上,北京和上海的优势比较明显,分别拥有14个和20个产业优势环节,多于重庆的12个和成都的11个。

表5 不同城市先进材料产业竞争力评价体系

	重庆	成都	北京	上海	广州
企业数量(个)	26430	31142	47686	73344	21348
龙头企业数量(个)	2	3	29	30	5
高价值环节数量(个)	5	6	6	6	6
盈利企业占比(%)	41.27	44.44			
产业专利数量(万件)	11.56	9.38	62.23	34.48	18.30
产业链完整度(%)	80	100	100	100	100
产业优势环节(个)	12	11	14	20	11

资料来源:作者根据教育部人文社会科学重点研究基地重庆工商大学成渝地区双城经济圈建设研究院"成渝地区双城经济圈产业云图系统"数据资料整理得出。

造成上述问题的原因主要集中在以下几个方面。

第一,历史与产业基础相对薄弱。成渝地区双城经济圈虽然拥有较为悠久的工业历史,但在先进材料产业方面的发展起步较晚,相较于东部沿海地区和一些国际先进地区,其产业基础相对薄弱。历史上,成渝地区双城经济圈的产业结构主要集中于传统制造业和资源型产业,如汽车制造、钢铁冶炼、化工等,而在新材料、高新技术等领域的技术积累和创新能力相对不足。这种产业结构的惯性使得成渝地区双城经济圈在转型升级过程中面临较大挑战,难以迅速形成具有竞争力的先进材料产业集群。

第二,科技创新体系不健全。先进材料产业的发展高度依赖科技创新,而成渝地区双城经济圈在科技创新体系方面存在诸多不足。首先,高等院校和科研机构的支持力度有限,科研成果转化效率不高。成渝地区双城经济圈尽管拥有一定数量的高等院校和科研机构，但在先进材料领域的研究投入较少、成果产出相对滞后，难以有效支撑产业发展。其次，企业自身的研发能力较弱，缺乏持续的技术创新动力。许多企业过于依赖引进技术和模仿创新，而忽视了自主研发和原始创新的重要性，导致在市场竞争中处于被动地位。此外，成渝地区双城经济圈的创新生态环境尚不完善，缺乏有效的创新激励机制和风险投资体系，难以吸引和留住高端创新人才。

第三，产业链协同不足。先进材料产业的发展需要完善的产业链支撑，而成渝地区双城经济圈在产业链协同方面存在明显不足。一方面，上下游企业之间的合作不够紧密，缺乏有效的信息共享和资源整合机制。这导致产业链各环节之间的发展不均衡，难以实现整体效益的最大化。另一方面，成渝地区双城经济圈的先进材料产业链相对较短，缺乏完整的产业生态体系。许多关键技术和产品依赖外部引进，难以形成自主可控的产业链闭环。这种不完整的产业链不仅增加了企业的运营成本和市场风险，也限制了龙头企业的培育和发展。

第四，资金和市场支持有限。先进材料产业的发展需要大量的资金投入和市场支持，而成渝地区双城经济圈在这方面的支持力度相对有限。首先，政府财政资金的投入不足，难以满足产业发展的实际需求。尽管政府出台了一系列扶持政策，但在资金分配和使用效率上仍存在一些问题，导致部分优质项目难以获得足够的资金支持。其次，社会资本对先进材料产业的投资意愿不强，缺乏有效的风险投资机制和退出渠道。这使得许多具有潜力的初创企业和项目难以获得市场认可和投资支持。此外，成渝地区双城经济圈的市场规模相对较小，市场需求不够旺盛，难以支撑大规模的先进材料产业发展。这种市场限制不仅影响了企业的盈利能力，也限制了龙头企业的成长空间。

第五，政策环境有待优化。政策环境对先进材料产业的发展具有重要影响，而成渝地区双城经济圈在政策环境方面仍存在一些不足。首先，政策制定和执行不够灵活和高效，难以满足产业发展的实际需求。部分政策过于注重短期效益和形式主义，忽视了产业发展的长期性和复杂性。其次，政策支持的针对性和精准性不够强，难以有效引导产业向高端化、智能化方向发展。此外，成渝地区双城经济圈在知识产权保护、市场准入、税收优惠等方面的政策环境仍有待优化，以吸引更多的优质企业和项目落地发展。

第六，人才短缺与流失问题突出。先进材料产业的发展离不开高端人才的支撑，而成渝地区双城经济圈在人才方面存在明显的短缺与流失问题。一方面，成渝地区双城经济圈的高等院校和科研机构相对较少，难以培养出足够数量的高端人才。同时，由于地理位置和经济发展水平等因素的限制，成渝地区双城经济圈在吸引和留住高端人才方面面临较大困难。许多优秀人才更倾向于前往东部沿海地区或国际地区发展，导致成渝地区双城经济圈在人才竞争中处于劣势地位。另一方面，成渝地区双城经济圈的企业在人才管理和激励机制方面存在不足，难以激发人才的创新活力和工作积极性。这使得许多企业在人才引进和培养方面陷入困境，难以形成具有竞争力的人才队伍。

第七，区域竞争与合作机制不健全。在区域经济一体化的背景下，成渝地区双城经济圈与周边地区的竞争与合作机制尚不健全，这也影响了先进材料产业的发展。一方面，成渝地区双城经济圈与东部沿海地区的竞争日益激烈，但在合作方面缺乏有效机制。这导致成渝地区双城经济圈在引进先进技术和管理经验、拓展市场等方面面临较大挑战。另一方面，成渝地区双城经济圈内部各城市之间的合作不够紧密，缺乏有效的区域协同机制。这使得成渝地区双城经济圈在先进材料产业方面的资源整合和优势互补难以充分发挥作用，限制了龙头企业的培育和发展。

四 政策建议

（一）强化产业规划，夯实先进材料产业发展基础

第一，强化产业规划布局。制定并发布《成渝地区先进材料产业发展

规划》，明确产业发展目标、空间布局、重点任务和政策措施。该规划应突出区域特色，避免同质化竞争，引导资源有效配置。设立先进材料产业发展专项基金，用于支持关键技术突破、重大项目建设、公共服务平台建设等，为产业发展提供稳定的资金来源。第二，加快传统产业转型升级。实施传统产业技术改造升级计划，鼓励和支持传统制造业企业采用新材料技术，提升产品性能和质量，延长产业链，增加附加值。推动建立传统产业与先进材料产业的融合发展机制，促进产业间的协同创新和技术转移。第三，加大招商引资力度。制定更具吸引力的招商引资政策，包括税收减免、土地优惠、资金扶持等，吸引国内外先进材料龙头企业落户成渝地区双城经济圈。建立招商引资项目库，定期发布招商引资信息，加强与国内外知名企业和机构的沟通与合作。

（二）健全创新体系，提升先进材料产业创新能力

第一，加大科研投入，提升创新能力。加大对先进材料领域高等院校和科研机构的财政支持力度，提高科研经费投入比例，鼓励开展原创性研究和关键技术攻关。推动建立产学研用协同创新机制，鼓励科研机构、高校与企业之间的深度合作，加速科技成果向现实生产力转化。第二，完善创新激励机制。出台针对先进材料产业的创新激励政策，如研发补贴、税收减免、创新奖励等，激发企业和科研人员的创新活力。建立知识产权保护和运用机制，加强对创新成果的知识产权保护，促进知识产权的交易和转化。第三，加强人才培养和引进。支持高等院校和职业院校开设先进材料相关专业，培养具备专业知识和实践能力的复合型人才。出台更具吸引力的人才引进政策，包括提供住房补贴、子女教育优惠、科研经费支持等，吸引国内外优秀人才来成渝地区双城经济圈工作。

（三）加强产业协同，完善先进材料产业配套体系

第一，加强产业链上下游合作。推动建立产业链上下游企业之间的合作机制，鼓励企业之间开展技术合作、产品配套和市场开拓等活动。支持行业

协会等中介机构发挥桥梁纽带作用，促进产业链上下游企业之间的信息共享和资源整合。第二，完善产业链配套体系。针对产业链中的薄弱环节和关键领域，通过政策引导和资金支持等方式，吸引和培育相关配套企业。推动建立产业链配套服务平台，为中小企业提供技术研发、产品设计、质量检测等一站式服务。第三，推动产业集群发展。依托现有产业园区和产业基地，推动先进材料产业集群发展，形成规模效应和协同效应。支持产业集群内的企业开展联合研发、品牌建设、市场开拓等活动，提升产业集群的整体竞争力。

（四）拓宽融资渠道，加大先进材料产业金融支持力度

第一，拓宽融资渠道。推动建立多元化的融资体系，包括银行贷款、风险投资、产业基金、债券发行等多种融资渠道。支持先进材料企业利用资本市场进行融资，鼓励企业上市或在新三板挂牌交易。第二，加大财政资金支持力度。设立先进材料产业发展专项资金，用于支持关键技术研发、成果转化和产业化项目。对符合条件的企业和项目给予研发补贴、贷款贴息、税收减免等财政支持。第三，拓展市场需求。通过政府采购、示范应用等方式拓展先进材料产品的市场需求，促进产业健康发展。支持企业开拓国际市场，参加国际展览、建立海外销售网络等，提升产品的国际竞争力。

（五）优化政策环境，打造先进材料产业发展生态

第一，完善政策体系。制定和完善针对先进材料产业的政策措施，形成系统完整的政策体系。政策应涵盖产业规划、科技创新、财政支持、人才引进等多个方面。加强政策宣传和解读工作，确保企业和科研人员充分了解政策内容和申请流程。第二，提高政策执行效率。加大政策执行力度和监管力度，确保各项政策措施落到实处并取得实效。建立政策执行效果评估机制，定期对政策执行情况进行评估和调整。第三，优化营商环境。深化"放管服"改革，简化审批流程和降低时间成本，提高政务服务效率和质量。加强知识产权保护和市场监管工作，营造公平竞争的市场环境。

（六）实施人才战略，提供先进材料产业人才保障

第一，加强人才培养和引进。支持高等院校和职业院校加强先进材料领域的人才培养工作，提高人才培养质量和人才数量。出台更具吸引力的人才引进政策，包括提供住房补贴、子女教育优惠、科研经费支持等，吸引国内外优秀人才来成渝地区双城经济圈工作。第二，完善人才激励机制。建立以绩效为导向的人才激励机制，鼓励企业给予优秀人才股权激励、绩效奖金等激励措施。支持企业建立博士后科研工作站、院士专家工作站等高端人才平台，吸引更多高层次人才参与先进材料产业发展。第三，搭建人才交流平台。定期举办先进材料产业人才交流会、技术研讨会等活动，为人才提供交流学习的机会和平台。推动建立成渝地区双城经济圈先进材料产业人才库和专家库，为企业提供人才推荐和专家咨询服务。

（七）深化区域合作，推动先进材料产业协同发展

第一，加强区域合作。推动成渝地区双城经济圈与周边省份及国际地区的合作与交流，共同开展技术研发和市场开拓等活动。建立区域协同发展机制，推动成渝地区双城经济圈与其他地区在先进材料产业方面的合作与协同发展。第二，建立区域协同机制。成立区域协同发展领导小组或工作机构，负责协调解决区域合作中的重大问题。推动建立信息共享、利益共享等合作机制，促进区域间的资源共享和优势互补。第三，参与国际竞争与合作。鼓励和支持成渝地区双城经济圈先进材料企业参与国际市场竞争与合作，提升产业国际化水平。支持企业建立海外研发中心、生产基地等分支机构，拓展国际业务和市场网络。

参考文献

《中共中央 国务院印发〈成渝地区双城经济圈建设规划纲要〉》，中国政府网，

2021年10月21日，https：//www.gov.cn/zhengce/2021-10/21/content_5643875.htm。

《重庆启动先进材料产业集群高质量发展行动计划 培育万亿级"4+4+N"现代先进材料产业体系》，重庆日报网，2023年12月1日，https：//app.cqrb.cn/html/2023-12-01/1750199_pc.html。

《促进产业高质量发展 成渝两地将进一步深化新材料产业协同创新》，人民网，2023年2月16日，http：//m2.people.cn/news/toutiao.html？s=Ml8yXzQwMzA0MDc0XzM0NTUwOV8xNjc2NTM4MDg1。

胡续楠：《中国新材料产业集约化发展研究》，博士学位论文，吉林大学，2019。

杨思飞等：《成渝地区双城经济圈世界级先进材料产业集群培育研究》，《中国西部》2021年第3期。

《新材料产业进入发展加速期》，《人民日报》2024年2月26日，第19版。

罗贞礼：《新材料产业的阶段演进与低碳经济的耦合效应》，《重庆社会科学》2011年第5期。

《重庆长寿新材料产业集群成势》，《经济日报》2024年5月23日，第1版。

《重庆涪陵崛起合成新材料产业集群》，《科技日报》2022年11月25日，第7版。

B.4 成渝地区双城经济圈先进材料企业竞合关系研究

许岩 王梓豪*

摘　要： 本报告对成渝地区双城经济圈先进材料企业的竞合关系展开分析，结果显示，成渝地区双城经济圈先进材料企业的竞合关系并存，不同类型企业实施差异化的竞合策略，企业良性竞争及合作行为有效促进产业发展，企业竞争中还存在技术创新与升级压力、产业链不完善与配套能力不足、无序和低价竞争的问题，企业合作中也需要解决合作机制不够完善、合作深度有待加强、合作环境有待优化的问题。未来，成渝地区双城经济圈应该围绕企业竞合关系中面临的挑战，通过政府有效引导、企业积极参与，有针对性地破解尚存问题，优化竞争格局，强化企业合作，推动先进材料产业稳定发展。

关键词： 先进材料产业　企业竞合关系　成渝地区双城经济圈

在全球化加速推进和区域经济一体化日益深化的今天，先进材料产业作为战略性新兴产业的核心领域，正逐渐成为推动国家和地区经济转型升级、提升国际竞争力的重要引擎。成渝地区双城经济圈作为中国西南部的经济高地，其先进材料产业的发展状况及竞合关系，不仅关乎区域经济的未来发展，也将对全国乃至全球的先进材料产业布局产生深远影响。从国家战略层

---

* 许岩，博士，重庆工商大学成渝地区双城经济圈建设研究院专职研究员，副教授，主要研究方向为劳动经济学、人口经济学；王梓豪，重庆工商大学硕士研究生，主要研究方向为人口、资源与环境经济学。

面来看，先进材料产业被视为创新驱动发展的重要方向。随着"十四五"规划等一系列国家战略的深入实施，先进材料产业作为支撑制造业高质量发展的关键领域，其重要性日益凸显。国家对先进材料产业的支持力度不断加大，政策红利持续释放，为成渝地区双城经济圈先进材料产业的发展提供了良好的外部环境和发展机遇。近年来，随着成渝地区双城经济圈建设的深入实施，成渝两地在基础设施建设、产业协同发展、科技创新合作等方面的联系日益紧密。先进材料产业作为两地共同的优势产业之一，其竞合关系的发展变化直接影响区域经济的整体竞争力和可持续发展能力。因此，深入研究成渝地区双城经济圈先进材料产业的竞合关系，对推动区域一体化进程、提升区域整体竞争力具有重要意义。

研究成渝地区双城经济圈先进材料产业的竞合关系对增强产业国际竞争力、优化产业资源配置等都具有重要意义。一方面，全球材料产业的竞争格局正在发生深刻变化。随着科技的不断进步和产业结构的不断优化升级，全球材料产业正朝着高端化、智能化、绿色化方向发展。在这一背景下，成渝地区双城经济圈先进材料产业既面临着前所未有的发展机遇，也面临来自国内外同行的激烈竞争。如何在竞争中寻求合作、在合作中促进竞争，实现互利共赢、共同发展，成为成渝地区双城经济圈先进材料产业必须面对的重要课题。另一方面，成渝地区双城经济圈在先进材料产业方面具有优势，但也存在资源分散、重复建设等问题。通过研究竞合关系，可以优化资源配置，避免资源浪费和恶性竞争；通过协同合作，可以实现资源共享、优势互补，提高资源利用效率，推动产业高质量发展。

因此，本报告将围绕成渝地区双城经济圈先进材料产业的竞合关系展开研究，并重点聚焦以下几个问题。第一，成渝地区双城经济圈先进材料产业的竞争关系分析。通过识别与定位竞争主体、分析竞争策略与行为、讨论竞争的影响，深入揭示成渝地区双城经济圈先进材料产业的竞争关系。第二，成渝地区双城经济圈先进材料产业的合作关系分析。探讨成渝地区双城经济圈先进材料产业的合作动力与机制，分析合作模式、评价合作效果，以期推动产业的协同发展。第三，成渝地区双城经济圈先进材料产业竞合关系的政策建议。本报告提出强化区域产业协同与规划引导、提升产业创新能力与核心竞争力、拓展国内外市场与深化国际合作以及构建绿色可持续的产业发展模式等政策建议,为成渝地区双城经济圈先进材料产业的持续健康发展提供有力支撑。

一 成渝地区双城经济圈先进材料产业的竞争关系分析

(一)产业竞争主体识别与定位

1. 企业概况与特点

成渝地区双城经济圈先进材料产业的企业数量众多,规模各异。据统计,小微企业的占比达到93.73%,中型企业、大型企业以及特大型企业的占比分别为3.99%、1.19%、1.09%。① 大型企业凭借强大的生产能力和较高的市场份额,在市场中占据主导地位。它们通常拥有先进的生产设备和技术,能够生产高质量的产品,满足市场的多样化需求。相比之下,中小型企业虽然规模较小,但在某些细分领域具有独特的竞争优势,如技术创新、灵活的生产方式等。

在经营过程中,这些企业逐渐形成了各自的特点。一些企业注重技术创新,不断投入研发资金,致力于开发新产品和新技术,以保持其在市场中的领先地位。它们通常拥有专业的研发团队和先进的研发设施,能够迅速响应市场变化,推出满足消费者需求的新产品。这些企业的技术创新不仅提升了自身的竞争力,也推动了整个产业的进步和发展。

另一些企业则注重市场拓展,通过建立广泛的销售网络和提供优质的售后服务,赢得市场份额。它们通常拥有强大的营销团队和完善的销售渠道,

---

① 各类型企业占比数据均通过教育部人文社会科学重点研究基地重庆工商大学成渝地区双城经济圈建设研究院"成渝地区双城经济圈产业云图系统"整理所得。

能够迅速将产品推向市场，并满足消费者的多样化需求。这些企业的市场拓展策略不仅提升了自身的市场份额，也促进了整个产业的扩大和发展。

还有一些企业注重成本控制，通过优化生产流程和采购管理，降低生产成本，提高盈利能力。它们通常拥有精细的管理团队和先进的生产设备，能够实现生产过程的自动化和智能化，降低生产成本，提高生产效率。这些企业的成本控制策略不仅提升了自身的盈利能力，也增强了整个产业的竞争力。

2.企业在产业链中的定位

在成渝地区双城经济圈先进材料产业的产业链中，不同位置上的企业扮演着不同的角色。上游企业主要提供原材料，如生产高性能合金、先进陶瓷、石墨等，它们的产品质量和供应稳定性对整个产业链具有重要影响。一些上游企业通过技术创新和质量控制，不断提升原材料的性能和质量，为中下游企业提供更好的原材料保障。中游企业则进行材料（如气溶胶材料、石墨烯材料、纳米材料、仿生材料等）的深加工和制造。它们是产业链的核心部分，其技术水平和生产能力决定着产业链的整体竞争力。一些中游企业通过引进先进的技术和设备，提升生产效率和产品质量，不断满足市场的需求。下游企业则负责将材料应用于终端产品，如汽车、高端装备等。它们直接面向市场，其市场需求和反馈对产业链的发展具有引导作用。一些下游企业通过市场调研和产品研发，不断推出符合消费者需求的新产品，推动整个产业链的发展。

（二）产业竞争策略与行为分析

1.非价格竞争策略

价格竞争是企业之间最常见的一种竞争策略。一些企业为了争夺市场份额，采取降价销售的策略。然而，长期的价格竞争导致这些企业的产品质量下降、利润降低，不利于企业的长期发展。因此，非价格竞争策略逐渐受到企业的重视。为了实现非价格竞争，企业需要在技术研发、产品创新、品牌建设等方面进行深入的投资和布局。通过不断的技术创新，企业可以开发出具有独特性能和优势的新材料产品，满足市场的多样化需求。同时，通过加强品牌建设，企业可以提升自身的知名度和美誉度,增强消费者对产品的信任和认可。

例如,作为成渝地区双城经济圈内的上市公司,成渝高科新材料股份有限公司专注于高性能复合材料等研发、生产和销售。面对激烈的竞争,公司采取非价格竞争策略,以实现持续发展。公司投入大量资金用于研发,推出多款具有市场竞争力的新产品。同时,注重产业链整合与协同发展,降低生产成本,提高产品质量和生产效率。在品牌建设方面,公司通过多种方式提升品牌知名度和美誉度,并积极履行社会责任。此外,成渝高科新材料股份有限公司还致力于绿色生产和可持续发展,满足市场对环保产品的需求。这些策略的实施,使公司在市场份额、品牌影响力、客户满意度和忠诚度方面均取得了显著成效。

2. 差异化发展策略

面对同质化竞争的严峻挑战,成渝地区双城经济圈先进材料产业必须坚决实施差异化发展策略。这一策略的核心在于,根据成渝地区双城经济圈独特的资源禀赋、技术积累以及市场需求,精心选择并培育具有鲜明差异化竞争优势的细分领域。四川凭借丰富的稀土资源,应着重发展稀土功能材料产业,致力于打造稀土材料研发与应用的高地。重庆则可以依托坚实的化工产业基础,进一步强化高分子材料和复合材料的研发与生产,力求在高端材料领域取得突破。为了实现差异化发展,成渝地区双城经济圈的企业需要深入挖掘自身特色,避免盲目跟风和低水平重复建设。政府也应发挥引导作用,通过政策扶持和资金支持,鼓励企业在差异化领域进行探索和创新。例如,四川的盛和资源控股股份有限公司专注于稀土功能材料的研发,通过技术创新和市场拓展,成功在高端稀土材料市场占据了一席之地,为四川稀土功能材料产业的发展树立了典范。

3. 技术创新驱动策略

技术创新是推动先进材料产业持续发展的核心动力。成渝地区双城经济圈鼓励企业加强自主研发,积极与高校、科研院所等创新主体开展产学研合作,共同突破关键核心技术。同时,积极引进国内外先进技术和管理经验,通过消化吸收再创新,不断提升产业整体技术水平。在实施技术创新驱动策略的过程中，成渝地区双城经济圈注重创新体系的建设和完善，包括加强创新平台的搭建、优化创新资源的配置、重视创新团队的培养等。以重庆的华峰化工有限公司为例，该公司在高分子材料领域拥有强大的研发实力，通过持续的技术创新和市场开拓，成功开发出了一系列具有自主知识产权的高性能、高分子材料产品，不仅在国内市场占据了领先地位，还积极拓展海外市场，提升了成渝地区双城经济圈先进材料产业的国际竞争力。

（三）产业竞争的影响分析

1. 推动技术创新与产业升级

在成渝地区双城经济圈，先进材料产业的竞争推动着技术创新和产业升级。企业为了在市场上立足，必须不断加大研发投入，寻求技术上的突破。这种竞争环境为技术创新提供了强大的动力，使得成渝地区双城经济圈的先进材料产业在技术研发、产品创新等方面取得了显著成果。近年来，成渝地区双城经济圈涌现了一批拥有自主知识产权和核心竞争力的先进材料企业，它们在高性能合金、新型复合材料、先进陶瓷材料等领域取得了重要突破，不仅提升了产品的性能和质量，还有效降低了生产成本，增强了市场竞争力。同时，产业竞争加快了成渝地区双城经济圈先进材料产业的升级步伐。在激烈的市场竞争下，传统的高能耗、低附加值的材料产业逐渐被淘汰，而高附加值、高技术含量的先进材料产业则得到了快速发展。这种产业升级不仅优化了成渝地区双城经济圈的产业结构，还提升了区域经济的整体竞争力。如今，成渝地区双城经济圈已经成为中国西部先进材料产业的重要基地，其产业规模和市场份额均居全国前列。

2. 促进产业集聚与区域协同

产业竞争促进了成渝地区双城经济圈先进材料产业的集聚发展。在竞争的压力下，相关企业纷纷向优势区域集中，形成了明显的产业集聚效应。这种集聚不仅有利于企业之间的资源共享和优势互补，还降低了生产成本，提高了生产效率。目前，成渝地区双城经济圈已经形成了多个先进材料产业集群，如重庆的先进制造业集群、四川的新材料产业基地等，这些集群的发展成为推动区域经济增长的重要引擎。此外，产业竞争也加强了成渝两地在先进材料产业方面的协同合作。为了共同应对市场挑战，成渝两地政府和企业纷纷加强合作与交流，共同推动先进材料产业的发展。这种协同不仅体现在产业链上下游的紧密合作上，还体现在区域政策、基础设施建设等方面的协调配合上。通过区域协同发展，成渝地区双城经济圈可以更好地发挥整体优势，提升区域经济的综合竞争力。

3. 优化资源配置与提升经济效率

产业竞争促使成渝地区双城经济圈先进材料产业在资源配置和经济效率方面进行了优化。在竞争的压力下，企业必须更加高效地利用资源，提升生产效率和经济效益。这种优化不仅体现在技术创新和产品升级上，还体现在企业管理、市场营销等各个方面。通过全面提升经济效率，成渝地区双城经济圈的先进材料产业可以更好地应对市场挑战，实现可持续发展。同时，产业竞争推动了成渝地区双城经济圈先进材料产业的市场化改革。在竞争的环境下，市场机制在资源配置中发挥了决定性作用。通过价格机制、供求机制等市场调节手段，成渝地区双城经济圈实现了资源的高效配置和合理利用。这不仅提升了先进材料产业的资源利用效率和经济效益，还为区域经济的整体发展注入了新的活力。

（四）产业竞争中存在的问题与挑战

1. 技术创新与升级压力

先进材料产业的核心竞争力在于技术创新，这是推动产业持续发展的关键动力。然而，成渝地区双城经济圈的企业在技术创新方面仍面临巨大压力。一方面，国际先进材料产业的竞争日益激烈，技术更新换代速度加快，要求企业不断投入研发资金和人力资源，以保持技术领先地位。成渝地区双城经济圈的企业需要与国际接轨，不断引进和消化吸收国际先进技术，同时加强自主研发，形成具有自主知识产权的核心技术。另一方面，国内市场需求也在不断变化和升级，对先进材料产品的性能、质量、环保等方面提出了更高的要求。企业需要不断创新和升级产品，以满足市场需求，这进一步加大了技术创新的压力。这种持续的技术创新和升级压力对企业的研发能力和资金实力提出了更高要求，企业需要不断投入，以提升自身的技术水平和产品质量。

2. 产业链不完善与配套能力不足

先进材料产业的发展需要完善的产业链和强大的配套能力作为支撑。然而，目前成渝地区双城经济圈先进材料产业的产业链仍存在不完善的问题，上下游企业之间的协作和配套能力有待提升。一些关键原材料和零部件的供应仍然依赖进口或外地采购，这不仅增加了企业的生产成本，降低了市场竞争力，也影响了产业的自主可控能力和市场竞争力。此外，产业链的不完善还可能导致企业在面对市场变化时出现供应链风险，如原材料供应短缺、价格波动等，这将直接影响企业的生产计划和市场份额。

3. 存在市场竞争无序与低价竞争现象

在成渝地区双城经济圈先进材料产业的市场竞争中，存在一些无序竞争和低价竞争的现象。一些企业为了争夺市场份额，采取不正当的竞争手段，如低价倾销、虚假宣传等。这不仅扰乱了市场秩序，破坏了公平竞争的环境，也损害了产业的整体形象和利益。长期低价竞争还会导致企业利润下滑、产品质量下降等不利后果，影响产业的可持续发展。因此，需要加强市场监管，打击不正当竞争行为，维护市场秩序和公平竞争环境。同时，企业应注重提升自身竞争力，而非仅依靠低价竞争来获取市场份额。

二 成渝地区双城经济圈先进材料产业的合作关系分析

（一）合作动力与机制

1. 资源共享与互补需求

成渝地区双城经济圈在资源禀赋上具有一定的差异性和互补性，这种差异性和互补性为两地的资源共享与互补提供了天然的基础。在先进材料产业领域，这种资源共享与互补的需求尤为突出。某些关键原材料、先进制造设备以及技术研发资源等，在成渝两地分布不均或存在优势差异。因此，通过

合作，两地可以共享这些资源，实现优势互补，提高资源利用效率，降低生产成本，从而增强产业的整体竞争力。

具体来说，成渝地区双城经济圈的资源共享与互补主要体现在以下几个方面。一是原材料资源的共享。成渝地区双城经济圈拥有丰富的矿产资源，如钒钛、稀土等，这些资源是先进材料产业的重要原材料。通过合作，两地可以共享这些原材料资源，确保产业链的稳定供应。二是制造设备的共享。成渝地区双城经济圈在制造业方面具有较强的实力，拥有先进的制造设备和技术。通过合作，两地可以共享这些制造设备和技术，提高生产效率和产品质量。三是技术研发资源的共享。成渝地区双城经济圈拥有众多的科研机构和高校，具备强大的科研实力和创新能力。通过合作，两地可以共享这些技术研发资源，共同进行技术创新和产品研发，推动产业的持续发展。

2. 技术创新与研发合作

技术创新是推动先进材料产业发展的核心动力。在成渝地区双城经济圈，众多企业、科研机构和高校都拥有强大的科研实力和创新能力。然而，单打独斗的创新模式已经难以适应当前快速变化的市场环境和复杂的技术挑战。因此，企业通过合作共同进行技术创新和研发活动成为成渝地区双城经济圈先进材料产业发展的重要趋势。

在技术创新与研发合作方面，成渝地区双城经济圈的先进材料产业已经形成了多种有效的合作模式。例如，企业之间共同组建研发团队，共同攻克技术难关，推动新技术、新产品和新工艺的研发和应用。同时，企业与科研机构和高校进行合作，共同进行技术研发和人才培养，形成产学研用协同创新的模式。这种技术创新与研发合作的模式有助于发挥各方的优势和潜力，提高技术创新的效率和质量，推动产业的快速发展。

3. 市场开拓与品牌共建

市场开拓与品牌共建是成渝地区双城经济圈先进材料产业合作的另一个重要动力。在面对国内外激烈的市场竞争时，单打独斗的企业往往难以形成足够的市场影响力和品牌竞争力。而通过合作，企业可以共同开拓市场，扩大市场份额，提高品牌的知名度和美誉度。

在市场开拓方面,成渝地区双城经济圈的先进材料产业通过合作共同开拓市场。例如,成渝两地的企业可以共同参加国内外的大型展会和交流活动,展示先进材料产业的最新成果和产品,吸引更多的客户和合作伙伴。同时,两地可以共同开展市场调研和营销活动,了解市场需求和趋势,制定有针对性的市场策略和营销方案。通过合作开拓市场,成渝地区双城经济圈的先进材料产业可以扩大市场份额,提高市场占有率,增强产业的竞争力。

在品牌共建方面,成渝地区双城经济圈的先进材料产业通过合作共同打造区域品牌。例如,成渝两地可以共同制定品牌战略和推广计划,共同进行品牌推广和营销活动,提高品牌的知名度和美誉度。同时,两地可以共同加强品牌保护和管理,维护品牌的形象和声誉。通过合作打造区域品牌,成渝地区双城经济圈的先进材料产业可以提升整个区域的品牌形象和市场竞争力,吸引更多的投资和合作伙伴。

(二)合作模式

1. 产业链上下游合作

产业链上下游合作是成渝地区双城经济圈先进材料产业合作的重要模式之一。在这种模式下,上游原材料供应商、中游制造商和下游应用商等产业链各环节的企业形成紧密的合作关系,共同推动产业链的优化和升级。具体来说,产业链上下游合作主要体现在以下几个方面。一是原材料供应的稳定性和质量保障。上游原材料供应商与中游制造商形成稳定的合作关系,确保原材料的稳定供应和质量可靠。这有助于降低生产成本、提高产品质量和生产效率。二是技术创新和产品研发的合作。中游制造商与下游应用商形成紧密的合作关系,共同进行技术创新和产品研发。这有助于推动新技术、新产品和新工艺的研发和应用,提高产品的竞争力和市场占有率。三是市场开拓和营销合作。下游应用商与上游原材料供应商和中游制造商形成合作关系,共同开拓市场、制定营销策略和推广计划。这有助于扩大市场份额,提高品牌的知名度和美誉度。

2. 产学研用协同创新

产学研用协同创新是成渝地区双城经济圈先进材料产业合作的另一种重

要模式。在这种模式下，企业、科研机构、高校和用户等多方主体形成紧密的合作关系，共同进行技术创新和产品研发。产学研用协同创新主要体现在以下几个方面。一是共同组建研发团队。企业、科研机构和高校共同组建研发团队，共同攻克技术难关，推动新技术、新产品和新工艺的研发和应用。这有助于发挥各方的优势和潜力，提高技术创新的效率和质量。二是共同进行人才培养和交流。企业、科研机构和高校共同开展人才培养和交流活动，培养具备创新能力和实践经验的高素质人才。这有助于为企业的可持续发展提供有力的人才支撑。三是共同开展科技成果转化和应用。企业、科研机构和高校共同开展科技成果转化与应用活动，将科研成果转化为实际生产力，推动产业的快速发展。这有助于实现科技创新与产业发展的有机结合，提高产业的竞争力和可持续发展能力。

3. 跨区域产业合作与转移

跨区域产业合作与转移也是成渝地区双城经济圈先进材料产业合作的重要模式之一。在这种模式下，成渝地区双城经济圈与其他地区的先进材料产业形成紧密的合作关系，共同推动产业的跨区域发展和转移。跨区域产业合作与转移主要体现在以下几个方面。一是产业对接与合作。成渝地区与其他地区进行产业对接与合作，共同推动先进材料产业的发展。这有助于实现产业资源的优化配置和共享，提高产业的整体竞争力。二是技术转移与引进。成渝地区双城经济圈与其他地区进行技术转移与引进活动，将先进的技术和管理经验引入本地产业，推动产业的升级和转型。这有助于提升本地产业的技术水平和管理能力，增强产业的创新能力和竞争力。三是市场拓展与合作。成渝地区双城经济圈与其他地区共同开拓市场，扩大市场份额，提高品牌的知名度和美誉度。这有助于实现市场的共享和拓展，增强产业的市场竞争力和可持续发展能力。

（三）合作效果评价

1. 资源共享与互补成效显著

通过合作，成渝地区双城经济圈的先进材料产业在资源共享与互补方面取得了显著的成效。企业之间建立了稳定的供应链合作关系，实现了原材料的稳定供应和成本控制。同时，成渝两地共享了先进的制造设备和技术，提高了生产效率和产品质量。这种资源共享与互补的模式有助于降低生产成本，提高资源利用效率，增强产业的整体竞争力。具体来说，一些企业在原材料采购、生产制造、技术研发等方面形成了紧密的合作关系，共同应对市场挑战和技术难题。例如，天原集团作为氯碱化工和新能源电池材料领域的上市公司，积极与成渝地区双城经济圈内外的先进材料企业展开紧密合作，共同推动新能源电池材料的发展。通过共享市场信息、技术资源和品牌影响力，天原集团与合作企业实现了优势互补，加速了新能源电池材料的研发和市场推广。同时，天原集团积极参与成渝地区双城经济圈的建设，与重庆市及周边地区的先进材料企业开展广泛合作，共同完善产业链和供应链体系，提升了整个区域的产业竞争力和市场影响力。

2. 技术创新与研发合作成果丰硕

在技术创新与研发合作方面，成渝地区双城经济圈的先进材料产业取得了丰硕的成果。企业、科研机构和高校共同组建了研发团队，攻克了一系列技术难关，推动了新技术、新产品和新工艺的研发和应用。这些技术创新成果不仅提高了产品的质量和竞争力，还为产业的持续发展提供了有力的技术支撑。例如，宜宾锂宝新材料有限公司作为上市公司天原股份的控股子公司，与北京理工大学重庆创新中心在先进材料领域展开了深度合作。双方聚焦新一代高性能多晶、单晶高镍和富锂正极材料及其产业化制备关键技术，共同攻克了锂电材料领域的关键技术难题，并推动了相关技术的产业化应用，合作成果显著。双方联合开发的多晶、单晶高稳定性高镍正极材料创新技术，成功应用于宜宾锂宝的生产线，实现了新一代高容量、低成本和长寿命正极材料的制备。该技术被评价为"国际领先"，并荣获了2022年中国有色金属工业协会技术发明奖二等奖。

3. 市场开拓与品牌共建取得突破

在市场开拓与品牌共建方面，成渝地区双城经济圈的先进材料产业也取得了显著的突破。企业之间通过合作开拓市场，扩大了市场份额，提高了品牌的知名度和美誉度。同时，共同打造区域品牌提升了整个成渝地区双城经济圈先进材料产业的品牌形象和市场竞争力。这些市场开拓和品牌共建的成果有助于提高与增强消费者对产品的信任度和购买意愿，推动产业的快速发展。例如，四川眉山市博眉启明星铝业有限公司作为成渝地区双城经济圈先进材料产业的重要参与者，积极响应国家成渝地区双城经济圈建设战略，致力于品牌共建。公司与科研机构、高校紧密合作，开展铝材新技术研发，提升产品质量和性能。同时，与上下游企业建立稳定的合作关系，实现产业链高效协同，降低生产成本，提高生产效率。公司还积极参与市场活动，与知名企业合作开拓国内外市场，提升品牌的知名度和影响力。通过品牌共建，四川博眉市启明星铝业不仅提升了自身竞争力，还推动了成渝地区双城经济圈先进材料产业的整体升级和区域协同发展。

（四）合作中存在的问题与挑战

1. 合作机制不够完善

目前，成渝地区双城经济圈先进材料产业的合作还主要停留在企业之间的自发合作层面，缺乏政府层面的统一规划和引导。这导致一些合作项目的重复建设和资源浪费现象。同时，合作机制的不完善制约了合作深度和广度。为了解决这个问题，政府应该加强规划和引导，制定相关的政策和措施，促进企业之间的合作和交流。

2. 合作深度有待加强

目前，成渝地区双城经济圈先进材料产业的合作还主要停留在资源共享和市场开拓等浅层次领域，缺乏在技术研发和品牌建设等深层次领域的深度合作。这种浅层次的合作模式难以充分发挥各方的优势和潜力，也制约了合作效果的进一步提升。为了加强合作深度，企业应该积极探索新的合作模式和机制，加强在技术研发和品牌建设等领域的深度合作。通过深层次的合作，企业可以充分发挥各自的优势和潜力，提高合作效果和质量。

3. 合作环境有待优化

目前，成渝地区双城经济圈在政策环境、市场环境和社会环境等方面还存在一些差异，这制约了合作的顺利进行和效果的发挥。例如，政策差异可能导致合作项目在审批和实施过程中遇到困难，市场环境差异可能导致产品在销售和推广过程中受到制约，社会环境差异可能导致合作双方在文化和管理理念等方面存在分歧和矛盾。为了优化合作环境，政府应该加强政策协调和沟通，消除政策差异和障碍。

三 成渝地区双城经济圈先进材料产业竞合关系的政策建议

（一）集聚创新要素，提高技术创新能力

1. 加大研发投入与政策支持

第一，设立专项研发基金。政府应设立成渝地区双城经济圈先进材料产业专项研发基金，不仅资助企业的研发项目，还应支持行业共性技术难题的攻克。基金管理应引入市场化运作机制，确保资金的有效利用和项目的可持续推进。第二，构建多元化融资渠道。鼓励社会资本参与先进材料产业的研发活动，通过风险投资、政府引导基金等方式，为企业提供多样化的融资渠道。同时，探索知识产权质押贷款等创新金融模式，降低企业研发的资金门槛。第三，强化产学研合作机制。建立产学研合作的长效机制，明确各方权责利，确保合作项目的顺利进行。鼓励高校和科研院所与企业联合申报国家科技计划项目，共同承担研发任务，加速科技成果的转化应用。

2. 促进人才队伍建设

第一，实施高端人才引进计划。针对先进材料产业的特殊需求，制定更具吸引力的高端人才引进政策，包括提供住房、子女教育、税收优惠等全方位支持，确保高端人才能够安心工作、长期留任。第二，加强本土人才培养。依托高校和职业院校，开设与先进材料产业紧密相关的专业课程，培养一批具有专业技能和创新能力的本土人才。同时，建立校企合作实训基地，让学生在实践中掌握先进技术和生产工艺。

3.强化知识产权保护与应用

第一,完善知识产权保护体系。建立健全知识产权保护的法律法规体系,加大对侵权行为的打击力度。同时,建立知识产权快速维权通道,提高维权效率,降低企业维权成本。第二,推动知识产权交易与应用。建立知识产权交易平台,鼓励企业进行专利转让、许可等交易活动。同时,支持企业利用知识产权进行质押融资,拓宽融资渠道。

(二)优化产业布局,完善产业链

1.优化产业链布局与配套

第一,制定产业链发展规划。政府应组织专家对成渝地区双城经济圈先进材料产业链进行全面调研和分析,制定科学合理的产业链发展规划,明确产业链各环节的发展重点和方向,避免重复建设和资源浪费。第二,加强上下游企业协作。通过政策引导和扶持,鼓励上下游企业建立长期稳定的合作关系。推动形成"原材料供应—生产加工—终端应用"的完整产业链闭环,提高产业链的整体竞争力和抗风险能力。第三,支持关键技术研发与应用。针对产业链中的关键技术,政府应给予重点支持。通过组织产学研联合攻关、引进消化吸收再创新等方式,突破关键技术难题,提升产业链的整体技术水平。

2.提升本地配套能力

第一,支持本地原材料和零部件生产。对本地原材料和零部件生产企业给予政策扶持和资金支持,推动其技术升级和产能扩张。通过提升本地配套率,降低企业生产成本和市场风险。第二,完善物流基础设施建设。加强成渝地区双城经济圈物流基础设施建设,提高物流效率和服务水平。支持建设先进材料物流园区和仓储中心,为企业提供便捷、高效的物流服务。

3.推动产业集聚与跨界融合

第一,建设先进材料产业园区。规划并建设一批先进材料产业园区,吸引相关企业入驻形成产业集聚效应。通过园区内的资源共享和优势互补,提升整体竞争力。同时,加强园区内公共服务平台建设,为企业提供一站式服务。第二,促进跨界融合创新。鼓励先进材料产业与其他相关产业如电子信息、航空航天等跨界融合创新。通过产业联动推动产业链延伸和价值链提升，拓展先进材料的应用领域和市场空间。

（三）营造良性竞争环境，遏制无序竞争

1. 加强市场监管与公平竞争

第一，建立健全市场监管体系。完善市场监管机制，加大对不正当竞争行为的查处力度。建立快速反应机制和市场监管信息平台，及时发现并处理市场违规行为。第二，推广行业自律与诚信建设。鼓励行业协会等组织制定行业规范和行为准则，引导企业自觉遵守市场规则和维护公平竞争环境。同时，加强企业诚信体系建设，对失信企业进行联合惩戒。

2. 推动品牌建设与差异化竞争

第一，支持品牌建设与推广。对在品牌建设方面取得显著成果的企业给予表彰和奖励。支持企业参加国内外知名展会和交流活动，提升品牌知名度和影响力。同时，加大品牌宣传和推广力度，提高品牌市场占有率。第二，鼓励差异化竞争策略。引导企业注重技术创新和产品升级换代，提供差异化、高品质的产品和服务。通过市场调研和用户需求分析等手段精准定位目标客户群体并制定有针对性的营销策略以满足不同客户的需求。

3. 加强国际合作与交流

第一，拓展国际市场渠道。鼓励企业积极开拓国际市场特别是共建"一带一路"国家和地区的市场渠道。通过参加国际展会、建立海外销售网络等方式提升产品在国际市场上的竞争力和影响力。第二，加强国际合作与交流。支持企业与国际先进企业开展合作与交流活动，引进国际先进技术和管理经验。同时，推动成渝地区双城经济圈先进材料产业参与国际标准和规则的制定工作以提升产业国际化水平和话语权。

（四）强化政府引导，建立健全产业合作机制

1. 构建全方位、多层次的合作协调体系

第一，成立高级别产业合作协调机构。成渝两地政府应携手成立由高级

别官员、行业专家及企业代表组成的产业合作协调机构，负责顶层设计与规划，统筹协调区域内的产业合作事宜。该机构应定期召开联席会议，审议合作规划，解决合作中的重大问题，确保合作项目的顺利推进。第二，设立专项工作组与联络办公室。针对技术研发、市场拓展、品牌建设等关键领域，设立专项工作组，负责具体合作项目的策划、实施和监督。同时，在两地分别设立联络办公室，负责日常沟通协调，确保信息的及时传递和问题的快速响应。

2. 完善政策支持体系，激发合作活力

第一，出台专项扶持政策。结合成渝地区双城经济圈先进材料产业的实际需求，制定一系列专项扶持政策，包括税收优惠、财政补贴、贷款贴息等，以降低企业合作成本，提高合作项目的经济效益和社会效益。此外，还应设立产业创新奖励机制，对在技术创新、市场拓展等方面取得显著成效的企业给予表彰和奖励。第二，设立产业合作基金。由政府和社会资本共同出资设立产业合作基金，专项用于支持先进材料产业的合作研发、成果转化、市场拓展和品牌建设等项目。基金运作应坚持市场化原则，通过专业的投资管理和风险控制机制，确保资金的有效利用和项目的成功实施。

（五）深化产业合作深度，提升核心竞争力

1. 加强技术研发合作，突破关键技术

第一，建立联合研发中心。鼓励成渝地区双城经济圈的企业、科研机构和高校建立紧密的合作关系，共同组建联合研发中心。通过整合优势资源，开展前沿技术研究和应用技术开发，突破制约产业发展的关键技术。政府可提供必要的科研经费支持和政策优惠，确保研发工作的顺利开展。第二，推动人才交流与共享。实施人才共享计划，鼓励企业之间、科研机构与高校之间的人才交流与合作。通过设立博士后工作站、共建实训基地等方式，培养高素质的技术人才和管理人才。政府可提供人才培训补贴、设立人才引进计划等支持措施，为产业发展提供坚实的人才保障。

2. 强化品牌建设与市场推广合作

第一，共同制定品牌战略。引导成渝地区双城经济圈先进材料企业联合

制定品牌发展战略和推广计划,通过统一品牌形象、共享营销资源等方式提升区域品牌影响力。政府可组织品牌展会、论坛等活动,为企业搭建展示平台,促进品牌形象的塑造和传播。第二,拓展国内外市场渠道。鼓励企业加强国际合作与交流,共同开拓国内外市场。政府可提供海外市场调研、展会补贴等支持措施,帮助企业了解国际市场动态和竞争态势,提升产品的国际竞争力。同时,推动跨境电商发展,拓宽企业出口渠道。

(六)优化合作环境,营造良好发展氛围

1. 加强政策协调与沟通,消除政策壁垒

第一,统一产业政策与市场准入标准。成渝两地政府应加强政策协调与沟通,确保产业政策的连贯性和一致性。通过制定统一的市场准入标准和管理规范,消除政策壁垒和市场分割现象,促进区域内资源的自由流动和优化配置。第二,建立跨部门、跨地区的政策沟通机制。设立专门的政策沟通平台或机构,定期召开政策沟通会议,及时传递政策信息,解决政策执行中的分歧和问题。政府应加强对企业的政策宣传和解读工作,确保企业能够准确理解和把握政策导向与要求。

2. 完善市场监管机制,维护公平竞争

第一,加大市场监管力度。建立健全市场监管体系,加大对先进材料产业的监管力度。通过定期检查和专项整治行动,打击不正当竞争行为,维护公平竞争的市场环境。政府应设立举报奖励机制,鼓励社会各界积极参与市场监管工作。第二,加强知识产权保护,完善知识产权保护制度,加大对侵权行为的打击力度。通过建立快速维权通道、加强行政执法与司法衔接等措施,保障合作企业的创新成果不受侵犯。政府可提供知识产权法律咨询和维权服务,帮助企业维护自身权益。

3. 营造良好的社会文化环境

第一,促进文化交流与融合。通过组织文化交流活动、管理培训等方式,增进成渝两地企业和人员之间的了解和信任。推动双方在文化、管理理念等方面的融合与交流,为产业合作奠定坚实的社会基础。政府可设立文化

交流基金，支持相关活动的开展和推广。第二，强化企业社会责任意识，引导企业积极参与社会公益事业和环保项目，履行社会责任。通过树立典型、表彰先进等方式，营造积极向上的企业文化氛围。政府可设立社会责任奖励基金，对在社会责任方面表现突出的企业给予表彰和奖励，鼓励更多企业投身社会公益事业。

参考文献

胡续楠：《我国新材料企业合作发展研究》，《合作经济与科技》2022年第10期。

杨思飞等：《成渝地区双城经济圈世界级先进材料产业集群培育研究》，《中国西部》2021年第3期。

《成渝地区双城经济圈建设规划纲要》，中国政府网，2021年10月21日，https://www.gov.cn/zhengce/2021-10/21/content_5643875.htm。

《重庆启动先进材料产业集群高质量发展行动计划 培育万亿级"4+4+N"现代先进材料产业体系》，《重庆日报》2023年12月4日。

《促进产业高质量发展 成渝两地将进一步深化新材料产业协同创新》，人民网，2023年2月16日，http://m2.people.cn/news/toutiao.html?s=Ml8yXzQwMzA0MDc0XzM0NTUwOV8xNjc2NTM4MDg1。

《成渝地区40家企业聚焦新材料产业发展 建起"三大平台"》，"上游新闻"百家号，2021年11月29日，https://baijiahao.baidu.com/s?id=1717762896521494936&wfr=spider&for=pc。

《辩证对待成渝地区产业同质化竞争》，澎湃新闻网，2020年9月7日，https://www.thepaper.cn/newsDetail_forward_9086085。

《成都联盟与重庆市新材料产业联合会共赴德阳交流对接》，成都新材料产业研究院网站，2020年11月5日，http://www.cdxcl.org/news_details.html?id=14450。

行业篇

B.5 成渝地区双城经济圈纳米材料行业发展趋势研究

刘霜 林细妹*

摘 要： 本报告运用描述性统计分析法、比较分析法对成渝地区双城经济圈纳米材料行业总体发展状况和企业空间布局进行分析。分析结果显示，纳米材料产业规模持续扩大，科技型企业数量不断增加，民营企业在产业发展中发挥着重要支撑作用，形成以重庆、成都为核心的集聚发展态势。未来，成渝地区双城经济圈纳米材料行业应该构建纳米材料产业集群，推动企业"四链"深度融合，坚持创新平台建设，支撑纳米材料产业高质量发展，推进高水平创新人才引育，打造纳米材料高端人才"蓄水池"。

关键词： 纳米材料行业 企业空间布局 成渝地区双城经济圈

---

* 刘霜，重庆工商大学成渝地区双城经济圈建设研究院助理研究员，博士研究生，主要研究方向为区域经济与产业发展；林细妹，硕士，重庆工商大学成渝地区双城经济圈建设研究院助理研究员，主要研究方向为经济社会发展战略设计。

一 成渝地区双城经济圈纳米材料行业总体发展状况

（一）企业数量和效益

成渝地区双城经济圈纳米材料行业具有较好的研究基础和发展潜力，截至2024年7月，成渝地区双城经济圈纳米材料行业共有企业3157家，其中有1725家企业效益较高，占全行业的比重为54.64%；上市公司78家，占全行业的比重为2.47%。如图1所示，2019年成渝地区双城经济圈纳米材料行业企业数量为2804家，2023年增加到3157家，增长了约0.13倍，纳米材料行业发展势头强劲。

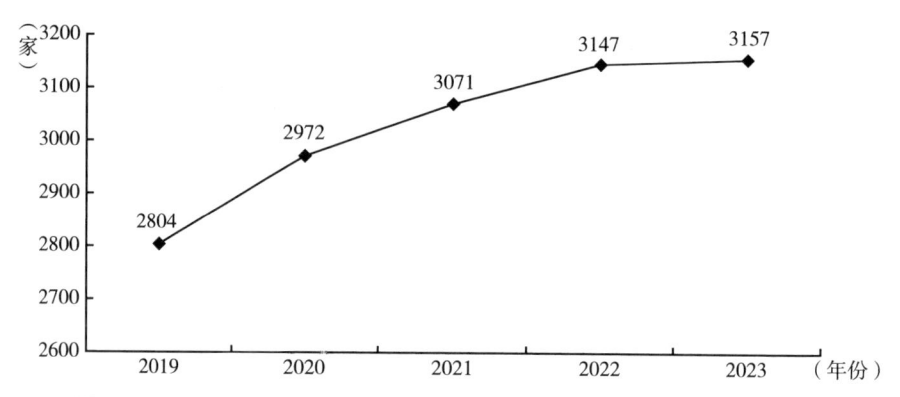

图1　2019~2023年成渝地区双城经济圈纳米材料行业企业数量变化趋势

资料来源：作者根据教育部人文社会科学重点研究基地重庆工商大学成渝地区双城经济圈建设研究院"成渝地区双城经济圈产业云图系统"数据资料整理得出。

纳米材料作为前沿新材料中游产业的重要组成部分，是未来社会发展极为重要的物质基础之一。截至2024年7月，成渝地区双城经济圈纳米材料行业的企业数量在前沿新材料产业链中游环节中占37.27%，在前沿新材料全产业链28个细分行业中占3.6%，[1]为前沿新材料产业链下游环节的

---

[1] 作者根据教育部人文社会科学重点研究基地重庆工商大学成渝地区双城经济圈建设研究院"成渝地区双城经济圈产业云图系统"数据资料整理得出。

72996家企业提供关键材料，并主要应用于高端装备制造领域、健康领域、建筑领域、汽车领域等，市场潜力巨大。

（二）企业规模

按企业规模划分，成渝地区双城经济圈纳米材料微型规模企业较多，占纳米材料行业企业总数一半以上。具体来说，如表1所示，成渝地区双城经济圈纳米材料行业特大型、大型、中型和小型企业数量分别为280家、203家、423家和404家，占比分别为8.87%、6.43%、13.39%和12.80%。而成渝地区双城经济圈纳米材料行业微型企业数量最多，共1733家，占54.89%，不仅远多于小型及以上规模企业数量，而且超过小型及以上规模企业数量总和。微型企业作为经济体系中的"毛细血管"，体现了纳米材料行业在成渝地区双城经济圈活跃度非常高，创业环境十分友好，但同时该行业企业规模小、数量多，导致市场竞争更激烈、企业抗风险能力更脆弱，纳米材料行业的持续健康发展还有较大的上升空间。

表1 成渝地区双城经济圈纳米材料行业按规模划分企业数量及占比

单位：家，%

企业规模	企业数量	占比	企业规模	企业数量	占比
特大型	280	8.87	小型	404	12.80
大型	203	6.43	微型	1733	54.89
中型	423	13.39	其他	114	3.61

注："其他"表示目前尚无法准确判断该企业属于何种规模。
资料来源：作者根据教育部人文社会科学重点研究基地重庆工商大学成渝地区双城经济圈建设研究院"成渝地区双城经济圈产业云图系统"数据资料整理得出。

（三）企业类型

按企业类型划分，成渝地区双城经济圈纳米材料行业的科技型企业数量较多，但是高成长型企业、小巨人企业相对较少。具体来说，如表2所示，截至2024年7月，成渝地区双城经济圈纳米材料行业的企业类型以科技型企业为主，其中高新技术企业和科技型中小企业分别有922家和815家，占比分别为29.20%和25.82%,另外还有科技小巨人企业3家,占比为0.10%,科技型企业总数超过纳米材料行业企业总数的50%;专精特新企业有179家,这类企业通过技术创新和深耕细作为行业进步和经济发展注入了强劲动力;成渝地区双城经济圈拥有具有成长潜力的瞪羚企业38家,占比为1.20%,数量相对较少。需要特别指出的是,成渝地区双城经济圈纳米材料行业的独角兽企业数量为0,说明近10年成渝地区双城经济圈在纳米材料行业并未培养出成长速度快且估值高的创新型企业。另外,成渝地区双城经济圈纳米材料行业拥有龙头企业111家,占比为3.52%,带动整个行业发展;拥有上市企业78家,占比为2.47%,表明成渝地区双城经济圈纳米材料行业在资本市场上的活跃程度和投资者对该行业的关注程度还有待进一步提高。

表2 成渝地区双城经济圈纳米材料行业按类型划分企业数量及占比

单位:家,%

企业类型	企业数量	占比
高新技术企业	922	29.20
科技型中小企业	815	25.82
专精特新企业	179	5.67
瞪羚企业	38	1.20
科技小巨人企业	3	0.10
独角兽企业	0	0
龙头企业	111	3.52
上市企业	78	2.47

注:由于独角兽企业数量为0,后文不再单独对其进行分析;企业总数为3157家,除上述企业类型外,还有普通企业未列出,以及部分企业类型存在重复计算的情况,此后不赘。

资料来源:作者根据教育部人文社会科学重点研究基地重庆工商大学成渝地区双城经济圈建设研究院"成渝地区双城经济圈产业云图系统"数据资料整理得出。

(四)企业竞争格局

从企业竞争格局来看,在成渝地区双城经济圈纳米材料行业企业中,民营企业数量占绝对优势,国有企业、合资企业、外资企业数量较少。具体来说,如图2所示,在成渝地区双城经济圈纳米材料行业3048家本土企业①中，民营企业 3015 家，占本土企业的 98.92%，国有企业 33 家，占本土企业的 1.08%。成渝地区双城经济圈纳米材料行业还有合资企业 105 家、外资企业 4 家，合资企业和外资企业在行业全部企业中占 3.45%（本土企业占 96.55%）。由此可见，在成渝地区双城经济圈纳米材料行业中，本土企业数量占绝对优势，多于合资企业和外资企业，而在本土企业中，国有企业占比非常低，民营企业数量占优势。

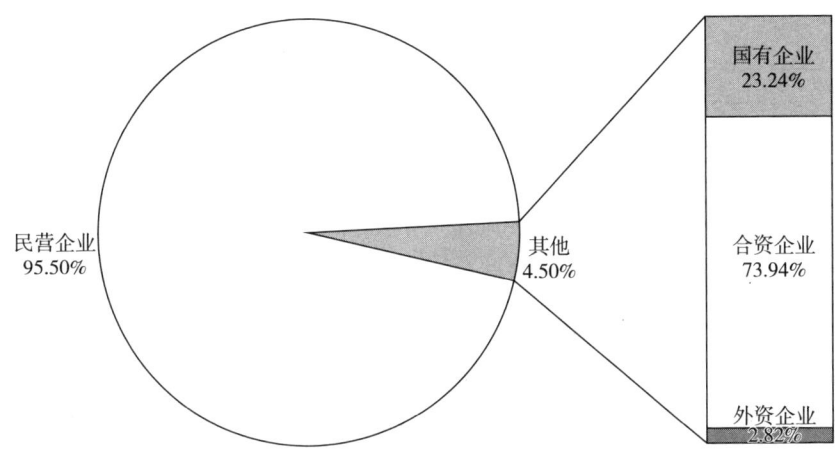

图 2 成渝地区双城经济圈纳米材料行业企业竞争格局

二 成渝地区双城经济圈纳米材料行业企业空间布局

（一）按区域划分企业空间分布

1. 按区域划分企业数量

成渝地区双城经济圈三大区域中，成都都市圈纳米材料行业的企业数量最多，占比近一半，超过重庆都市圈和成渝地区双城经济圈其他区域的企业数量。如表 3 所示，具体来说，重庆都市圈纳米材料行业的企业数量为 1029 家，占比为 32.59%，成都都市圈的企业数量为 1566 家，占比为

---

① 本土企业仅包含本土民营企业和国有企业，不包含合资企业和外资企业。

49.60%,成都都市圈仅比重庆都市圈多537家。但是,成渝地区双城经济圈其他区域的企业数量仅为562家,占比为17.80%。

表3 成渝地区双城经济圈纳米材料行业按区域划分企业数量及占比

单位:家,%

区域范围	企业数量	占比
重庆都市圈	1029	32.59
成都都市圈	1566	49.60
成渝地区双城经济圈其他区域	562	17.80

资料来源:作者根据教育部人文社会科学重点研究基地重庆工商大学成渝地区双城经济圈建设研究院"成渝地区双城经济圈产业云图系统"数据资料整理得出。

2.按区域划分不同规模企业数量

在成渝地区双城经济圈各区域不同规模的企业数量中,成都都市圈领先于重庆都市圈和成渝地区双城经济圈其他区域。具体来说,如表4和图3所示,成都都市圈纳米材料行业的特大型、大型、中型、小型和微型企业数量超越了其他两个区域,分别为113家、99家、202家、207家和894家,占比分别约为40%、49%、48%、51%和52%;重庆都市圈纳米材料行业的特大型、大型、中型、小型和微型企业数量分别为103家、56家、146家、135家和541家,占比分别约为37%、27%、34%、34%和31%;成渝双城经济圈其他区域在所有企业规模的数量上都落后于两大都市圈,数量相对较少,占比均低于25%。

表4 成渝地区双城经济圈各区域纳米材料行业不同规模企业数量

单位:家

区域范围	特大型企业	大型企业	中型企业	小型企业	微型企业	其他企业
重庆都市圈	103	56	146	135	541	48
成都都市圈	113	99	202	207	894	51
成渝地区双城经济圈其他区域	64	48	75	62	298	15

资料来源:作者根据教育部人文社会科学重点研究基地重庆工商大学成渝地区双城经济圈建设研究院"成渝地区双城经济圈产业云图系统"数据资料整理得出。

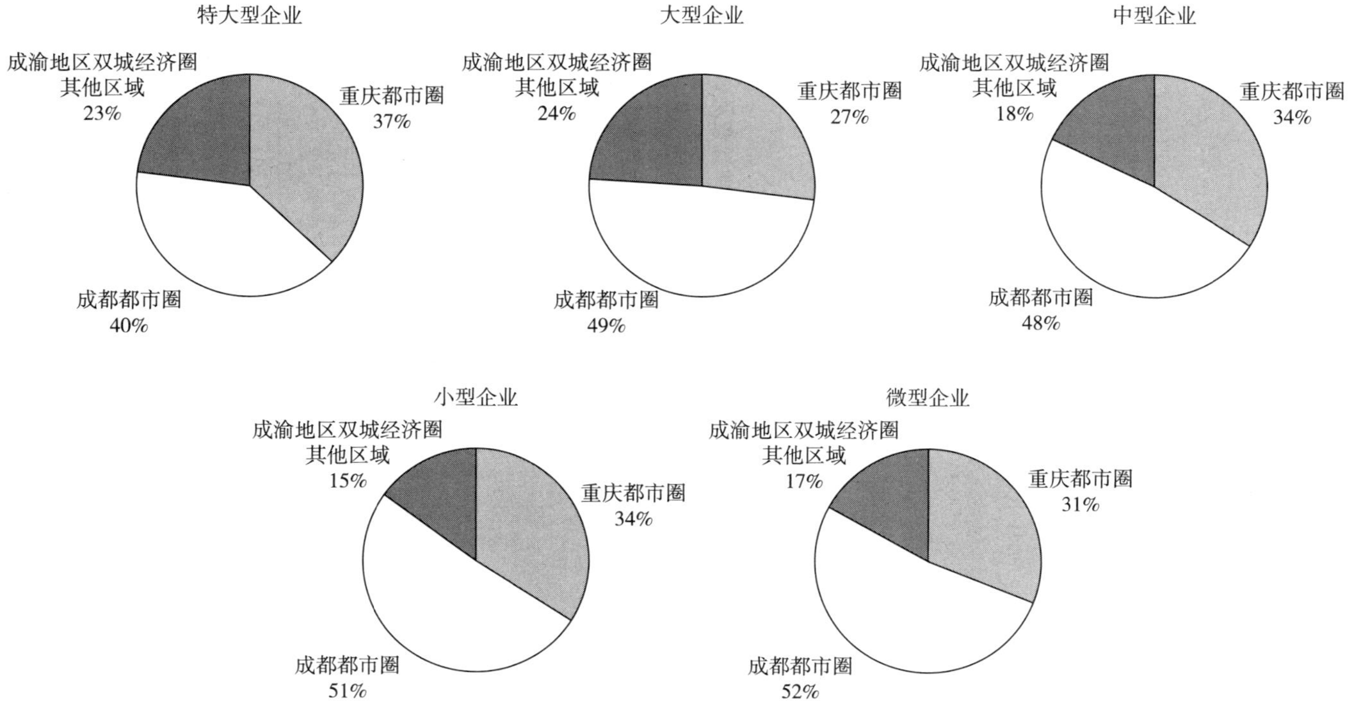

图 3 成渝地区双城经济圈各区域纳米材料行业不同规模企业（除其他企业）分布情况

特大型企业：成都都市圈 40%，重庆都市圈 37%，成渝地区双城经济圈其他区域 23%

大型企业：成都都市圈 49%，重庆都市圈 27%，成渝地区双城经济圈其他区域 24%

中型企业：成都都市圈 48%，重庆都市圈 34%，成渝地区双城经济圈其他区域 18%

小型企业：成都都市圈 51%，重庆都市圈 34%，成渝地区双城经济圈其他区域 15%

微型企业：成都都市圈 52%，重庆都市圈 31%，成渝地区双城经济圈其他区域 17%

资料来源：作者根据教育部人文社会科学重点研究基地重庆工商大学成渝地区双城经济圈建设研究院"成渝地区双城经济圈产业云图系统"数据资料整理得出。

3.按区域划分不同类型企业数量

成渝地区双城经济圈三大区域在不同类型的企业数量上表现各有千秋。具体来说，如表5和图4所示，从总数来看，重庆都市圈纳米材料行业的企业类型累计1029家，比成都都市圈少537家，比成渝地区双城经济圈其他区域多467家。重庆都市圈在专精特新企业数量上，多于成都都市圈和成渝地区双城经济圈其他区域，位居第一，在科技小巨人企业数量上占地区同类型企业的100%，也就是3家科技小巨人企业均位于重庆都市圈；成都都市圈在高新技术企业、科技型中小企业、龙头企业、上市企业和瞪羚企业的数量上，位居三大区域第一，占地区同类型企业的比重分别为48.16%、55.21%、42.34%、47.44%和78.95%；成渝地区双城经济圈其他区域虽然没有数量排名第一的企业类型，但是在科技型中小企业数量上力压重庆都市圈，在瞪羚企业数量上与重庆都市圈持平，均为4家。

表5 成渝地区双城经济圈各区域纳米材料行业不同类型企业数量及占比

单位：家，%

企业类型	重庆都市圈	占各区域同类型企业的比重	成都都市圈	占各区域同类型企业的比重	成渝地区双城经济圈其他区域	占各区域同类型企业的比重
高新技术企业	314	34.06	444	48.16	164	17.79
科技型中小企业	152	18.65	450	55.21	213	26.13
龙头企业	32	28.83	47	42.34	32	28.83
专精特新企业	74	41.34	60	33.52	45	25.14
上市企业	26	33.33	37	47.44	15	19.23
瞪羚企业	4	10.53	30	78.95	4	10.53
科技小巨人企业	3	100	0	0	0	0
合　计	1029	—	1566	—	562	—

资料来源：作者根据教育部人文社会科学重点研究基地重庆工商大学成渝地区双城经济圈建设研究院"成渝地区双城经济圈产业云图系统"数据资料整理得出。

（二）按城市划分企业空间分布

1.按城市划分企业数量

成渝地区双城经济圈16个城市纳米材料行业3157家企业中，成都市和

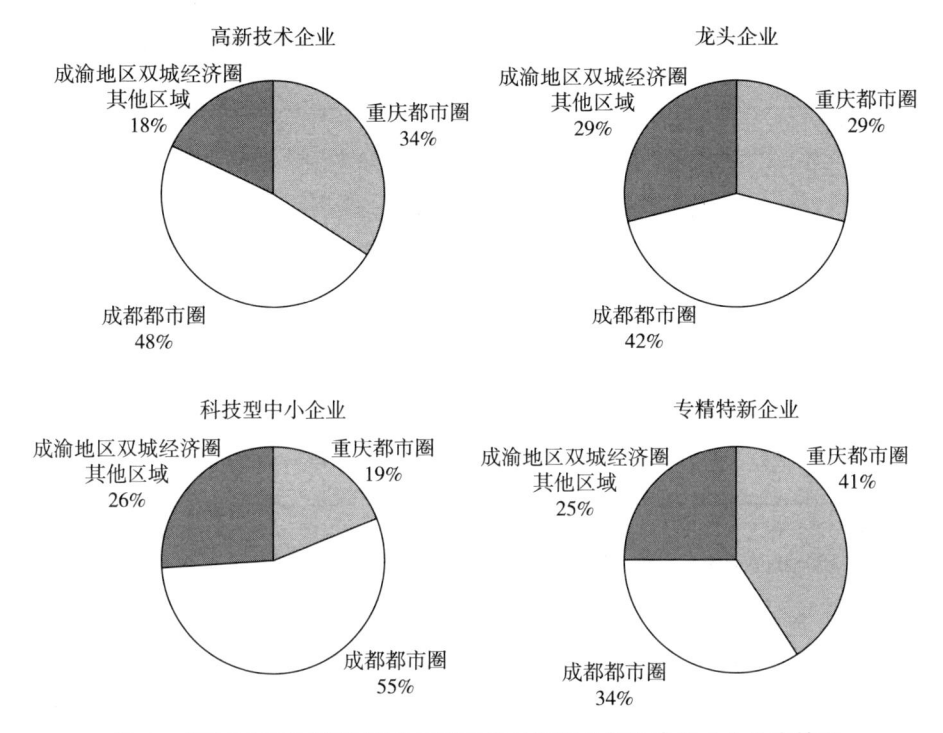

图 4 成渝地区双城经济圈各区域纳米材料行业部分类型企业分布情况

资料来源：作者根据教育部人文社会科学重点研究基地重庆工商大学成渝地区双城经济圈建设研究院"成渝地区双城经济圈产业云图系统"数据资料整理得出。

重庆市的企业数量占绝对优势，远远超过其他14个地级市的企业数量。具体来说，如表6所示，两大核心城市纳米材料行业的企业数处于绝对领先地位，两大核心城市拥有纳米材料行业的企业数量占地区总数的74.53%，在成渝地区双城经济圈纳米材料行业具有引领作用，尤其是成都市纳米材料行业拥有1357家企业，占地区总数的42.98%，遥遥领先于其他城市，属于纳米材料行业里的区域领头羊，排名第一，重庆市纳米材料行业拥有996家企业，占地区总数的31.55%，排名第二。

在其他城市中，绵阳市和德阳市在纳米材料行业拥有的企业数量分别为202家、129家，分别占地区总数的6.40%、4.09%，眉山市、自贡市、宜宾市、遂宁市在纳米材料行业拥有的企业数量分别为57家、56家、55家、

表6 成渝地区双城经济圈16个城市纳米材料行业按城市划分企业数量及占比

单位：家，%

城市名称	企业数量	占比	城市名称	企业数量	占比
重庆	996	31.55	绵阳	202	6.40
广安	33	1.05	乐山	41	1.30
成都	1357	42.98	宜宾	55	1.74
德阳	129	4.09	达州	24	0.76
眉山	57	1.81	内江	26	0.82
资阳	23	0.73	遂宁	52	1.65
雅安	39	1.24	南充	30	0.95
自贡	56	1.77	泸州	37	1.17

资料来源：作者根据教育部人文社会科学重点研究基地重庆工商大学成渝地区双城经济圈建设研究院"成渝地区双城经济圈产业云图系统"数据资料整理得出。

52家，占地区总数的比重不到2%，而乐山市、雅安市、泸州市、广安市、南充市、内江市、达州市、资阳市在纳米材料行业拥有的企业数量均不足50家，占地区总数的比重均不足1.5%。

2. 按城市划分不同规模企业数量

成渝地区双城经济圈16个城市纳米材料行业中，无论是特大型、大型、中型企业数量，还是小型和微型企业数量，成都市和重庆市都以绝对优势领先于其他城市。具体来说，如表7所示，就两大核心城市而言，重庆市和成都市两地纳米材料行业所有规模的企业数量在地区中都处于领先地位，其中，重庆市和成都市特大型企业数量占地区总数的70.71%，大型企业占67.98%，中型企业占71.16%，小型企业占75%，微型企业占76.23%；重庆市纳米材料行业特大型企业数量超过成都市，占地区总数的比重为36.79%，而成都市纳米材料行业大型、中型、小型和微型企业数量均超过重庆市，占地区总数的比重分别为40.89%、38.30%、42.82%和46.11%。

表7 成渝地区双城经济圈16个城市纳米材料行业按规模划分企业数量

单位：家

城市名称	特大型企业	大型企业	中型企业	小型企业	微型企业	其他企业
重庆	103	55	139	130	522	47
广安	0	1	7	5	19	1
成都	95	83	162	173	799	45
德阳	9	11	23	23	60	3
眉山	7	4	15	7	22	2
资阳	2	1	2	4	13	1
雅安	4	6	5	3	20	1
自贡	3	3	11	9	29	1
绵阳	16	13	23	27	117	6
乐山	7	3	8	2	19	2
宜宾	14	7	5	7	20	2
达州	5	1	5	0	12	1
内江	3	3	3	1	15	1
遂宁	4	6	12	3	27	0
南充	2	4	1	5	17	1
泸州	6	2	2	5	22	0

资料来源：作者根据教育部人文社会科学重点研究基地重庆工商大学成渝地区双城经济圈建设研究院"成渝地区双城经济圈产业云图系统"数据资料整理得出。

在其他城市中，绵阳市在各种规模的企业数量上均排名第三，尤其是绵阳市的微型企业数量为117家，是其他城市（除了重庆市与成都市外）在各种规模企业数量上唯一超过100家的城市。德阳市拥有的纳米材料行业中型企业数量为23家，与绵阳市持平，排名并列第三。德阳市拥有的大型企业、小型企业和微型企业数量分别为11家、23家和60家，均排名第四；宜宾市拥有的纳米材料行业特大型企业数量为14家，排名第四；眉山市拥有的纳米材料行业中型企业数量为15家，排名第四。其余10个城市则在不同规模的企业数量上各有优劣，然而广安市在纳米材料行业没有特大型企业，达州市在纳米材料行业没有小型企业，两个城市分别在特大型企业和小型企业上还有发展空间。

3. 按城市划分不同类型企业数量

成渝地区双城经济圈纳米材料行业各种类型的企业中，重庆市和成都市的企业数量遥遥领先于其他城市，如表8所示，重庆市拥有纳米材料行业的专精特新企业73家，比成都市多24家，占地区总数的比重为40.78%，排名第一；重庆市拥有3家科技小巨人企业，且为成渝地区双城经济圈唯一拥有科技小巨人企业的城市；成都市拥有纳米材料行业的高新技术企业、科技型中小企业、龙头企业、上市企业和瞪羚企业数量最多，分别为384家、366家、36家、32家和28家，占地区总数的比重分别为41.65%、44.91%、32.43%、41.03%和73.68%。按照企业类型对比两大核心城市的企业数量可以看出，除了专精特新企业和科技小巨人企业外，成都市在其他企业类型的数量上都多于重庆市。

表8 成渝地区双城经济圈16个城市纳米材料行业按类型划分企业数量

单位：家

城市名称	高新技术企业	科技型中小企业	龙头企业	专精特新企业	上市企业	瞪羚企业	科技小巨人企业
重庆	306	144	31	73	26	4	3
广安	8	8	1	1	0	0	0
成都	384	366	36	49	32	28	0
德阳	39	50	8	7	4	1	0
眉山	17	22	3	3	1	1	0
资阳	4	12	0	1	0	0	0
雅安	7	10	5	4	1	1	0
自贡	13	15	3	3	2	1	0
绵阳	61	89	7	13	7	1	0
乐山	15	11	1	4	3	0	0
宜宾	22	19	9	9	1	1	0
达州	8	7	1	2	0	0	0
内江	8	11	0	2	0	0	0

续表

城市名称	高新技术企业	科技型中小企业	龙头企业	专精特新企业	上市企业	瞪羚企业	科技小巨人企业
遂宁	19	31	5	5	1	0	0
南充	5	11	1	1	0	0	0
泸州	6	9	0	2	0	0	0

资料来源：作者根据教育部人文社会科学重点研究基地重庆工商大学成渝地区双城经济圈建设研究院"成渝地区双城经济圈产业云图系统"数据资料整理得出。

在其他城市中，绵阳市在纳米材料行业各类型企业总数量上的表现仅次于重庆市和成都市，具体拥有高新技术企业61家、科技型中小企业89家、专精特新企业13家和上市企业7家，均排名第三；宜宾市拥有纳米材料行业龙头企业9家，比德阳多1家，排名第三；值得关注的是，资阳市、内江市和泸州市均无纳米材料行业龙头企业。纳米材料行业上市企业除了分布在两大核心城市、绵阳市、德阳市之外，乐山市、自贡市、眉山市、雅安市、宜宾市和遂宁市也各自拥有3家、2家、1家、1家、1家和1家上市企业。广安市、资阳市、达州市、内江市、南充市和泸州市在纳米材料行业均没有上市企业、瞪羚企业和科技小巨人企业，以上6个城市在这三类企业类型上还亟待突破。

4. 核心城市企业分布情况

重庆市和成都市作为国家中心城市和人口数量均超过2000万人的超大城市，在成渝地区双城经济圈产业发展中发挥核心城市带动作用，引领纳米材料行业未来发展趋势。

近年来，重庆市和成都市纳米材料行业企业发展较平缓，企业数量略有增加。如表9和图5所示，2019~2023年，重庆市和成都市的企业数量都呈现缓慢上涨趋势。2019年，重庆市拥有纳米材料行业企业数量894家，成都市拥有纳米材料行业企业数量1199家，到2023年，重庆市增加至996家，增长率为11.41%，成都市增加至1357家，增长率为13.18%。由此可见，2019~2023年，重庆市和成都市纳米材料行业企业数量增长均较为平缓。就两大核心城市而言，成都市纳米材料行业企业数量增加相对更多，增长趋势稍快。

从数量来看，重庆市增加了102家，成都市增加了158家，重庆市和成都市在纳米材料行业企业数量的差距从2019年的305家扩大到2023年的361家。

表9　2019~2023年成渝地区双城经济圈两大核心城市纳米材料行业企业数量

单位：家

城市名称	2019年	2020年	2021年	2022年	2023年
重庆市	894	932	963	991	996
成都市	1199	1276	1314	1349	1357

资料来源：作者根据教育部人文社会科学重点研究基地重庆工商大学成渝地区双城经济圈建设研究院"成渝地区双城经济圈产业云图系统"数据资料整理得出。

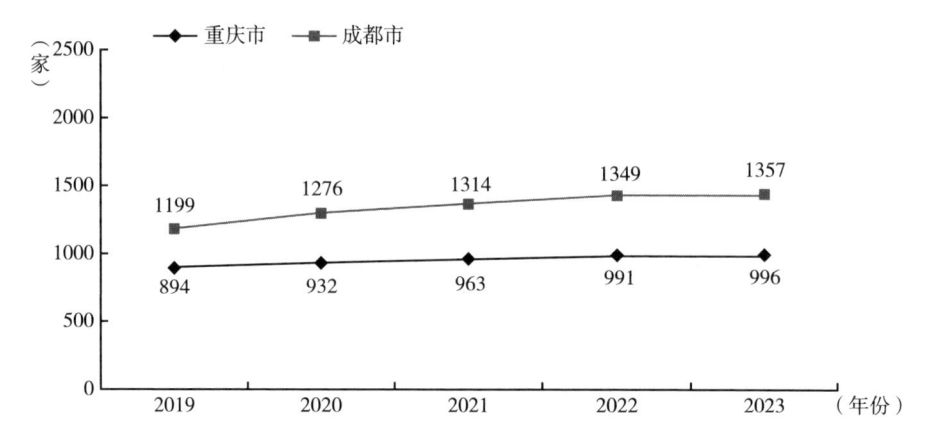

图5　2019~2023年成渝地区双城经济圈两大核心城市纳米材料行业企业数量变化情况

资料来源：作者根据教育部人文社会科学重点研究基地重庆工商大学成渝地区双城经济圈建设研究院"成渝地区双城经济圈产业云图系统"数据资料整理得出。

三　成渝地区双城经济圈纳米材料行业发展趋势研判及对策建议

（一）行业发展趋势研判

1. 纳米材料行业企业类型趋向优质化发展

随着先进材料产业的技术发展以及国内政策支持力度的加大，成渝地区双城经济圈纳米材料行业企业数量不断增加，然而近年来增长速度却持续放缓，2020~2023年企业数量增长速度依次为5.99%、3.33%、2.47%、0.32%，可见成渝地区双城经济圈纳米材料行业的企业发展正在从量的不断积累日益走向质的飞跃。具体而言，成渝地区双城经济圈纳米材料行业的企业规模总体不断扩大，截至2023年，微型企业数量占全行业企业数量的54.89%，微型企业能够快速响应市场变化，满足消费者多样化、个性化的需求，而较强的创新意识和动力足以推动整个纳米材料行业的进步和发展。现阶段，成渝地区双城经济圈纳米材料行业的微型企业数量超过了企业总数的一半，然而从企业类型来看，龙头企业、瞪羚企业和科技小巨人企业数量偏少，尤其是瞪羚企业仅38家、科技小巨人企业仅3家。根据我国逐渐形成的"中小企业—专精特新培育企业—省（市）级专精特新企业—专精特新'小巨人'企业—制造业单项冠军"的中小企业培育梯次，成渝地区双城经济圈纳米材料行业的1733家微型企业和404家小型企业有望借助政策优势，在未来几年实现类型的跨越。

2.纳米材料下游产业需求推动行业向好发展

近年来，先进材料在工业、电力、通信、医疗及军事领域具有巨大的商业价值和战略意义，作为应用频率较高的纳米材料积极满足市场的迫切需求。结合国家战略需求，从全国层面来看，纳米材料在能源、环境、资源等方面的应用具有良好的开端。成渝地区双城经济圈纳米材料下游产业主要集中于轨道交通、航空、船舶、装备制造、医疗器械、运动器材、建筑材料、装饰装修、汽车等领域，而在新能源电池、生物医药、环境治理等领域还有更大的市场空间和更高的附加值等待挖掘，这些领域对纳米材料的需求不断增长，将推动行业向更高水平发展。

（二）行业发展对策建议

1.构建纳米材料产业集群，推动企业"四链"深度融合

成渝地区双城经济圈纳米材料行业已经初步形成了上下游协同发展的产业体系，拥有专精特新企业179家，部分企业已经通过自主研发有

效服务国家重大工程建设。然而，集群化是产业发展的内在规律，是工业化过程的普遍特征，是推动关联企业或产业链上下游企业协同发展、提升区域竞争力乃至培育国际竞争优势的重要力量。作为成渝地区双城经济圈的核心城市，重庆市已于2023年12月率先下发《重庆市先进材料产业集群高质量发展行动计划（2023—2027年）》，四川省也在深入实施《四川省先进材料产业提质倍增行动方案（2022—2027年）》等，成渝地区双城经济圈需效仿全球八大纳米产业集聚区之一的苏州，围绕纳米技术应用产业，形成从设备、原材料、制备、工艺、集成到应用的全产业链的纳米材料产业集群，推动成渝地区双城经济圈纳米材料3157家企业的创新链、产业链、资金链、人才链深度融合，进而加快科技成果产业化进程。

2. 坚持创新平台建设，支撑纳米材料产业高质量发展

成渝地区双城经济圈要持续围绕纳米材料产业体系，强化应用型创新服务平台建设，并在此基础上提升产业应用的推广水平，不断提升纳米材料产业基础与产业素质水平，推动创新技术、专业人才、设施的共享，构建创新协同、产能共享以及供应链互通的纳米材料产业创新生态。比如，可通过探索"揭榜挂帅"的方式，推动创新研发平台实体化、市场化、企业化运营，瞄准纳米前沿问题，协同开展纳米材料全产业链的关键及共性技术研发，打造创新资源集聚、组织运行开放、治理结构多元的综合性纳米材料产业技术研发平台，提升产业竞争力。

3. 推进高水平创新人才引育，打造纳米材料高端人才"蓄水池"

要想加快发展新质生产力，实现高水平科技自立自强，归根结底要依靠高水平科技人才。习近平总书记强调，要深化教育科技人才体制机制一体改革，完善科教协同育人机制，加快培养造就一支规模宏大、结构合理、素质优良的创新型人才队伍。

围绕成渝地区双城经济圈纳米材料重点发展领域，精准引进一批顶尖人才，同时加快培育高端创新人才，鼓励纳米材料龙头企业与重点高校院所等联合设立新材料产业学院，"订单式"培养纳米材料行业应用型人才，支持职业院校完善新材料技能型人才的培育体系，打造纳米材料高端人才"蓄水池"。

参考文献

曾昆等：《我国新材料产业集群发展战略研究》，《中国科学院院刊》2022年第3期。

高虹、袁志刚：《产业集群的规模与效率影响》，《财贸经济》2021年第2期。

侯茂文：《铜陵市铜基新材料产业高质量发展对策研究》，《铜陵学院学报》2024年第3期。

《全国科技大会 国家科学技术奖励大会 两院院士大会在京召开 习近平为国家最高科学技术奖获得者等颁奖并发表重要讲话》，中国政府网，2024年6月4日，https://www.gov.cn/yaowen/liebiao/202406/content_ 6959088.htm。

B.6
成渝地区双城经济圈高熵合金材料行业发展趋势研究

彭 卓　陈雨森*

摘　要： 本报告运用描述性统计分析法、比较分析法对成渝地区双城经济圈高熵合金材料行业总体发展状况和企业空间布局进行分析。分析结果显示，高熵合金材料行业已经从高速发展向高质量发展转变，企业空间布局呈现集聚的态势，重庆都市圈和成都都市圈以生产质量提升为主，成渝地区双城经济圈其他区域以企业数量增长为主，企业发展提质增效主要依靠科技创新引领、对外合作交流以及组织架构优化。未来，成渝地区双城经济圈高熵合金材料行业应该以合理的政策规划支持行业发展，鼓励多种所有制经济协同发力，鼓励创新引领行业发展，实施"引进来"和"走出去"相结合的开放发展策略。

关键词： 高熵合金材料行业　企业空间布局　成渝地区双城经济圈

一　成渝地区双城经济圈高熵合金材料行业总体发展状况

（一）企业数量和效益

近年来，成渝地区双城经济圈高熵合金材料行业发展迅速，企业数量呈

---

* 彭卓，西南财经大学博士研究生，主要研究方向为政治经济学；陈雨森，西南财经大学博士研究生，主要研究方向为政治经济学。

爆发式增长，且效益良好。截至 2024 年 7 月底，成渝地区双城经济圈高熵合金材料行业共有企业 4926 家，其中有超过 2500 家企业效益较高，占全行业企业总数的比重超过 50.75%。如图 1 所示，2019 年成渝地区双城经济圈高熵合金材料行业仅拥有企业数量 1868 家，到 2023 年底增加至 4926 家，增长了约 1.64 倍，高熵合金材料行业发展非常迅速。

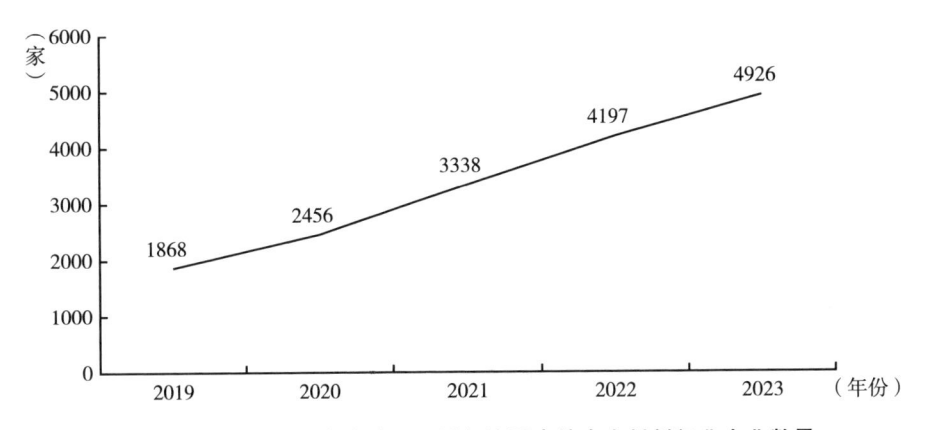

图 1　2019~2023 年成渝地区双城经济圈高熵合金材料行业企业数量

资料来源：作者根据教育部人文社会科学重点研究基地重庆工商大学成渝地区双城经济圈建设研究院"成渝地区双城经济圈产业云图系统"数据资料整理得出。

高熵合金材料行业作为前沿新材料中游产业的重要组成部分，是前沿新材料产业的关键环节。截至 2024 年 7 月，成渝地区双城经济圈高熵合金材料行业企业数量在前沿新材料中游产业 14 个细分行业中占比高达 57.46%，在前沿新材料全产业链 28 个细分行业中占 5.69%，[①] 为下游产业 7 万多家企业提供关键材料，为成渝地区双城经济圈高端装备制造、健康、建筑、汽车等领域的持续发展提供巨大支持。

（二）企业规模

按企业规模划分，成渝地区双城经济圈高熵合金材料行业小型、微型企

---

① 作者根据教育部人文社会科学重点研究基地重庆工商大学成渝地区双城经济圈建设研究院"成渝地区双城经济圈产业云图系统"数据资料整理得出。

业很多，中型及以上企业较少、占比较低。具体来说，如表1所示，成渝地区双城经济圈高熵合金材料行业特大型、大型和中型企业数量分别为169家、120家和286家，占比分别为3.43%、2.44%和5.81%；小型企业为349家，占7.09%。值得关注的是，成渝地区双城经济圈高熵合金材料行业微型企业数量最多，达2357家，占47.86%，不仅远多于小型及以上规模企业数量，而且远远超过小型及以上规模企业数量总和。这一方面体现了行业的活跃度较高，创业环境友好；另一方面也说明了行业企业规模较小，仍有很大的发展空间。

表1 成渝地区双城经济圈高熵合金材料行业按规模划分企业数量及占比

单位：家，%

企业规模	企业数量	占比	企业规模	企业数量	占比
特大型	169	3.43	小型	349	7.09
大型	120	2.44	微型	2357	47.86
中型	286	5.81	其他	1645	33.38

注："其他"表示目前尚无法准确判断该企业属于何种规模。
资料来源：作者根据教育部人文社会科学重点研究基地重庆工商大学成渝地区双城经济圈建设研究院"成渝地区双城经济圈产业云图系统"数据资料整理得出。

（三）企业类型

按企业类型划分，成渝地区双城经济圈高熵合金材料行业的科技型企业数量较多，上市企业和成长型企业数量相对较少。具体来说，如表2所示，截至2024年7月，成渝地区双城经济圈高熵合金材料行业的企业类型以科技型企业为主，其中高新技术企业和科技型中小企业分别有347家和280家，占比分别为7.04%和5.68%，还有3家科技小巨人企业；龙头企业有59家，占比为1.20%，引领整个行业的发展；专精特新企业有95家，这些企业深耕自身优势领域，为行业的专业化、精细化发展做出了巨大的贡献；成渝地区高熵合金材料行业拥有上市企业28家，具有成长潜力的瞪羚企业13家，占比分别为0.57%和0.26%，数量相对较少。需要特别指出的是，成渝地区双城经济圈高熵合金材料行业的独角兽企业数量为0，说明该地区近十年并没有在高熵合金材料行业培育出市场潜力较大，成长性、竞争性很强的创业企业。

表2 成渝地区双城经济圈高熵合金材料行业按类型划分企业数量及占比

单位：家，%

企业类型	企业数量	占比
高新技术企业	347	7.04
科技型中小企业	280	5.68
龙头企业	59	1.20
专精特新企业	95	1.93
上市企业	28	0.57
瞪羚企业	13	0.26
科技小巨人企业	3	0.06
独角兽企业	0	0

注：由于独角兽企业数量为0，后文不再单独对其进行分析；企业总数为4926家，除上述企业类型外，还有普通企业未列出，以及部分企业类型存在重复计算的情况，此后不赘。

资料来源：作者根据教育部人文社会科学重点研究基地重庆工商大学成渝地区双城经济圈建设研究院"成渝地区双城经济圈产业云图系统"数据资料整理得出。

（四）企业竞争格局

从企业竞争格局来看，成渝地区双城经济圈高熵合金材料行业企业以民营企业为主，占绝对优势，国有企业、合资企业、外资企业数量较少。具体来说，如图2所示，在成渝地区双城经济圈高熵合金材料行业4926家企业中，本土企业[①]4846家，占比为98.38%，其中民营企业4830家，占比为98.05%；国有企业16家，占比为0.32%。而合资企业78家、外资企业2家，数量相对较少，合计占比为1.62%。由此可见，在成渝地区双城经济圈高熵合金材料行业中，本土企业占据绝对优势地位，领先于合资企业、外资企业，而在本土企业中，国有企业占比很低，民营企业数量占优。

---

① 本土企业仅包含本土民营企业和国有企业，不包含合资企业和外资企业。

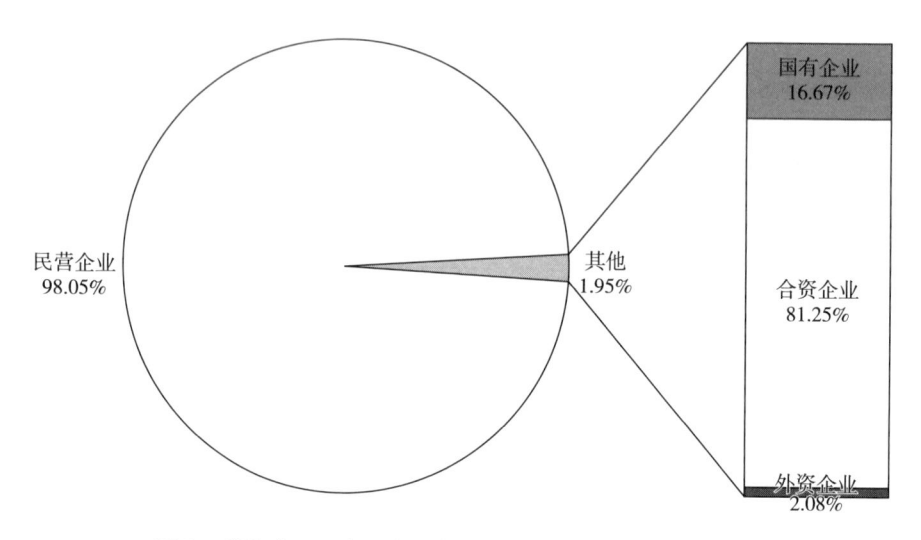

图 2　成渝地区双城经济圈高熵合金材料行业企业竞争格局

资料来源：作者根据教育部人文社会科学重点研究基地重庆工商大学成渝地区双城经济圈建设研究院"成渝地区双城经济圈产业云图系统"数据资料整理得出。

二　成渝地区双城经济圈高熵合金材料行业企业空间布局

（一）按区域划分企业空间分布

1. 按区域划分企业数量

成渝地区双城经济圈三大区域中，重庆都市圈和成都都市圈高熵合金材料行业的企业数量势均力敌，均远超成渝地区双城经济圈其他区域。具体来说，如表3所示，重庆都市圈高熵合金材料行业的企业数量为1993家，占比为40.46%，成都都市圈的企业数量为1954家，占比为39.67%，重庆都市圈仅比成都都市圈多39家，二者相差不大。但是，成渝地区双城经济圈其他区域的企业数量仅为979家，占比不足两成。

表3 成渝地区双城经济圈高熵合金材料行业按区域划分企业数量及占比

单位：家，%

区域范围	企业数量	占比
重庆都市圈	1993	40.46
成都都市圈	1954	39.67
成渝地区双城经济圈其他区域	979	19.87

资料来源：作者根据教育部人文社会科学重点研究基地重庆工商大学成渝地区双城经济圈建设研究院"成渝地区双城经济圈产业云图系统"数据资料整理得出。

2. 按区域划分不同规模企业数量

成渝地区双城经济圈各区域高熵合金材料行业不同规模的企业数量中，重庆都市圈和成都都市圈均领先于其他区域，两大都市圈各有优势。具体来说，如表4和图3所示，首先，重庆都市圈高熵合金材料行业的特大型、大型和微型企业数量超越了其他两个区域，分别为73家、57家和1028家，占比分别为43%、47%和44%；其次，成都都市圈在中型和小型企业数量上领先其他两个区域，分别为123家和140家，占比分别为43%和40%；最后，成渝地区双城经济圈其他区域在所有企业规模的数量上都落后于两大都市圈，数量相对较少。

表4 成渝地区双城经济圈各区域高熵合金材料行业不同规模企业数量

单位：家

区域范围	特大型企业	大型企业	中型企业	小型企业	微型企业	其他企业
重庆都市圈	73	57	111	128	1028	596
成都都市圈	62	44	123	140	878	707
成渝地区双城经济圈其他区域	34	19	52	81	451	342

资料来源：作者根据教育部人文社会科学重点研究基地重庆工商大学成渝地区双城经济圈建设研究院"成渝地区双城经济圈产业云图系统"数据资料整理得出。

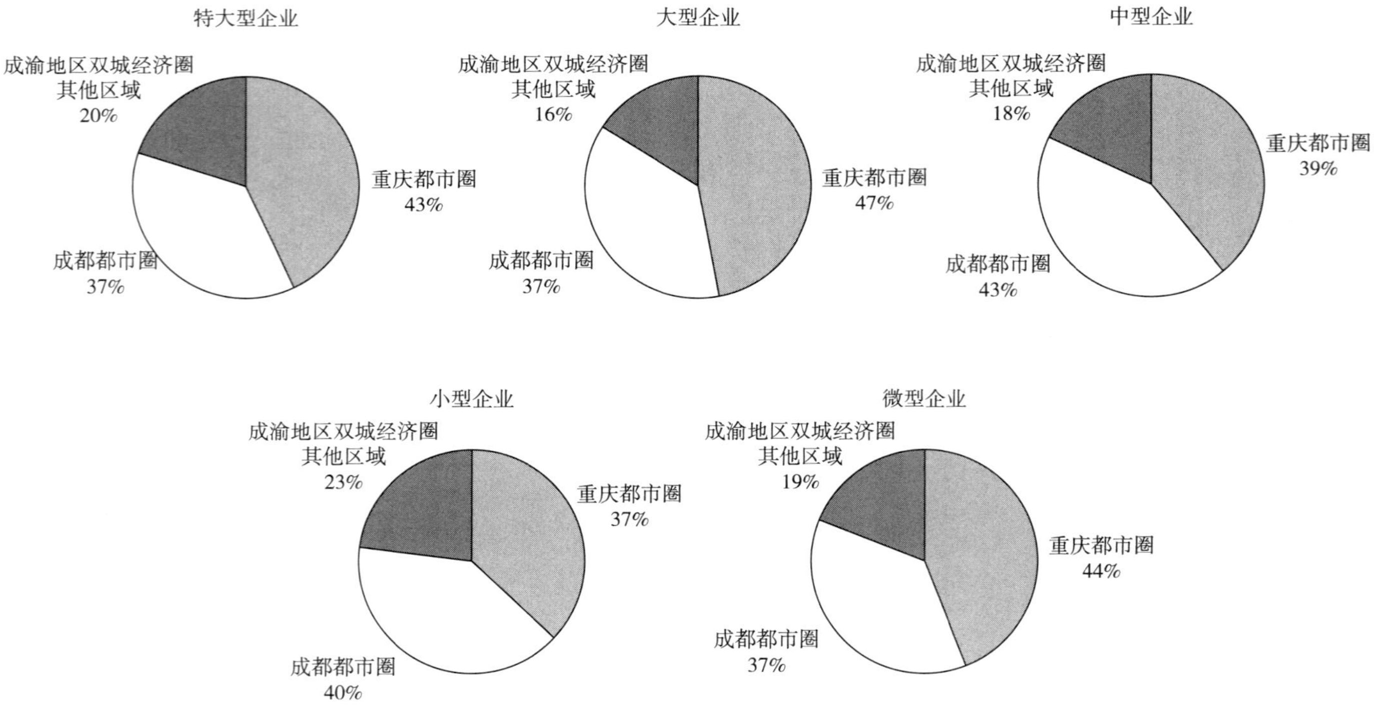

图 3　成渝地区双城经济圈各区域高熵合金材料行业不同规模企业（除其他企业）分布情况

特大型企业：成都都市圈 37%，重庆都市圈 43%，成渝地区双城经济圈其他区域 20%

大型企业：成都都市圈 37%，重庆都市圈 47%，成渝地区双城经济圈其他区域 16%

中型企业：成都都市圈 43%，重庆都市圈 39%，成渝地区双城经济圈其他区域 18%

小型企业：成都都市圈 40%，重庆都市圈 37%，成渝地区双城经济圈其他区域 23%

微型企业：成都都市圈 37%，重庆都市圈 44%，成渝地区双城经济圈其他区域 19%

资料来源：作者根据教育部人文社会科学重点研究基地重庆工商大学成渝地区双城经济圈建设研究院"成渝地区双城经济圈产业云图系统"数据资料整理得出。

3. 按区域划分不同类型企业数量

成渝地区双城经济圈三大区域在不同类型的企业数量中，各有优劣，但从总体来看，重庆都市圈和成都都市圈领先于成渝地区双城经济圈其他区域。具体来说，如表5和图4所示，首先，从总数来看，重庆都市圈高熵合金材料行业的企业类型数量累计292家，少于成都都市圈的352家，多于成渝地区双城经济圈其他区域的181家。其次，重庆都市圈在龙头企业、专精特新企业和科技小巨人企业数量上，力压成都都市圈和成渝地区双城经济圈其他区域，位居第一；在上市企业数量上，与成都都市圈相同，并列第一。再次，成都都市圈在高新技术企业、科技型中小企业和瞪羚企业数量上，在三大区域中位居第一。最后，成渝地区双城经济圈其他区域虽然没有数量排名第一的企业类型，但是在科技型中小企业数量上超过了重庆都市圈，在龙头企业和科技小巨人企业数量上超越成都都市圈，都位居第二。

表5 成渝地区双城经济圈各区域高熵合金材料行业不同类型企业数量及占比

单位：家，%

企业类型	重庆都市圈	占各区域同类型企业的比重	成都都市圈	占各区域同类型企业的比重	成渝地区双城经济圈其他区域	占各区域同类型企业的比重
高新技术企业	132	38.04	158	45.53	57	16.43
科技型中小企业	73	26.07	129	46.07	78	27.86
龙头企业	27	45.76	14	23.73	18	30.51
专精特新企业	44	46.32	32	33.68	19	20.00
上市企业	11	39.29	11	39.29	6	21.43
瞪羚企业	3	23.08	8	61.54	2	15.38
科技小巨人企业	2	66.67	0	0	1	33.33
合计	292	—	352	—	181	—

资料来源：作者根据教育部人文社会科学重点研究基地重庆工商大学成渝地区双城经济圈建设研究院"成渝地区双城经济圈产业云图系统"数据资料整理得出。

（二）按城市划分企业空间分布

1. 按城市划分企业数量

成渝地区双城经济圈16个城市的高熵合金材料行业4926家企业中，核

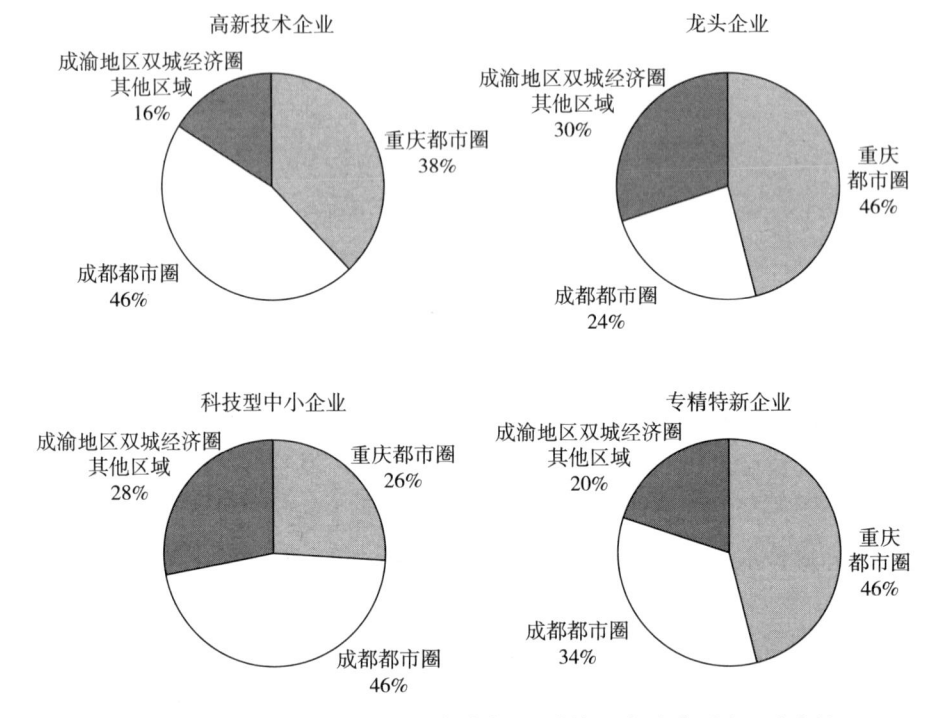

图4 成渝地区双城经济圈各区域高熵合金材料行业部分类型企业分布情况

资料来源：作者根据教育部人文社会科学重点研究基地重庆工商大学成渝地区双城经济圈建设研究院"成渝地区双城经济圈产业云图系统"数据资料整理得出。

心城市重庆市和成都市的企业数量占绝对优势，远远超过其他城市①的企业数量。具体来说，如表6所示，两大核心城市高熵合金材料行业企业数量处于绝对领先地位。重庆市高熵合金材料行业拥有1949家企业，占比高达39.57%，企业数量在各城市中一骑绝尘，遥遥领先于其他城市；成都市高熵合金材料行业企业数量为1586家，占地区总数的32.20%，企业数量仅次于重庆市，领先于四川省其他地级市，是四川省的领头羊；成渝两市高熵合金材料行业企业数量合计占比71.76%，在成渝地区双城经济圈内处于绝对核心地位，对区域内高熵合金材料行业的发展具有引领作用。

---

① 其他城市是指成渝地区双城经济圈的16个城市中，除两大核心城市以外的14个地级市。

表6 成渝地区双城经济圈16个城市高熵合金材料行业按城市划分企业数量及占比

单位：家，%

城市名称	企业数量	占比	城市名称	企业数量	占比
重庆市	1949	39.57	泸州市	63	1.28
成都市	1586	32.20	乐山市	61	1.24
绵阳市	324	6.58	雅安市	59	1.20
德阳市	239	4.85	遂宁市	55	1.12
自贡市	143	2.90	广安市	44	0.89
南充市	103	2.09	资阳市	37	0.75
宜宾市	99	2.01	内江市	37	0.75
眉山市	92	1.87	达州市	35	0.71

资料来源：作者根据教育部人文社会科学重点研究基地重庆工商大学成渝地区双城经济圈建设研究院"成渝地区双城经济圈产业云图系统"数据资料整理得出。

其他城市中，部分城市的高熵合金材料行业企业数量差异较大。绵阳市和德阳市的高熵合金材料行业企业数量虽然比成渝两地少得多，但是在其他城市中处于领先地位，分别为324家和239家，占比分别为6.58%和4.85%，两地合计超过11%。

自贡市、南充市的企业数量相对较多，分别为143家和103家，占比分别为2.90%和2.09%；宜宾市和眉山市的企业数量分别为99家和92家，占比分别为2.01%和1.87%；泸州市、乐山市、雅安市和遂宁市的企业数量在60家左右，占比均略高于1%，在其他城市中处于中等水平；广安市、资阳市和内江市的企业数量仅略高于达州市，占比均不足1%；达州市的企业数量在全部城市中最少，仅有35家。

2. 按城市划分不同规模企业数量

成渝地区双城经济圈16个城市的高熵合金材料行业中，无论是特大型、大型、中型企业数量，还是小型、微型企业数量，成都市和重庆市都以压倒性的优势领先于其他城市。具体来说，如表7所示，就两大核心城市而言，重庆市和成都市高熵合金材料行业所有规模的企业数量在地区中都处于绝对优势地位，其中，特大型企业数量占地区总数的72.78%，大型企业占72.50%,中型企业占69.58%,小型企业占67.91%,微型企业占72.51%。同时,除其他企业外,重庆市高熵合金材料行业其余规模企业的数量均超过成都市,占地区比重超过35%,成都市所有规模的企业数量占比则介于25%~36%。

表7 成渝地区双城经济圈16个城市高熵合金材料行业按规模划分企业数量

单位:家

城市名称	特大型企业	大型企业	中型企业	小型企业	微型企业	其他企业
重庆市	73	55	107	125	1008	581
成都市	50	32	92	112	701	599
绵阳市	12	5	10	30	172	95
德阳市	5	9	17	22	122	64
自贡市	1	3	13	21	81	24
南充市	3	0	5	4	44	47
宜宾市	2	2	5	9	35	46
眉山市	7	3	11	4	43	24
泸州市	3	3	1	2	27	27
乐山市	5	1	5	4	24	22
雅安市	4	3	3	2	19	28
遂宁市	1	2	7	6	17	22
广安市	0	2	4	3	20	15
资阳市	0	0	3	2	12	20
内江市	3	0	2	2	20	10
达州市	0	0	1	1	12	21

资料来源:作者根据教育部人文社会科学重点研究基地重庆工商大学成渝地区双城经济圈建设研究院"成渝地区双城经济圈产业云图系统"数据资料整理得出。

在其他城市中,不同规模的企业数量差异较大。其中,绵阳市和德阳市在特大型企业、小型企业和微型企业数量上的优势比较明显;自贡市在中型企业数量上超过了绵阳市,在小型企业数量上紧追德阳市;达州市在所有规模的企业数量上均无优势;剩余10个城市则在不同规模的企业数量上各有优劣。

3. 按城市划分不同类型企业数量

成渝地区双城经济圈高熵合金材料行业各种类型的企业中，重庆市和成都市的企业数量均处于绝对优势地位，绵阳市和德阳市处于第二梯队，自贡市紧随其后，大有赶超趋势，剩余城市的企业数量相对较少。具体来说，如表8所示，两大核心城市的企业数量均领先于其他城市。重庆市和成都市的高新技术企业、科技型中小企业、龙头企业和专精特新企业四类①合计占地区的比重均超过55%，尤其是高新技术企业占比高达73.78%，依旧领先于其他城市；重庆市在龙头企业和专精特新企业的数量上绝对领先于其他城市，占地区的比重分别高达44.07%和45.26%，成都市这两类企业的优势相对不明显，占比分别为22.03%和25.26%，影响力低于重庆市；成都市在科技型中小企业的数量上超过了重庆市，占地区的比重超过1/3，而重庆市的占比不足1/4；重庆市和成都市在高新技术企业数量上相等，占地区的比重均为36.89%。

表8 成渝地区双城经济圈16个城市高熵合金材料行业按类型划分企业数量

单位：家

城市名称	高新技术企业	科技型中小企业	龙头企业	专精特新企业	上市企业	瞪羚企业	科技小巨人企业
重庆市	128	69	26	43	11	3	2
成都市	128	95	13	24	9	8	0
绵阳市	19	27	6	8	4	1	0
德阳市	19	26	0	3	1	0	0
自贡市	12	16	2	3	1	1	1
南充市	2	10	1	0	0	0	0
宜宾市	4	5	3	2	0	0	0
眉山市	8	5	1	3	1	0	0

① 由于上市企业、瞪羚企业和科技小巨人企业三种类型的企业数量都较少，且大部分城市数量为0，这里不进行详细比较。

续表

城市名称	高新技术企业	科技型中小企业	龙头企业	专精特新企业	上市企业	瞪羚企业	科技小巨人企业
泸州市	1	2	0	1	0	0	0
乐山市	9	4	1	1	1	0	0
雅安市	3	2	2	0	0	0	0
遂宁市	5	7	2	4	0	0	0
广安市	4	4	1	1	0	0	0
资阳市	3	3	0	2	0	0	0
内江市	1	2	1	0	0	0	0
达州市	1	3	0	0	0	0	0

资料来源：作者根据教育部人文社会科学重点研究基地重庆工商大学成渝地区双城经济圈建设研究院"成渝地区双城经济圈产业云图系统"数据资料整理得出。

在其他城市中，绵阳市、德阳市和自贡市高熵合金材料行业企业数量总和仅次于两大核心城市，领先于其他城市。其中，绵阳市和德阳市的高新技术企业数量相同，在其他城市中并列第一；绵阳市的科技型中小企业、龙头企业和专精特新企业数量在其他城市中均居首位；绵阳市、德阳市和自贡市3个城市的高新技术企业、科技型中小企业、龙头企业、专精特新企业数量总和，超过其余11个城市四种类型企业的数量总和；其余11个城市各种类型企业数量相对较少，但分布较为均匀，差异不大。

4. 核心城市企业分布情况

重庆市和成都市不仅是成渝地区双城经济圈的核心城市，还是国家中心城市、超大城市，重庆和成都高熵合金材料行业的发展水平不仅关乎成渝地区双城经济圈高熵合金材料行业的前景，而且对全行业发展起到至关重要的作用，甚至是整个地区产业发展的重中之重。

近年来，重庆市和成都市高熵合金材料行业企业发展较快，企业数量大幅增长。如表9和图5所示，一方面，2019~2023年，重庆市和成都市的企业数量都呈现上涨趋势，且增长速度都很快。2019年，重庆市的企业数量为725家，成都市为565家，到2023年，重庆市增加至1950家，增长了168.97%，成都市增加至1585家，增长了180.53%。由此可见，2019~2023年，重庆市和成都市高熵合金材料行业企业数量都呈现上涨趋势，并且增长速度很快。

表9　2019~2023年成渝地区双城经济圈核心城市高熵合金材料行业企业数量

单位：家

城市名称	2019年	2020年	2021年	2022年	2023年
重庆市	725	1041	1400	1692	1950
成都市	565	690	1002	1318	1585

资料来源：作者根据教育部人文社会科学重点研究基地重庆工商大学成渝地区双城经济圈建设研究院"成渝地区双城经济圈产业云图系统"数据资料整理得出。

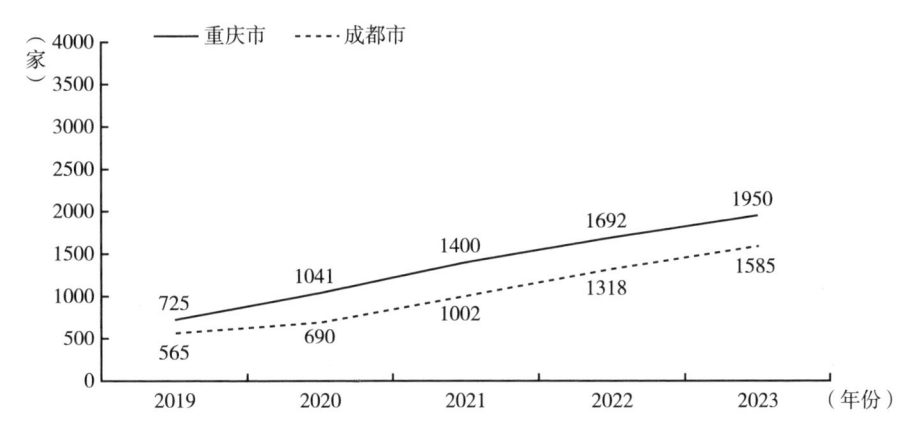

图5　2019~2023年成渝地区双城经济圈核心城市高熵合金材料行业企业数量变化情况

资料来源：作者根据教育部人文社会科学重点研究基地重庆工商大学成渝地区双城经济圈建设研究院"成渝地区双城经济圈产业云图系统"数据资料整理得出。

另一方面，重庆市高熵合金材料行业的企业数量增加更多，成都市企业数量增长的趋势更快。从数量来看，重庆市增加了1225家，高于成都市增加的1020家，重庆市和成都市的企业数量差距从2019年的160家扩大到2023年的365家，而重庆市的增幅为168.97%，略低于成都市的180.53%，成都市企业数量增长的趋势更快，企业发展的后劲更足。

三 成渝地区双城经济圈高熵合金材料行业发展趋势研判及对策建议

（一）行业发展趋势研判

1. 从高速发展向高质量发展转变

近年来成渝地区双城经济圈高熵合金材料行业实现了快速的发展，但是企业数量增长速度有所放缓，行业正处于结构性调整阶段，正在从高速发展向高质量发展转变。2019~2023年，成渝地区双城经济圈高熵合金材料行业的企业数量增长了约1.64倍。但是，增长速度呈下降趋势，一是因为行业内企业数量已经处于较饱和状态，基数较大，二是因为该行业正处于转型升级期，这必然导致企业数量增速放缓，从而实现更高质量的发展。

具体来说，一方面，成渝地区双城经济圈高熵合金材料行业的企业规模总体不断扩大。中大型企业数量将越来越多，占地区的比重将稳步提升，行业质量进一步提高；小微型企业的数量也将有所增长，但占比可能会有所波动。另一方面，成渝地区双城经济圈高熵合金材料行业的企业类型将更丰富。高新技术企业和科技型中小企业的数量将继续增长，不断巩固优势地位；龙头企业和专精特新企业的数量将加快增长，占地区企业总数的比重将不断提升；瞪羚企业和科技小巨人企业虽然数量较少，但发展前景广阔，有望进一步增长；独角兽企业需要重点培育，从而实现"零"的突破，为该类型企业的发展提供样板。

2. 企业空间布局呈现集聚的态势

两大都市圈的企业数量以提升质量为主，成渝地区双城经济圈其他区域则仍将以数量增长为主。重庆都市圈和成都都市圈的企业数量合计占全区的比重超过80%，行业规模已经非常庞大，未来将以提升企业发展质量为主，不断扩大中大型企业规模，培育高新技术企业、科技型中小企业、龙头企业、上市企业等具有代表性的企业类型，同时兼顾企业数量的增长；成渝地区双城经济圈其他区域由于行业发展水平不高，企业数量较少，未来仍将以扩大行业规模为主，不断培育新的企业，尤其是小微企业，可以极大地推动当地高熵合金材料行业的发展。同时，由于两大都市圈的结构性调整等因素，都市圈之间的差距将越来越小，两大增长极将呈现均衡化发展趋势。

核心城市的集聚效应越来越明显，对其他城市的带动作用越来越强，部分城市追赶速度越来越快。重庆市和成都市高熵合金材料行业未来企业数量将实现结构性调整，从数量高速增长向行业高质量发展转变，两大核心城市之间的企业数量的差距会不断缩小。无论是从企业规模来看，还是从企业类型来看，重庆市和成都市高熵合金材料行业将以高质量发展为主，其他城市仍然以培育更多的企业为主，因此，其他城市与核心城市之间企业数量的相对差距会有所缩小，其他城市企业数量占全区的比重会有所提升。绵阳市、德阳市、自贡市、南充市、宜宾市等企业数量相对较多的城市，占比会进一步提高，缩小与核心城市的相对差距；达州市、内江市等企业数量相对较少的城市，企业数量增长速度会较快，不断弥补短板。

（二）行业发展对策建议

1. 合理规划行业发展，提供政策支持

首先，要立足成渝地区双城经济圈整体发展利益，制定符合整体利益的长远政策，既要满足本地区对高熵合金材料的需求，又要与其他区域开展合作，避免出现重复建设、无序竞争导致的资源浪费、产能过剩等问题。其次，以两大都市圈为中心，在都市圈内部分梯度、分层次培育不同规模、不同类型的企业，符合都市圈内高熵合金材料行业的发展目标。最后，各城市要找准自身定位，立足地区发展现状和成渝地区双城经济圈对高熵合金材料行业的长远规划，把城市发展和区域发展结合起来，核心城市要引领地区发展，推动高熵合金材料行业的提质升级，其他城市要对标核心城市，为区域高熵合金材料行业提供助力。

2. 鼓励多种所有制经济协同发力

一方面，要发挥公有制经济的优势，引领高熵合金材料行业发展。公有

制经济在资金、政策等方面具有与生俱来的优势，能够为企业发展提供各方面的支持与帮助。例如，位于重庆市万州区的金龙精密铜管集团股份有限公司，自成立至今，历经两次重组，从国有到民营，再回归国有，不仅突破了技术创新的瓶颈，而且成功解决了集团面临的资金问题。因此，成渝地区双城经济圈也要充分利用公有制经济的优势，为高熵合金材料行业发展保驾护航。

另一方面，要发挥非公有制经济的作用，为行业发展注入活力。成渝地区双城经济圈高熵合金材料行业拥有大量的中小微型企业，这些企业能发挥鲇鱼效应，不断激发行业内各种类型、各种规模企业的活力，从而保持向前发展的趋势。因此，要保护、支持、引导高熵合金材料行业非公有制经济的发展，源源不断地为行业注入新生力量，推动行业持续向前发展。

3. 鼓励创新引领行业发展

企业要坚持创新驱动发展，从技术引进到自主创新，推动产学研用相结合，从而助力高熵合金材料行业创新发展。第一，培养创新型人才，为行业发展提供高科技人才。一方面，要推动企业、行业和高等教育相衔接，高校及科研院所为企业提供专业的高熵合金研发人才，把人才培养和人才应用结合起来；另一方面，企业、行业要立足高熵合金材料的市场需求，自发培养适合本企业的技术型人才，提高企业的生产效率和适应市场的能力。第二，搭建科研平台，为科研人员提供良好的创新环境。企业、高校及科研院所协同发力，发挥各自优势，共同搭建专注于高熵合金材料行业的科研平台，优化创新环境；积极推动高校及科研院所的科研平台与企业生产相对接，企业提供市场需求，高校及科研院所有针对性地从事研发工作，实现产学研相结合。第三，推动科技创新成果转化为现实生产力。加速科研成果的转化，将高熵合金材料的科技创新成果应用于企业生产，不断推出新的高熵合金材料，从而提高高熵合金材料行业的生产能力。

4. 坚持对外开放，把"引进来"和"走出去"相结合

既要引进国外先进技术，又要进行海外投资，把"引进来"和"走出去"相结合，探索高熵合金材料行业开放发展的道路。一方面，既要学习国外先进技术，将国外先进技术与国内生产经验结合起来，反复实验，不断优化高熵合金材料的生产工艺，又要进行自主创新，不断提升高熵合金材料的科技水平；另一方面，要积极参与国际竞争，推动企业对外投资，把国内成熟的生产过程转移出去，在应对国际贸易壁垒的同时，为国内研发更先进的高熵合金材料创造条件。

参考文献

岳振廷：《金龙铜管重组大幕落下 制冷铜管之王花开重庆》，《中国有色金属》2018年第2期。

王文亮、刘岩：《从技术引进到自主创新——河南金龙精密铜管集团自主创新战略案例分析》，《技术经济》2010年第8期。

《转向"北美制造" 金龙铜管首个海外公司正式启动》，《21世纪经济报道》2007年8月22日，第18版。

吴成良：《"金龙"给美国最贫困县带来机遇》，《中国中小企业》2014年第8期。

《这家渝企把精密铜管做到全球领先》，《重庆日报》2024年4月1日，第3版。

B.7
成渝地区双城经济圈新型超导材料行业发展趋势研究

易淼 陈秋旭*

摘　要： 本报告运用描述性统计分析法、比较分析法对成渝地区双城经济圈新型超导材料行业总体发展状况和企业空间布局进行分析。分析结果显示，成渝地区双城经济圈新型超导材料行业发展动能强劲，企业总数持续增加，形成了以重庆都市圈和成都都市圈为核心的集聚发展态势，市场活跃程度较高，吸引了众多企业参与行业发展。未来，成渝地区双城经济圈应该进一步处理好有效市场与有为政府之间的关系，优化新型超导材料行业的营商环境，更好地发挥重庆市中心城区和成都市的辐射效应，提高中小微企业经营能力，推动新型超导材料行业发展迈向更高层次。

关键词： 新型超导材料行业　企业空间布局　成渝地区双城经济圈

一　成渝地区双城经济圈新型超导材料行业总体发展状况

（一）企业数量和效益

自"十三五"规划明确提出要加快壮大新材料产业，"十四五"规划更

---

* 易淼，博士，重庆工商大学成渝地区双城经济圈建设研究院常务副院长，教授，主要研究方向为区域经济与产业发展；陈秋旭，重庆工商大学硕士研究生，主要研究方向为政治经济学。

进一步提出加快突破新材料等核心技术后，成渝地区双城经济圈新型超导材料行业企业数量近年来快速增长，并获得良好效益。如图1所示，成渝地区双城经济圈新型超导材料行业企业数量从2019年的226家增加至2023年的593家，增长率高达162%，特别是2020年与2021年增长势头强劲，企业数量增长率均超过34%。截至2023年，成渝地区双城经济圈新型超导材料行业共有企业593家，其中290多家企业产生了较高的效益，约占全行业的48.90%。① 以上数据说明，成渝地区双城经济圈新型超导材料行业近年来取得了快速发展。

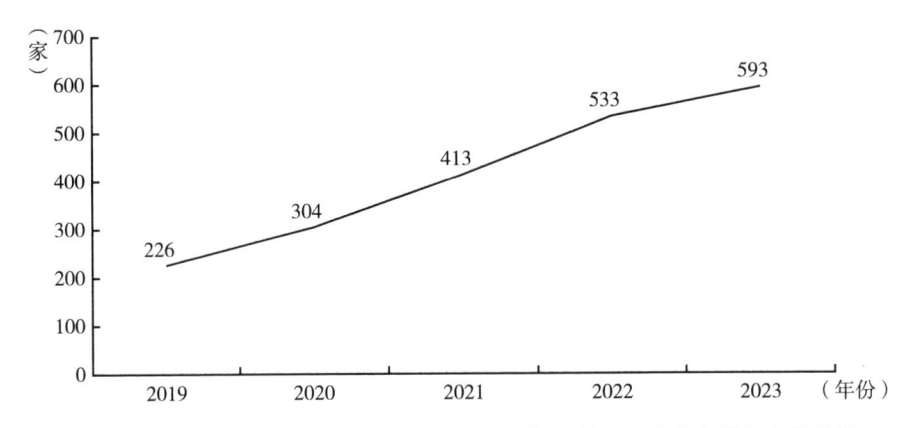

图1 2019~2023年成渝地区双城经济圈新型超导材料行业企业数量变化趋势

资料来源：作者根据教育部人文社会科学重点研究基地重庆工商大学成渝地区双城经济圈建设研究院"成渝地区双城经济圈产业云图系统"数据资料整理得出。

新型超导材料行业作为前沿新材料中游产业的重要环节，是未来材料发展中不可或缺的部分。截至2023年，成渝地区双城经济圈新型超导材料行业企业数量在14个前沿新材料中游产业中占6.91%，在6个未来材料产业中占7.00%，② 助力成渝地区双城经济圈布局未来产业，为能源输电、磁悬浮高速铁路、人工可控核聚变等未来行业注入发展动能。

---

① 数据来源："成渝地区双城经济圈产业云图系统"。
② 作者根据教育部人文社会科学重点研究基地重庆工商大学成渝地区双城经济圈建设研究院"成渝地区双城经济圈产业云图系统"数据资料整理得出。

（二）企业规模

按企业规模划分，成渝地区双城经济圈新型超导材料行业微型企业占比最多，小型企业和中型企业占比居中，大型企业和特大型企业占比较低。具体而言，如表1所示，截至2023年，成渝地区双城经济圈新型超导材料行业特大型企业和大型企业数量分别为11家和10家，占比分别为1.85%和1.69%；中型企业和小型企业数量分别为30家和49家，占比分别为5.06%和8.26%；微型企业数量为308家，占比为51.94%。由此可以发现，微型企业的占比超过了除其以外所有企业规模的总和。这说明，新型超导材料行业作为新兴未来材料行业的组成部分，发展规模仍然较小，但微型企业在数量上具有优势是该行业充满活力和竞争的重要表现。

表1 成渝地区双城经济圈新型超导材料行业按规模划分企业数量及占比

单位：家，%

企业规模	企业数量	占比	企业规模	企业数量	占比
特大型	11	1.85	小型	49	8.26
大型	10	1.69	微型	308	51.94
中型	30	5.06	其他	185	31.20

注："其他"表示目前尚无法准确判断该企业属于何种规模。
资料来源：作者根据教育部人文社会科学重点研究基地重庆工商大学成渝地区双城经济圈建设研究院"成渝地区双城经济圈产业云图系统"数据资料整理得出。

（三）企业类型

按企业类型划分，成渝地区双城经济圈新型超导材料行业的高新技术企业与科技型中小企业数量较多，专精特新企业数量居中，龙头企业、上市企业和瞪羚企业数量较少，而科技小巨人企业和独角兽企业数量均为0。具体而言，如表2所示，高新技术企业和科技型中小企业均为55家，占比均为9.27%，这很好地体现了科技创新型企业在新型超导材料行业中的引领地位，换言之，知识密集型的经济实体在新材料行业发展过程中起到了重要的支撑作用。专精特新企业数量为10家，占1.69%，这类企业基于专业化、精细化、特色化、新颖化的特点，为新型超导材料行业的多样化发展源源不断地注入新活力。龙头企业、上市企业以及瞪羚企业的数量分别为3家、1家和3家，占比分别为0.51%、0.17%和0.51%。首先，龙头企业极低的占比说明了成渝地区双城经济圈新型超导材料行业目前发展仍处于起步阶段，还未形成多数企业引领产业发展的格局。其次，上市企业仅有1家则说明了成渝地区双城经济圈新型超导材料行业企业多数规模较小且成立时间较短，与前文所述企业规模时的结论相一致。最后，瞪羚企业数量占比也较少，这说明尽管该行业的中小微企业占绝大多数，但能够实现快速增长和发展的企业数量明显不足。值得注意的是，成渝地区双城经济圈新型超导材料行业企业中还未产生科技小巨人企业和独角兽企业，这同样说明该行业发展虽然在量上取得了明显的增长，但是在质上还需要进一步提高。

表2 成渝地区双城经济圈新型超导材料行业按类型划分企业数量及占比

单位：家，%

企业类型	企业数量	占比
高新技术企业	55	9.27
科技型中小企业	55	9.27
龙头企业	3	0.51
专精特新企业	10	1.69
上市企业	1	0.17
瞪羚企业	3	0.51
科技小巨人企业	0	0
独角兽企业	0	0

注：企业总数为593家，除上述企业类型外，还有普通企业未列出，以及部分企业类型存在重复计算的情况，此后不赘。

资料来源：作者根据教育部人文社会科学重点研究基地重庆工商大学成渝地区双城经济圈建设研究院"成渝地区双城经济圈产业云图系统"数据资料整理得出。

（四）企业竞争格局

从企业竞争格局来看，成渝地区双城经济圈新型超导材料行业企业以民营企业为主，在数量上占有绝对优势，而国有企业和合资企业则零星分布在其中，数量较少。具体而言，如图 2 所示，截至 2023 年，成渝地区双城经济圈新型超导材料行业企业中的民营企业数量为 587 家，占 98.99%。国有企业和合资企业仅拥有 2 家和 4 家，占比分别为 33% 和 67%。民营企业数量占多数，与前文通过企业数量和企业类型的分析得出成渝地区双城经济圈新型超导材料行业发展的特点相对应。一方面，由于新型超导材料行业近年来才得到快速发展，且中小微企业占大多数，于是民营企业便成为该行业快速扩张的重要形式；另一方面，虽然民营企业在市场竞争中充满了活力，但在引导性和稳定性层面要远差于国有企业。根据前文对企业类型的分析可知，成渝地区双城经济圈新型超导材料行业的发展缺乏能够起到引领作用的企业，这与该行业中国有企业的式微存在一定程度上的关联。此外，从合资企业数量较少和缺乏外资企业的事

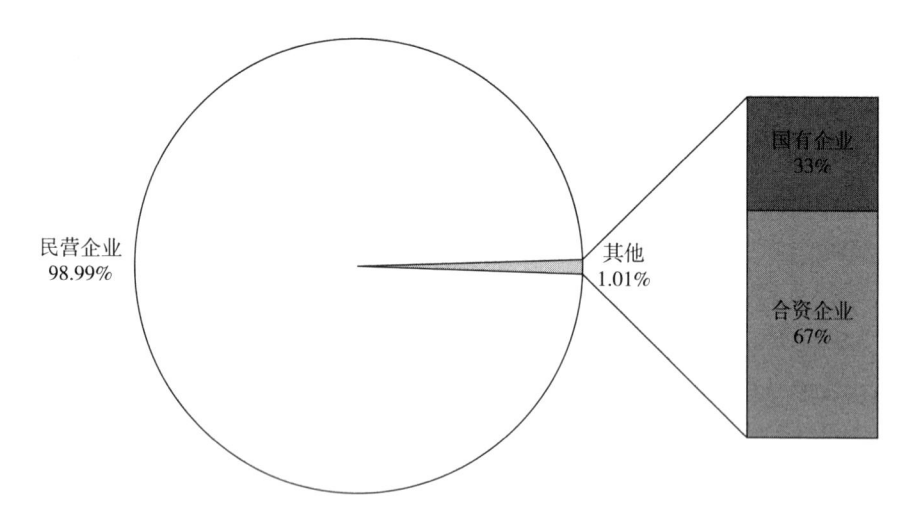

图 2　成渝地区双城经济圈新型超导材料行业企业竞争格局

资料来源：作者根据教育部人文社会科学重点研究基地重庆工商大学成渝地区双城经济圈建设研究院"成渝地区双城经济圈产业云图系统"数据资料整理得出。

实可以看出，该行业在成渝地区双城经济圈内的发展基本掌握在本土企业①的手中，受国外资本影响的风险较小。

二 成渝地区双城经济圈新型超导材料行业企业空间布局

（一）按区域划分企业空间分布

1. 按区域划分企业数量

成渝地区双城经济圈可以大致分为三个区域：重庆都市圈②、成都都市圈③以及成渝地区双城经济圈其他区域④。在成渝地区双城经济圈各区域中，企业数量分布呈现不同的特点。如表3所示，截至2023年，重庆都市圈和成都都市圈新型超导材料行业企业数量共有503家，占比达84.82%，在成渝地区双城经济圈内占有绝对优势和处于核心地位。其中，重庆都市圈企业数量为228家，占38.45%，成都都市圈企业数量为275家，占46.37%，后者略多于前者。而成渝地区双城经济圈其他区域企业数量仅为90家，占15.18%，份额较低。

表3 成渝地区双城经济圈新型超导材料行业按区域划分企业数量及占比

单位：家，%

区域范围	企业数量	占比
重庆都市圈	228	38.45
成都都市圈	275	46.37
成渝地区双城经济圈其他区域	90	15.18

资料来源：作者根据教育部人文社会科学重点研究基地重庆工商大学成渝地区双城经济圈建设研究院"成渝地区双城经济圈产业云图系统"数据资料整理得出。

---

① 本土企业仅包含本土民营企业和国有企业，不包含合资企业和外资企业。
② 本报告中的重庆都市圈包括重庆市全域和四川省广安市行政辖区全域。
③ 成都都市圈由成都市及其周边城市共同组成，包括成都市、眉山市、德阳市、资阳市。
④ 成渝地区双城经济圈其他区域由除了重庆都市圈和成都都市圈以外的8个县、5个区、4个自治县、10个市共同组成。

2. 按区域划分不同规模企业数量

在成渝地区双城经济圈各区域中，不同企业规模的分布在不同区域中呈现不同的特点。具体而言，截至2023年，如表4、图3所示，首先，特大型企业全部集中于重庆都市圈和成都都市圈；其次，大型企业几乎集聚于重庆都市圈和成都都市圈，仅有1家大型企业分布于成渝地区双城经济圈其他区域；其次，重庆都市圈和成渝地区双城经济圈其他区域中型企业数量持平，成都都市圈企业数量较多；再次，成都都市圈在小型企业数量上占据优势，占47.73%，几乎达到了一半，重庆都市圈和成渝地区双城经济圈其他区域数量明显落后；最后，重庆都市圈和成都都市圈的微型企业数量基本持平，成渝地区双城经济圈其他地区在数量上处于劣势，仅占11.97%。

表4 成渝地区双城经济圈各区域新型超导材料行业不同规模企业数量及占比

单位：家，%

区域范围	特大型企业	占比	大型企业	占比	中型企业	占比	小型企业	占比	微型企业	占比	其他企业	占比
重庆都市圈	5	45.45	3	30.00	8	26.67	16	36.36	136	44.01	73	38.62
成都都市圈	6	54.55	6	60.00	14	46.67	21	47.73	136	44.01	103	54.50
成渝地区双城经济圈其他区域	0	0.00	1	10.00	8	26.67	7	15.91	37	11.97	13	6.88

资料来源：作者根据教育部人文社会科学重点研究基地重庆工商大学成渝地区双城经济圈建设研究院"成渝地区双城经济圈产业云图系统"数据资料整理得出。

3. 按区域划分不同类型企业数量

在成渝地区双城经济圈各区域中，不同企业类型的分布在不同区域中呈现不同的特点。如表5、图4所示，截至2023年，高新技术企业、科技型中小企业和专精特新企业主要集中于成都都市圈内，其数量都超过了一半，科技型中小企业和专精特新企业的地区占比更是达到了54.54%和50.00%，这说明成都都市圈企业质量要高于其他两个区域；龙头企业则均匀分布于三

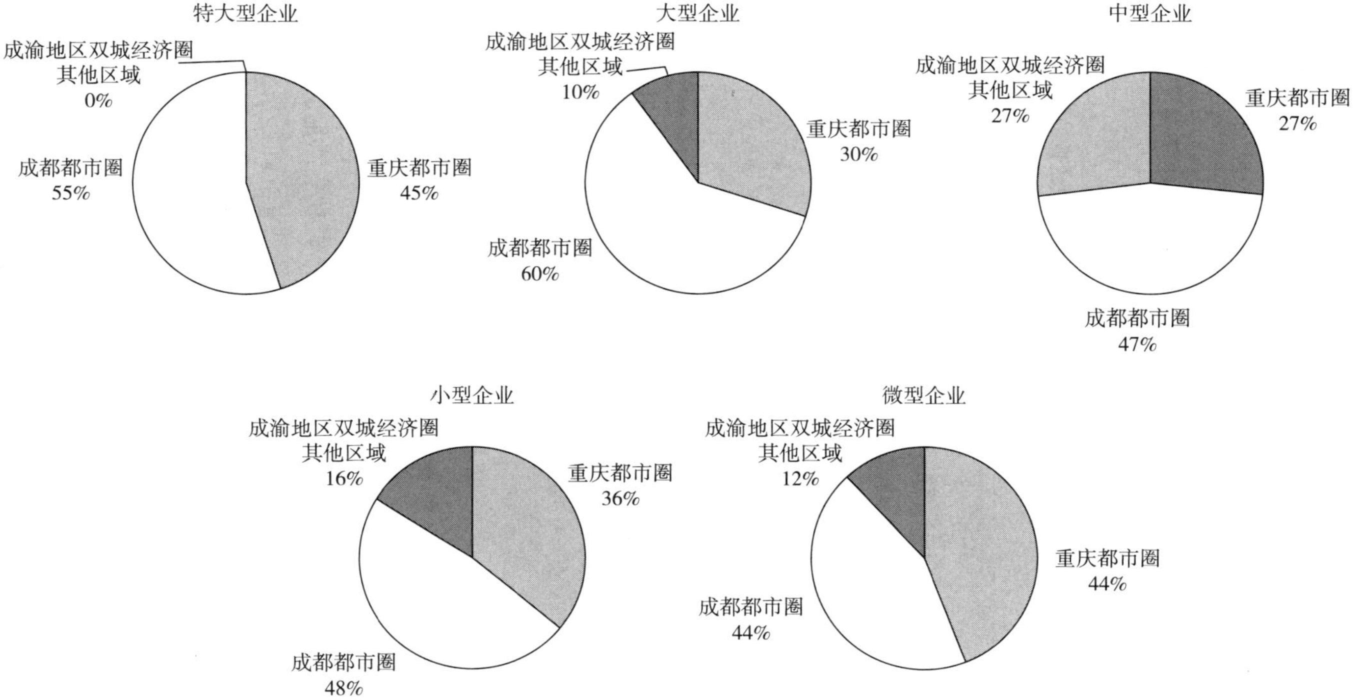

成渝地区双城经济圈新型超导材料行业发展趋势研究

图 3 成渝地区双城经济圈各区域新型超导材料行业不同规模企业（除其他企业）分布情况

资料来源：作者根据教育部人文社会科学重点研究基地重庆工商大学成渝地区双城经济圈建设研究院"成渝地区双城经济圈产业云图系统"数据资料整理得出。

个不同的区域中,这说明每个区域都拥有能够引导该地区新型超导材料行业发展的企业;瞪羚企业则分布于重庆都市圈和成都都市圈,后者数量略微领先;唯一1家上市企业则位于重庆都市圈。就不同企业类型的总数来说,成都都市圈拥有的企业总数超过了重庆都市圈和成渝地区双城经济圈其他区域的总和,占有绝对优势。

表 5 成渝地区双城经济圈各区域新型超导材料行业不同类型企业数量及占比

单位:家,%

企业类型	重庆都市圈	占各区域同类型企业的比重	成都都市圈	占各区域同类型企业的比重	成渝地区双城经济圈其他区域	占各区域同类型企业的比重
高新技术企业	18	32.73	29	52.73	8	14.54
科技型中小企业	10	18.18	30	54.54	15	27.27
龙头企业	1	33.33	1	33.33	1	33.33
专精特新企业	2	20.00	5	50.00	3	30.00
上市企业	1	100.00	0	0.00	0	0.00
瞪羚企业	1	33.33	2	66.67	0	0.00
合计	31	-	61	-	22	-

资料来源:作者根据教育部人文社会科学重点研究基地重庆工商大学成渝地区双城经济圈建设研究院"成渝地区双城经济圈产业云图系统"数据资料整理得出。

(二)按城市划分企业空间分布

1. 按城市划分企业数量

首先,在位于成渝地区双城经济圈内的 16 个城市中,重庆市和成都市新型超导材料行业企业的数量占绝对优势,核心城市[1]与其他城市[2]之间发展差距较大。具体而言,如表 6 所示,截至 2023 年,由重庆市和成都市构成的核心城市共拥有新型超导材料行业企业 483 家,占比高达 81.45%。换言之,核心城市集聚了成渝地区双城经济圈内绝大多数新型超导材料行业

---

[1] 指成都市和重庆市。
[2] 指成渝地区双城经济圈中除成都市和重庆市以外的 14 个城市。

成渝地区双城经济圈新型超导材料行业发展趋势研究

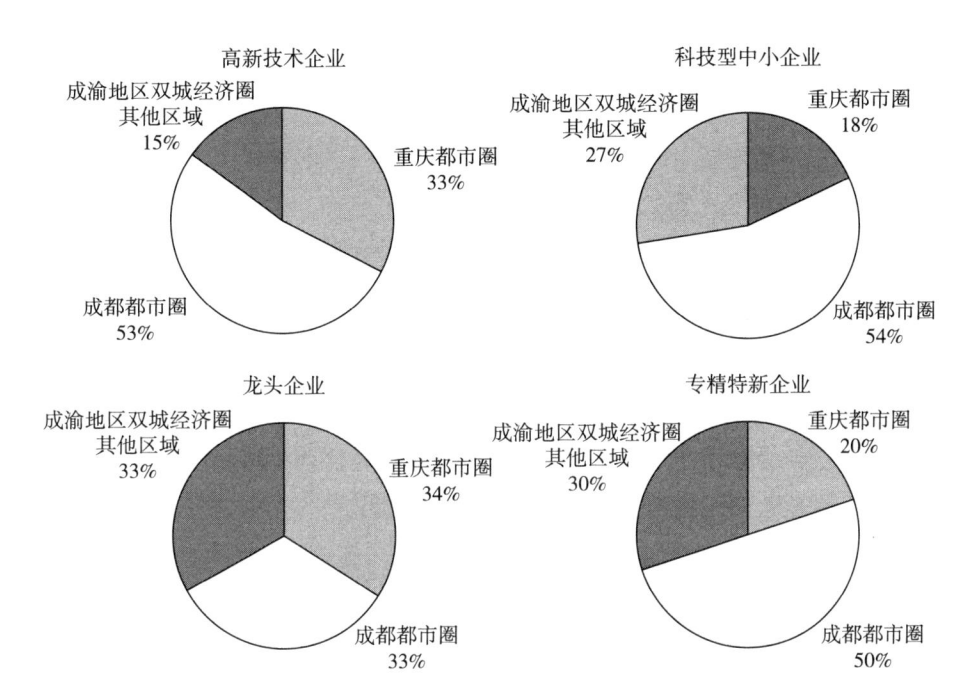

图4 成渝地区双城经济圈各区域新型超导材料行业部分类型企业分布情况

资料来源：作者根据教育部人文社会科学重点研究基地重庆工商大学成渝地区双城经济圈建设研究院"成渝地区双城经济圈产业云图系统"数据资料整理得出。

企业。其中，重庆市拥有新型超导材料行业企业241家，占40.64%；成都市拥有新型超导材料行业企业242家，占40.81%，与重庆市企业数量基本持平并远超四川省内的其他城市。由此可以看出，成渝地区双城经济圈内的新型超导材料行业由两大核心城市主导和引领。

表6 成渝地区双城经济圈16个城市新型超导材料行业按城市划分企业数量及占比

单位：家，%

城市类别	城市名称	企业数量		各城市占总数的比重	各城市类别占总数的比重	各城市在各城市类别中的占比
核心城市	重庆市	241	483	40.64	81.45	49.90
	成都市	242		40.81		50.10

续表

城市类别	城市名称	企业数量	各城市占总数的比重	各城市类别占总数的比重	各城市在各城市类别中的占比
其他城市	绵阳市	31	5.23	18.55	28.18
	德阳市	16	2.70		14.55
	自贡市	3	0.51		2.73
	南充市	8	1.35		7.27
	宜宾市	9	1.52		8.18
	眉山市	13	2.19		11.82
	泸州市	6	1.01		5.45
	乐山市	4	0.67		3.64
	雅安市	1	0.17		0.91
	遂宁市	1	0.17		0.91
	广安市	6	1.01		5.45
	资阳市	4	0.67		3.64
	内江市	5	0.84		4.55
	达州市	3	0.51		2.73

（合计企业数量列：110）

资料来源：作者根据教育部人文社会科学重点研究基地重庆工商大学成渝地区双城经济圈建设研究院"成渝地区双城经济圈产业云图系统"数据资料整理得出。

其次，其他城市共拥有新型超导材料行业企业110家，占18.55%。其中，绵阳市依托独特的高新技术产业优势，企业数量在其他城市中居首位，为31家，在其他城市中占28.18%，并在其中起到重要的引领和示范作用；紧随其后的是德阳市和眉山市，其分别拥有企业16家和13家，在其他城市中分别占14.55%和11.82%，数量居于其他城市的中位；南充市和宜宾市分别拥有企业8家和9家，在其他城市中分别占7.27%和8.18%，数量在其他城市中相对较低；自贡市、泸州市、乐山市、广安市、资阳市、内江市和达州市的企业数量均在5家左右，说明位于这些地级市的新型超导材料行业企业的发展还处于起步阶段；雅安市和遂宁市则都仅拥有1家企业，在成渝地区双城经济圈内所有城市中数量最少，仅占总数的0.17%。

2. 按城市划分不同规模企业数量

成渝地区双城经济圈新型超导材料行业的16个城市中，重庆市和成都市两个核心城市在不同规模的企业数量上都遥遥领先于其他所有14个城市。具体而言，如表7所示，截至2023年，核心城市共有特大型企业9家，占比高达81.82%，几乎聚集了成渝地区双城经济圈内的所有特大型企业；大型企业共有8家，占80%；中型企业共有21家，占70.00%；小型企业共有41家，占83.67%；微型企业共249家，占80.84%。其中，重庆市与成都市在特大型企业和大型企业上的数量基本持平，而重庆市的微型企业数量要略多于成都市。

表7 成渝地区双城经济圈16个城市新型超导材料行业按规模划分企业数量

单位：家

城市名称	特大型企业	大型企业	中型企业	小型企业	微型企业	其他企业
重庆市	5	3	8	16	136	73
成都市	4	5	13	25	113	82
绵阳市	0	0	4	1	13	13
德阳市	1	1	0	0	12	2
自贡市	0	0	0	0	1	2
南充市	0	0	0	1	3	4
宜宾市	0	0	0	1	5	3
眉山市	1	0	1	0	10	1
泸州市	0	0	1	1	4	0
乐山市	0	0	1	1	1	1
雅安市	0	0	0	1	0	0
遂宁市	0	0	1	0	0	0
广安市	0	0	1	1	4	0
资阳市	0	0	0	0	1	3
内江市	0	1	0	1	3	0
达州市	0	0	0	0	2	1

资料来源：作者根据教育部人文社会科学重点研究基地重庆工商大学成渝地区双城经济圈建设研究院"成渝地区双城经济圈产业云图系统"数据资料整理得出。

对于其他城市来说，绵阳市虽然在企业总数上仅次于核心城市，但其企业规模以中小微企业为主，占58.06%，而特大型企业和大型企业的数量为0。仅次于绵阳市的德阳市和眉山市虽在企业数量上落后，但二者都拥有1

家特大型企业,其中德阳市还拥有1家大型企业,说明了两座城市在企业规模上比绵阳市占有一定的优势。南充市和宜宾市仍以小微企业为主,总数为10家。值得注意的是,内江市虽然仅拥有5家新型超导材料行业企业,但其中1家企业的规模为大型企业。除此之外的自贡市、泸州市、乐山市、雅安市、遂宁市、广安市、资阳市和达州市均以中小微企业为主,且数量较少。综上所述,企业规模与企业数量在地区上的集中度有一定程度的相关性,但仍有一些特大型和大型企业零星分布于其他城市中,但总体上来说,成渝地区双城经济圈中的16个城市均以中小微企业为主。

3. 按城市划分不同类型企业数量

成渝地区双城经济圈新型超导材料行业的16个城市中,重庆市和成都市两座核心城市不仅汇集了全部企业类型,而且在所有类型的企业数量上都远超其他城市,而其他14个城市则不规律地分布着不同类型的企业。具体而言,如表8所示,截至2023年,重庆市在高新技术企业、科技型中小企业、专精特新企业和瞪羚企业的数量上均少于成都市,仅在龙头企业数量上与成都市持平。虽然重庆市在企业数量上与成都市上基本持平,但成都市在企业类型的认定上较重庆市更有优势,可以认为成都市的企业在质量上高于重庆市。同时,成渝地区双城经济圈新型超导材料行业企业3家龙头企业中的1家坐落于重庆市,1家坐落于成都市。这也说明了两大核心城市在成渝地区双城经济圈新型超导材料行业发展过程中起到领头作用。

表8 成渝地区双城经济圈16个城市新型超导材料行业按类型划分各城市企业数量

单位:家

城市名称	高新技术企业	科技型中小企业	龙头企业	专精特新企业	上市企业	瞪羚企业
重庆市	18	10	1	2	1	1
成都市	26	26	1	4	0	2
绵阳市	2	5	0	2	0	0
德阳市	2	2	0	0	0	0
自贡市	0	0	0	0	0	0

续表

城市名称	高新技术企业	科技型中小企业	龙头企业	专精特新企业	上市企业	瞪羚企业
南充市	0	1	1	0	0	0
宜宾市	0	2	0	0	0	0
眉山市	1	1	0	1	0	0
泸州市	1	1	0	0	0	0
乐山市	2	0	0	0	0	0
雅安市	0	0	0	0	0	0
遂宁市	1	1	0	1	0	0
广安市	1	1	0	0	0	0
资阳市	0	1	0	0	0	0
内江市	1	3	0	0	0	0
达州市	0	0	0	0	0	0

资料来源：作者根据教育部人文社会科学重点研究基地重庆工商大学成渝地区双城经济圈建设研究院"成渝地区双城经济圈产业云图系统"数据资料整理得出。

对于其他城市来说，数量上仅次于重庆市和成都市的绵阳市拥有2家高新技术企业、5家科技型中小企业和2家专精特新企业，说明虽然绵阳市的企业规模以中小微企业为主，但企业质量在其他城市中名列前茅。另外可以注意到，南充市虽在企业数量和企业规模上都不占优势，但拥有1家龙头企业，说明南充市的新型超导材料行业拥有十分强大的发展前景。眉山市和遂宁市各拥有1家专精特新企业，从前文企业数量和企业规模的分析中可知，眉山市和遂宁市的企业数量较少，且以中小微企业为主，说明了两地企业具有小而精的特点，拥有强劲的发展动力。其余城市由于企业类型分布不均且无明显特点，故不加以赘述。

4. 核心城市企业分布情况

重庆市和成都市作为成渝地区双城经济圈的核心城市，是引导和拉动成渝地区双城经济圈发展的核心动力。重庆市和成都市新型超导材料行业发展的趋势对成渝地区双城经济圈内的其余14个城市都产生重大影响，是考察成渝地区双城经济圈新型超导材料行业发展趋势和发展状况的风向标。

如表9所示，截至2023年，重庆市新型超导材料行业企业已经由2019年的81家迅速增加为2023年的242家，增长率达到了198.77%；成都市新型超导材料行业企业数量由2019年的103家增加到2023年的243家，增长率为135.92%。其中，重庆市2019~2020年新型超导材料行业企业数量增加了51家，同比增长高达62.96%，展现了超强的发展动力。如图5所示，2019年重庆市新型超导材料行业企业数量明显少于成都市，但凭借着2020年企业数量的强劲增长，顺势超越了成都市。直至2022年重庆市增速逐渐放缓后，成都市企业数量才逐渐与重庆市持平，最终在2023年反超成都市。

表9 2019~2023年成渝地区双城经济圈核心城市新型超导材料行业企业数量

单位：家

城市名称	2019年	2020年	2021年	2022年	2023年
重庆市	81	132	175	222	242
成都市	103	118	159	212	243

资料来源：作者根据教育部人文社会科学重点研究基地重庆工商大学成渝地区双城经济圈建设研究院"成渝地区双城经济圈产业云图系统"数据资料整理得出。

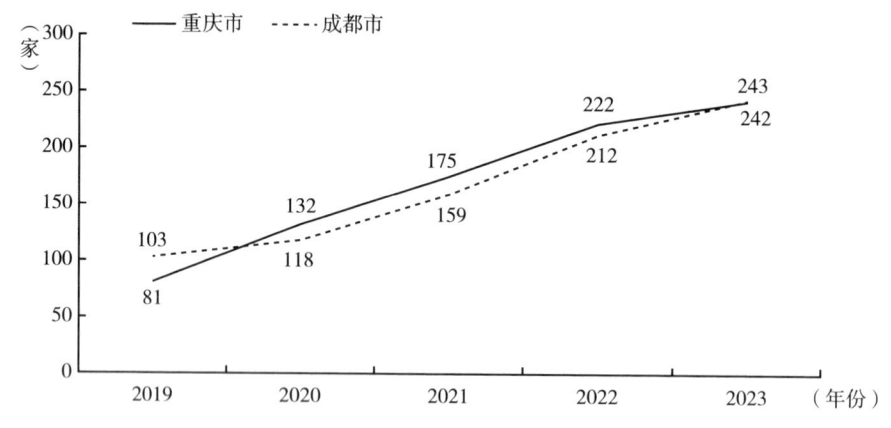

图5 2019~2023年成渝地区双城经济圈核心城市新型超导材料行业企业数量变化情况

资料来源：作者根据教育部人文社会科学重点研究基地重庆工商大学成渝地区双城经济圈建设研究院"成渝地区双城经济圈产业云图系统"数据资料整理得出。

总体而言，两大核心城市的新型超导材料行业企业数量呈持续上升之势，并在2020~2022年增长较为迅速。虽然在2022~2023年增长速度有所放缓，重庆市企业数量增长率仅9.01%，成都市则为14.62%，但数量不断增长的势头仍在继续。从2019~2023年的综合增长情况来看，重庆市新型超导材料行业发展状况要好于成都市，发展动力更为强劲。

三 成渝地区双城经济圈新型超导材料行业发展趋势研判及对策建议

（一）行业发展趋势研判

1. 发展动能强劲

近年来，新型超导材料行业企业数量快速增长，发展动能强劲。成渝地区双城经济圈新型超导材料行业企业总数在2019~2023年实现了高达162%的增长率。虽然企业的绝对数量与其他新材料中游行业存在一定的差距，但这足以说明新型超导材料行业在成渝地区双城经济圈内已经从起步阶段向着快速发展阶段前进。一方面，快速发展中的行业更容易得到政府的支持和服务，如税收优惠、基础设施建设等，有利于行业的稳定发展；另一方面，新产业的出现会带动更多上下游产业的发展，从而间接地促进成渝地区双城经济圈新材料行业的整体发展。

2. 核心城市集聚效益明显

重庆市中心城区与成都市的企业聚集效应明显，引领区域发展。重庆市和成都市作为成渝地区双城经济圈中最具有生命力和动力的核心区域，集聚了81.45%的新型超导材料行业企业。这不仅说明了重庆市和成都市作为国家中心城市和超大城市在西部地区的战略核心作用，还明确了其在成渝地区双城经济圈新型超导材料行业发展中的带头和引导作用。一方面，产业的集聚使得资源利用更加高效，为原材料供应、人才储备提供了便利，并且企业在集聚区域内更容易进行技术创新和知识共享，这有利于相互学习、合作和交流，推动整体技术水平的提升；另一方面，产业聚集区域通常会形成一个较大的市场规模，吸引更多的消费者和投资者，有利于企业和行业扩大销售规模和提高市场份额。

3.市场活力旺盛

中小微企业数量增长势头旺盛，市场充满活力。中小微企业数量在成渝地区双城经济圈新型超导材料行业中占所有企业数量的64.59%，超过了一半。一方面，中小微企业数量的快速增长使得新型超导材料行业的市场更加活跃，为企业不断创新、提升产品质量注入了活力，并以此来推动整个行业的快速发展；另一方面，中小微企业的发展为新型超导材料行业提供了更多高新技术人才的就业机会，为新型超导材料行业的人才储备提供了重要保障。

（二）行业发展对策建议

1.处理好有效市场与有为政府之间的关系

要处理好有效市场与有为政府之间的关系，在维护市场有序竞争的同时，加强政府在新型超导材料行业中的引导和规范作用。首先，政府要建立良好的沟通渠道。具体而言，要建立企业与政府部门的定期沟通机制，包括会议、研讨会、政策咨询等，确保企业能够及时了解政府政策和市场动态。其次，政府要协调利益关系和资源分配。具体而言，在市场竞争中，政府要注意与其他企业、行业组织以及政府的利益协调，避免恶性竞争和资源浪费。与此同时，在政府资源分配问题和政策支持问题上，要通过合理的申请和协商，确保企业获得公平的市场竞争环境和资源优惠。最后，企业要积极参与政策制定和落实。具体而言，企业主要负责人要积极参与行业协会或商会，通过集体声音向政府反映行业问题和需求，促进有利于行业和市场发展的政策出台。相关领域技术专家要提供专业建议和意见，为政府决策提供可行性建议和实施方案。

2.更好地发挥核心城市辐射效应

要更好地发挥重庆市和成都市的辐射效应，带动周边城市协同发展。首先，要加强成渝地区双城经济圈基础设施的建设和优化。具体而言，要提升核心城市的基础设施建设水平，包括交通网络、通信设施、能源供应等，以支持更高效的物流和信息流动。与此同时，要优化城市规划，提高城市功能区的合理性和互联互通性，加强核心城市与周边城市之间的互联互通，从而吸引更多的人才和企业入驻。其次，核心城市要加强新型超导材料行业人才的引进和培养。具体而言，要加大对人才的吸引力度，通过提供良好的工作机会、生活环境和职业发展空间来留住人才，为行业的后续发展积蓄人才力量。与此同时，要加强高等教育和科研机构的建设，培养和引进高层次人才，促进技术创新和产业升级，以此来为周边城市的新型超导材料行业输送源源不断的发展动力。最后，周边城市政府要积极出台相关产业政策。具体而言，要支持和培育本地企业，促进产业链的形成和延伸，提升城市在成渝地区双城经济圈内的竞争力。与此同时，要制定和实施有利于产业发展的政策和措施，如税收优惠、土地政策、创新支持等，这有利于为周边城市吸引和留住高科技企业与创新型产业。

3. 提高中小微企业经营能力

要提高中小微企业的自主营业能力。首先，中小微企业要积极获得政策支持和政策利好。具体而言，要积极利用政府的扶持政策、补贴和贷款等金融支持，同时关注政策法规的变化，及时调整企业战略。其次，中小微企业要积极促进企业间的相互合作。具体而言，中小微企业可以通过与大型企业、研究机构或其他中小微企业建立合作关系，共享资源、技术和市场渠道，提升竞争力和影响力；再次，中小微企业要积极推动自身数字化转型。具体而言，要利用信息技术和数字化工具提高生产效率、市场营销效果和运营管理效率，降低企业成本，增强竞争力；最后，中小微企业要建立完善的风险管理机制。具体而言，要建立健全的风险管理体系，包括市场风险、技术风险和财务风险等，以应对不确定性和挑战。

参考文献

张平祥等：《强电用超导材料的发展现状与展望》，《中国工程科学》2023年第

1期。

《中华人民共和国国民经济和社会发展第十三个五年规划纲要》,中国政府网,2016年3月17日,https://www.gov.cn/xinwen/2016-03/17/content_5054992.htm。

《中华人民共和国国民经济和社会发展第十四个五年规划和2035年远景目标纲要》,中国政府网,2021年3月13日,https://www.gov.cn/xinwen/2021-03/13/content_5592681.htm。

《成渝地区双城经济圈建设规划纲要》,中国政府网,2021年10月21日,https://www.gov.cn/zhengce/2021-10/21/content_5643875.htm。

《中共中央关于进一步全面深化改革 推进中国式现代化的决定》,中国政府网,2024年7月21日,https://www.gov.cn/zhengce/202407/content_6963770.htm。

案 例 篇

B.8
成渝地区双城经济圈先进材料上游产业发展典型案例

刘晗 高仪*

摘　要： 本报告选取西南铝业、百图高新、瀚江新材、华峰重庆在成渝地区双城经济圈发展的实际案例，运用案例分析方法，对先进材料上游产业企业典型发展案例进行解析。分析结果显示，成渝地区双城经济圈先进材料上游产业通过瞄准产业链下游产品的发展需求，有针对性地推动产品研发与创新，构建全产业链闭环，强化资源高效利用与市场竞争力，深化区域协同，协力加快产业升级步伐与创新生态构建，践行绿色环保理念，共绘产业可持续发展蓝图，有效支撑先进材料产业整体发展。未来，成渝地区双城经济圈先进材料上游产业应该加大先进材料原材料的研发投入，持续提高自主创新能力；构建产业生态协同网络，推动产业转型升级与提

---

* 刘晗，博士、博士后，重庆工商大学成渝地区双城经济圈建设研究院专职研究员，副教授，主要研究方向为产业结构与区域经济发展；高仪，重庆工商大学硕士研究生，主要研究方向为西方经济学。

质增效；构建区域协同创新体系，深化城市及企业间合作网络；推广环保生产技术，强化循环经济体系建设。

关键词： 先进材料上游产业　产业生态协同　区域协同创新　循环经济体系　成渝地区双城经济圈

一　西南铝业：创新研发支撑金属材料产业发展

（一）案例背景

西南铝业（集团）有限责任公司（以下简称"西南铝业"）成立于1982年2月2日，是中国铝业集团有限公司旗下的核心子公司之一，总部位于中国重庆市九龙坡区。西南铝业专注于铝及铝合金材料的研发、定制化生产和市场供应，产品线广泛覆盖多个高端与日常应用领域，包括但不限于航空航天领域的关键部件制造、交通运输行业的轻量化解决方案、建筑装饰材料的创新应用、电子信息产业的精密元件构造，以及包装印刷行业的环保与高效包装解决方案。西南铝业凭借强大的技术能力和创新能力，在国内外市场上享有很高的声誉。

在成渝地区双城经济圈的发展浪潮中，西南铝业以行业影响力与技术创新力，发挥了关键支撑作用。公司积极参与区域内的基础设施建设和产业布局，助力川渝地区铝产业的高质量发展。西南铝业已建立完整的铝产业链，从上游的电解铝生产到中端的铝型材供应，再到下游的铝基零部件精深加工，以及末端的回收再生应用，形成了闭环式生产链。西南铝业的全产业链布局不仅提升了公司的综合竞争力，也为川渝地区铝产业的高质量发展提供了有力支持。由"成渝地区双城经济圈产业云图系统"可知，西南铝业的扩张能力指数为50.89，这一数值通过人员扩张、融资情况、历史投资以及行业发展态势中的行业企业数量、行业融资情况、行业专利情况等数据计算得出。具体来看，西南铝业在人员扩张和融资方面表现突出，历史投资也较为稳定，行业企业数量和融资情况的积极变化进一步增强了其扩张能力。西南铝业在技术创新方面投入巨资，引进先进设备和技术，提高了产品的竞争能力，特别是在航空航天领域，西南铝业是中国首家获得国产大飞机铝材料合格供应商资质的企业。西南铝业成功为 C919 大型飞机提供高性能铝合金材料，为中国航空工业的发展做出了重要贡献。另外，公司在成渝地区双城经济圈的技术能力指数为 67.0，拥有 1931 项专利，其中发明占比为 65.56%，另有 66 项作品。这些数据充分体现了公司在技术研发和创新方面的强大实力。

（二）加大创新研发投入力度，供应高质量金属原材料

2020 年，九龙坡区提出了以西彭铝产业园区为载体，建设轻量化材料研发应用示范基地的战略目标。西南铝业作为这一战略的核心企业，在高端新材料的研发方面取得了显著成就。首先，西南铝业在高端铝材的研发方面投入了大量资源，致力于开发出高性能、轻量化的铝合金材料。公司通过引进国际先进的生产设备和技术，提升了铝材的强度、耐腐蚀性和加工性能。西南铝业所研发的高端铝材广泛应用于航空航天、汽车制造和建筑装饰等领域，为中游的先进材料制造提供了高质量的原材料。其次，在西彭铝产业园区的建设中，除了高端铝材外，西南铝业还聚焦钛、镁、锰等合金新材料的研发和应用。钛合金以较高的强度和较强的耐腐蚀性，被广泛应用于航空航天和生物医药领域；镁合金因极轻的重量和良好的加工性能，成为汽车工业和电子产品的理想材料；锰合金则因优良的物理和化学特性，在多种工业应用中展现出巨大的潜力。同时，西南铝业积极响应九龙坡区的战略部署，在西彭铝产业园区内建立了轻量化材料研发应用示范基地。通过引进先进的研发设备和组建高水平的研发团队，公司在轻量化材料的研发和应用方面不断取得突破。该示范基地不仅为企业自身的发展提供了技术支持，也为整个成渝地区双城经济圈的高端制造业提供了重要的原材料保障。为了进一步推动高端材料的研发和应用，九龙坡区与北航投资有限公司签订了战略合作协

议，双方将在打造航空航天产业园、招商引资和创业投资基金等方面开展深度合作。这一合作将进一步推动西南铝业在高端材料领域的技术发展和市场竞争力。

（三）推动绿色转型发展，研发可再生原材料

在成渝地区双城经济圈蓬勃发展的浪潮中，西南铝业以高效的资源利用和环保措施，成为推动区域高质量发展的关键力量。作为先进材料上游产业的重要组成部分，西南铝业通过改进铝灰、烟尘及废气处理技术，以及建立健全再生铝循环利用体系，显著提升了生产效率和产品质量，从而为中游制造企业提供了高品质的原材料保障。

首先，为了处理熔炼过程中产生的铝灰、烟尘及废气，西南铝业在其熔铸厂大塘铝灰处理间引进了先进的铝灰处理设备及除尘配套设施。这一举措不仅实现了热铝灰中金属资源的高效回收，还能通过脉冲式布袋除尘器有效控制粉尘污染，改善生产环境，保障职工健康，为中游先进材料制造商输送了清洁、高品质的原材料，助力其绿色生产链的构建。其次，为进一步促进资源循环利用，提升再生铝的利用率，西南铝业建立了完善的再生铝循环利用体系架构，成立了专项工作小组，确保再生铝循环利用工作的规范化和标准化。公司携手生产与技术部门，共同发起了跨越多个厂家、涵盖多种合金类型的再生铝多渠道实验，为中游先进材料制造行业提供了可靠且环保的再生铝原材料，有力地推动了产业链的绿色发展。最后，2022年，西南铝业在绿色转型之路上取得了显著成效：废铝资源回收利用率较上年同期显著提升了5.1个百分点，这一举措直接为企业节省了高达320万元的原材料采购与运输开支。更为显著的是，公司在生产过程中实现了天然气用量的大幅削减，共计节省了133万立方米，相当于减少了1613吨标准煤的消耗，有效促进了能源利用效率的提升。此外，西南铝业还成功减少了2683吨的二氧化碳排放，为环境保护贡献了一份力量。同时，通过优化生产流程，公司的金属损耗大幅下降，节约金额达到280万元，展现了其在绿色生产、成本控制与资源节约方面的能力。这一系列亮眼的数据，不仅彰显了西南铝业在经

济效益上的卓越表现，还深刻体现了其作为成渝地区双城经济圈企业典范，在社会责任与可持续发展方面的坚定承诺。西南铝业以实际行动诠释了"绿色引领、创新驱动"的发展理念，不仅为中游先进材料制造行业提供了强有力的绿色原材料支撑，还为整个成渝地区双城经济圈乃至全国的绿色转型与高质量发展树立了典范。

（四）优化金属原材料产品，锻造绿色高端铝材

近年来，作为成渝地区双城经济圈区域内铝加工行业的领航者，西南铝业不仅巩固了在上游铝材料供应链中的核心地位，还通过一系列战略布局与技术革新，为成渝地区双城经济圈的高质量发展注入了强劲动力。

2024年4月10日，随着西南铝业高性能宽幅合金板带生产线项目专家论证会在重庆圆满召开，西南铝业再次向业界展示了其致力于高端制造的决心。该项目不仅是中铝集团高端产能倍增计划的关键一环，还是西南铝业迈向高质量发展新阶段的里程碑。西南铝业党委书记、董事长黎勇在会上明确指出，面对行业变革的浪潮，西南铝业将坚定不移地推进技术创新与产业升级，以高性能宽幅合金板带生产线项目为契机，进一步巩固和扩大在高端铝加工领域的领先地位。西南铝业的此番举措，不仅是对自身实力的自信展现，还是对产业链上下游协同发展的深刻洞察。公司不仅聚焦于现有产品的优化升级，还前瞻性地投身于先进材料产品的自主研发中，力求在金属原材料领域实现质的飞跃。通过不断的技术突破与材料创新，西南铝业成功研发出了一系列具有高强度、轻量化及卓越抗腐蚀性能的高性能铝合金材料。公司坚持与产业链上下游企业携手共进，助力整个行业的可持续发展，并始终秉持开放合作的态度，与国内外多家知名企业达成了紧密的共赢合作，共同探索金属原材料产业的未来发展方向。

西南铝业将不断深化技术创新与产业升级，致力于成为全球领先的高端铝加工企业。同时，公司将积极融入成渝地区双城经济圈的发展大局，为成渝地区双城经济圈经济发展贡献自己的力量。

二 百图高新：筑牢新能源汽车产业的上游之基

（一）案例背景

雅安百图高新材料股份有限公司（以下简称"百图高新"）成立于2007年，致力于功能性粉体材料的研发、生产、销售和技术服务，总部位于四川省雅安市，管理中心位于成都，研发与销售中心位于上海。百图高新作为上游材料供应商，通过自主研发和技术创新，不断提升产品的性能和品质，形成了系列齐全、质量稳定的产品组合。公司主要产品包括球形氧化铝、类球形氧化铝、氮化铝原粉、球形氮化铝、氮化硼等导热粉体材料，以及镍包石墨、银包镍等电磁屏蔽粉体材料。同时，这些产品被广泛应用于电子、通信、新能源汽车等领域，并远销美国、欧洲等多个国家和地区。

在成渝地区双城经济圈建设的大背景下，百图高新积极参与区域协同发展，通过先进材料的研发与应用推动区域经济的高质量发展。由"成渝地区双城经济圈产业云图系统"可知，公司扩张能力指数为47.56，企业技术能力指数为50.0。从扩张能力指数和企业技术能力指数来看，百图高新拥有显著的竞争优势，表明公司具备较强的市场扩展和业务拓展能力以及技术研发和创新方面的实力。此外，公司拥有101项专利，专利覆盖率达到58.42%，发明权占比为25.74%。这些数据充分展示了百图高新在技术创新和市场拓展方面的突出表现。不仅如此，公司还在多个领域如成渝地区双城经济圈的区域协同发展中贡献了自己的力量。根据雅安市发展和改革委员会的报告，雅安市正深化成渝合作，推动大数据产业和先进制造业的协作，发挥成渝在资金、技术、人才等方面的优势，吸引成渝参与川藏经济协作试验区建设。这为百图高新提供了良好的发展机遇，使其能够更好地利用川渝地区的资源和市场，进一步提升其在功能性导热粉体材料领域的竞争力和影响力。

（二）汇聚科技资源攻关研发，助力高性能导热材料生产

百图高新在高性能导热原材料领域取得了显著成就。公司通过不懈的自

主研发和技术创新，成功推出了多种导热粉体材料，这些原材料成为中游先进材料制造不可或缺的核心组件。同时，这些材料以优良的散热性能与高度可靠性在电子、通信和电力设备中起到关键作用。例如，百图高新的球形氧化铝产品作为上游原材料，具有规则的形貌、更高的堆积密度和优异的导热性，广泛应用于环氧树脂、塑料、陶瓷和硅脂等多种先进导热材料的配方中，满足了中高端导热领域的需求，打破了日本企业在球形氧化铝市场的长期垄断，成为全球市场份额排名第二的领导者。针对中游先进材料制造业的快速发展需求，百图高新持续加大科研创新资源投入，专注于提供更优质性能、更具竞争力的金属原材料。在电子领域，随着智能设备的普及和功能的不断增强，对导热材料的需求日益增长。百图高新的导热材料原材料成为提升智能设备散热效率、保障设备稳定运行的关键支撑。在通信领域，百图高新的导热材料被用于基站、服务器和数据中心等关键设备中。这些设备在长时间高负荷运行时，会产生大量热量，导热材料的应用可以有效降低设备温度，防止过热对设备造成损坏，提高与延长通信设备的可靠性和耐用年限。在电力设备领域，在变压器、逆变器及电动汽车电池管理系统中，百图高新的导热材料原材料更是成为保障电力传输与储存安全高效的关键一环。这一系列成就不仅彰显了百图高新在原材料研发领域的深厚实力，还为成渝地区双城经济圈的经济与产业发展注入了强劲动力。

（三）创新研发高品质原材料，为新能源汽车提供核心组件

随着新能源汽车产业的快速发展、对高性能材料的需求不断增加，氮化硼和氮化铝材料因优异的性能成为制造高性能电池和电机的理想选择。百图高新作为上游材料供应商，通过提供高品质的氮化硼和氮化铝材料，助力新能源汽车的制造和性能提升。这些材料在电动汽车电池和电机中具有优异的导热和绝缘性能，有效提升了新能源汽车的安全性，更推动了其整体性能的提高。新能源汽车的快速发展，对材料性能提出了更高的要求，因此，百图高新致力于高品质原材料的创新研发，以为新能源汽车提供核心组件。

作为上游材料供应商，百图高新积极响应市场需求，通过自主研发和技

术创新，不断提升产品的性能和品质。公司生产的氮化硼和氮化铝材料，具有优异的导热性和绝缘性，是制造高性能电池和电机的理想选择。在供应链管理方面，百图高新建立了完善的原材料供应体系和质量控制体系，确保产品的高品质和稳定性。公司还借助工艺改良与生产效率的提升，不断降低成本，为客户提供更具竞争力的产品和服务。这些措施不仅提升了公司的市场竞争力，也为新能源汽车产业的发展提供了有力支持。

通过在先进材料领域的不断创新和市场拓展，百图高新为新能源汽车产业的发展注入了新的活力。公司通过提供高品质的导热和绝缘材料，助力新能源汽车的制造和性能提升，推动了产业的技术进步和市场发展。同时，百图高新坚持创新驱动，提升产品质量，满足市场需求，不仅能推动新能源汽车产业的可持续发展，也为实现绿色交通和低碳未来贡献自己的力量。

（四）融入地区制造产业体系，广泛开展研发创新合作

百图高新作为成渝地区双城经济圈制造产业体系中的重要一员，深知区域协同创新与产业升级的紧迫性，致力于通过为中游先进材料制造提供高质量原材料，推动整个产业链的协同发展。

依据《成渝地区双城经济圈建设规划纲要》，公司充分认识到，区域协同创新体系的建设与科技创新中心的打造，离不开对关键原材料的持续投入与创新。因此，百图高新依托其在功能性粉体材料领域的深厚积累，不仅专注于技术研发和产品创新，还将目光投向了更广阔的市场需求与产业合作。公司积极参与成渝地区双城经济圈高端制造、电子信息、新能源汽车及生物医药等领域的原材料供应，为这些行业提供了稳定可靠、性能优越的功能性粉体材料，有效推动了科技成果的产业化进程。在研发创新合作方面，百图高新采取了开放包容的态度，积极拓宽合作边界，广泛探索与区域内外的企业、科研单位及高等教育机构的合作契机。通过设立联合研发中心、参与共同研究项目，以及促进技术成果的开放共享等途径，加强交流与合作，共同推动技术创新与发展。公司不仅提升了自身的技术创新能力，也为区域内其

他企业提供了技术支持与解决方案。这种合作模式不仅增强了企业的核心竞争力,也促进了整个产业链的协同创新与发展。此外,百图高新积极响应政府倡议,深化与政府部门的交流协作,参与制定行业标准和政策规划。公司通过提供行业数据与市场反馈,为政府决策提供有力支持,同时借助政府平台扩大自身影响力与提高市场份额。

百图高新在融入成渝地区双城经济圈制造产业体系的过程中,通过广泛开展研发创新合作,不仅为中游先进材料制造提供了高质量原材料支持,也为整个区域的科技创新与产业升级贡献了重要力量。

三 瀚江新材:上游材料研发助力绿色转型发展

(一)案例背景

成都瀚江新材科技股份有限公司(以下简称"瀚江新材")于1995年9月创立于成都市青白江区,现已发展成为高性能保温材料领域的领军企业。公司核心业务涵盖离心玻璃棉、优质岩棉及先进橡塑保温材料的研发与生产,年产能已突破10万吨大关。瀚江新材的版图不断拓展,旗下拥有广东清远瀚江玻璃棉科技有限公司与安徽吉曜玻璃微纤有限公司两大实力子公司,构建起辐射全国的销售网络,并成功将产品远销至美国、哈萨克斯坦、东南亚等国际市场,彰显了强大的品牌影响力和市场竞争力。

公司在成渝地区双城经济圈的建设中,积极推动技术创新和产业升级,提升竞争力,并在绿色发展和生态保护方面做出了贡献。根据《成渝地区双城经济圈建设规划纲要》,区域的发展将以重庆和成都为核心,通过加强顶层设计和统筹协调,促进产业、人口及各类生产要素的合理流动和高效集聚,推动形成优势互补、高质量发展的区域经济布局。在这一背景下,瀚江新材作为成都市重点新材料企业,积极参与区域建设,发挥示范作用,尤其是在先进材料的研发和应用方面。由"成渝地区双城经济圈产业云图系统"

可知，公司在扩展和增长方面具有较大潜力，扩张能力指数为45.92。在技术研发和创新方面，技术能力指数为41.0，反映了公司在先进材料领域的研发实力。总的来说，瀚江新材通过不断提升技术能力和拓展市场，致力于先进材料的研发和绿色发展，为区域经济的高质量发展做出贡献。

（二）聚力研发高性能保温材料，支撑绿色建筑材料发展

瀚江新材作为高性能保温材料领域的佼佼者，正以卓越的研发实力和产品创新，为中游先进材料制造行业注入强大动力，并影响着绿色建筑材料的发展。公司深知，随着成渝地区双城经济圈建设的推进，绿色建筑成为重点发展方向，而高性能保温材料不仅是绿色建筑不可或缺的组成部分，还是推动中游制造业转型升级的重要力量。因此，瀚江新材致力于玻璃棉及其制品的深入研发，这些产品以出色的防火、隔热、保温和吸声性能，成为众多先进材料制造商的首选原材料。

瀚江新材的高性能保温材料，不仅在技术性能上达到了行业领先水平，还在环保、节能方面展现出显著优势。在建筑节能领域，瀚江新材的高性能保温材料在成渝地区双城经济圈的应用展示了显著的优势。例如，公司生产的玻璃棉基础新材料及其应用新材料，不仅具备良好的保温性能，还符合超低能耗建筑的标准。具体来说，瀚江新材的玻璃棉产品在建筑围护结构中的应用不仅可以有效降低建筑物的能耗，提高能源利用效率，还可以减少温室气体排放，促进可持续发展。这种高性能保温材料不仅适用于传统的外墙保温系统，还可以通过优化材料选择和排列方式，最大限度地减少墙体的热桥效应，进一步提升建筑的舒适度和耐久性，特别是在成渝地区双城经济圈，由于其独特的地理和气候条件，建筑节能的需求更为迫切。

总的来说，瀚江新材通过不断的技术创新和高性能保温材料的研发，为中游先进材料制造行业提供了更加丰富、多样的原材料选择。这些原材料不仅能够满足传统建筑保温系统的需求，还能够适应新型绿色建筑技术的要求，推动中游制造业向更加环保、高效、可持续的方向发展。

（三）提升玻璃棉原材料产品科技水平，保障交通运输核心部件生产

玻璃棉是一种集热稳定性、阻燃性、疏水性与耐腐蚀性于一体的优质保温材料，在现代交通体系中的应用价值不可小觑。在成渝地区双城经济圈建设这一国家重大发展战略的蓝图下，瀚江新材正以玻璃棉原材料产品，为交通运输领域的核心部件制造注入强大的科技动力。

瀚江新材的玻璃棉原材料，是中游先进材料制造的关键输入，不仅满足了汽车、火车及飞机等交通工具对高效隔热与降噪的严苛需求，还通过提升能耗效率和减少噪声污染，推动了交通工具的绿色化进程。在轨道交通领域，这些高性能玻璃棉原材料被广泛应用于应急疏散平台、隔音屏障及高铁列车关键结构件的制造中。同时，在冷链运输系统中，其良好的保温隔热性能确保货物在运输中保持最佳温度，为食品保鲜提供了可靠保障。瀚江新材的玻璃棉原材料以其环保特性和节能优势，不仅响应了《成渝地区双城经济圈建设规划纲要》中关于推动绿色低碳转型、促进可持续发展以及强化科技创新与产业升级深度融合的号召，还成为推动成渝地区双城经济圈交通运输基础设施建设绿色转型的重要力量，特别是在新能源与轨道交通等前沿领域，通过对这些材料的广泛应用，有助于推动该地区交通系统的绿色化、高效化进程。同时，这符合国家对先进制造业和先进材料产业发展的战略需求，有助于成渝地区双城经济圈在全球先进材料产业集群中占据重要地位。

综上，瀚江新材通过不断提升玻璃棉原材料的科技含量与品质，不仅稳固了自身在先进材料供应链中的核心地位，还为成渝地区双城经济圈乃至全国的交通运输行业提供了强有力的材料支撑。

（四）聚焦高性能光伏材料研发，筑基中游产业绿色升级之路

瀚江新材作为玻璃棉基础新材料与应用新材料领域的领航者，正致力于高性能光伏材料的研发，旨在为光伏等中游先进材料制造业铺设坚实的基石。在成渝地区双城经济圈绿色发展战略的背景下，瀚江新材凭借在新材料

技术领域的深厚积累，积极助力区域绿色转型与生态环境质量的提升。

在成渝地区双城经济圈探索绿色转型发展路径中，瀚江新材研发的薄膜太阳能电池，凭借在外立面等独特应用场景中的卓越表现，为光伏产业注入了新的活力。同时，高分子材料如EVA和POE胶膜等关键组分的创新应用，不仅优化了光伏组件的性能，还为整个产业链的绿色转型铺设了坚实的材料基础。此外，成渝地区双城经济圈正加速推进实现碳达峰和碳中和，以实现绿色低碳发展。瀚江新材的新材料技术在这一过程中发挥了重要作用。例如，碳化硅作为功率器件的重要原材料，在光伏、智能电网等领域有广泛的应用前景。另外，新型塑料如聚酰胺（PA）材料也在新能源领域得到应用，进一步推动了光伏产业的高质量发展。瀚江新材将继续聚焦高性能光伏材料的研发与创新，积极探索钙钛矿材料、有机聚合物光伏材料以及硅基薄膜太阳能电池等先进材料，为成渝双城经济圈的绿色发展提供更加多元化的新材料支持。这些先进材料的应用，不仅有效提升光伏产业的效率与成本竞争力，还将引领成渝地区双城经济圈内的绿色产业链迈上更为深远、持久的可持续发展之路。

总之，瀚江新材凭借在新材料领域的创新和技术优势，并不断研发先进的光伏材料，为中游先进材料制造业提供高质量原材料支持，以及为成渝地区双城经济圈的绿色发展提供有力支持。

四 华峰重庆：以先进材料的生产助力上游原材料供应的绿色创新

（一）案例背景

华峰重庆是华峰集团旗下的公司，2013年8月15日成立以来，专注于氨纶产业的深度耕耘，集生产加工、技术研发、市场推广及国际贸易于一体，展现出强大的综合竞争力。在成渝地区双城经济圈这一国家西部大开发战略的舞台上，华峰重庆扮演着举足轻重的角色，致力于推动区域经济一体化与协同发展。公司秉持创新驱动发展战略，不断优化生产体系，从先进设备引进、工艺流程革新到能源利用效率的全面提升，每一步都凝聚着对技术进步的追求。这些努力不仅显著增强了生产效能、有效压缩了成本开支，还促使产品结构的持续优化，进一步巩固并扩大了市场份额。值得一提的是，华峰重庆在产能扩充方面同样不遗余力，近期成功竣工的 300kt/a 差别化氨纶扩建项目，标志着公司在高品质、高性能氨纶领域迈出了坚实步伐，新建的高标准生产车间专注于满足市场对差异化、高端化氨纶产品的迫切需求。华峰重庆还展示了强劲的扩展能力和技术发展潜力。由"成渝地区双城经济圈产业云图系统"可知，公司的扩张能力指数为 43.43，2022~2024 年，招聘职位数逐年增加，尤其是在 2024 年初招聘职位数大幅上升，显示出公司正在快速扩展。技术能力指数为 44.5，公司拥有 50 项发明专利，专利授权率为 52%，发明达到 76.0%。这些专利为公司的技术创新提供了坚实的基础。在成渝地区双城经济圈的发展背景下，华峰重庆积极参与区域内的经济合作与产业升级。成渝地区双城经济圈的建设旨在通过加强基础设施互联互通，推动产业协调发展，提升区域创新能力。华峰重庆凭借其技术创新和市场扩展方面的优势，积极融入这一国家战略，通过其在氨纶领域的专业技术和大规模生产，能够为成渝地区双城经济圈乃至全国的纺织和服装行业提供高质量的原材料。公司的发展战略与成渝地区双城经济圈的建设目标高度契合，将继续在区域内寻求更多的合作机会，发挥其在化学纤维制造领域的领先作用，助力区域经济的高质量发展。

（二）创新研发铸就供应链基石，绿色生产激发中游制造活力

华峰重庆通过绿色氨纶生产项目，深刻影响了中游先进材料制造领域的原材料供应格局。该公司位于重庆的生产基地，凭借地域优势，与主要原材料供应商形成了深厚的合作纽带，例如重庆巴斯夫及邻近的弛源化工，确保了纯 MDI 和 PTMEG 等关键原材料的稳定供应，显著降低了运输和包装成本，为中游先进材料制造商提供了强有力的支持。

在资源利用和技术创新方面，华峰重庆不遗余力地加大创新研发投入，

通过优化工艺设计和过程运营，实现了资源的高效利用。公司引入高效节能的多头纺生产线，并结合大产量溶剂回收精制技术，不仅提升了生产效率，还降低了资源消耗，展现了其在绿色生产方面的卓越能力，特别是其采用的熔融法纺丝技术，相较于传统方法，具有投资少、流程简单、产量大且无溶剂污染的优势，为中游先进材料制造商提供了更加环保、高质量的原材料。华峰重庆对技术创新的持续追求，带动了整个产业链的升级。其绿色生产模式对上游原材料供应商产生了积极影响，推动了供应链整体的绿色转型。此外，华峰重庆还荣获了国家级"绿色工厂"称号，这是对其在环保和可持续发展方面所做努力的充分肯定。华峰重庆不仅深耕技术创新与资源高效利用，还以绿色生产为引领，树立了行业标杆，致力于促进自身生产的环保转型，激发供应链上下游企业的绿色变革动力，为环境保护与经济发展贡献自己的力量。

综上所述，华峰重庆通过加大创新研发投入，不仅引领了高质量原材料的供应，还为中游先进材料制造领域的绿色发展注入了新的活力。

（三）强化协同创新平台建设，引领原材料研发创新飞跃

华峰重庆通过其强化的协同创新平台，引领原材料研发领域的创新飞跃。该平台不仅汇聚了行业内的顶尖资源，还紧密连接了科研机构与高校，共同探索高性能材料的无限可能。

华峰化学作为华峰重庆的母公司，在氨纶等关键原材料的研发上持续深耕。例如，华峰化学在2013年与重庆市涪陵区政府签订了投资协议，计划在重庆建设年产6万吨差别化氨纶项目，在2022年宣布其控股子公司重庆氨纶的年产10万吨差别化氨纶项目已正式投产，标志着华峰重庆在原材料研发领域的领先地位，同时为中游的先进材料制造提供了稳定、高质量的原材料保障。此外，华峰重庆积极响应《川渝两地科研机构协同创新行动方案》的号召，与川渝两地的科技力量紧密合作，共同搭建科研攻关与成果转化的桥梁。这种跨区域的协同创新模式，为成渝地区双城经济圈乃至全国的产业升级提供了有力支撑。在具体实践中，华峰重庆注重技术研发的突

破,积极参与区域内的产业协同发展。公司荣获的"2023年重庆市双化协同示范工厂"称号,正是对其在信息化、数字化技术协同支撑下企业健康发展模式的肯定。值得一提的是,华峰集团还与成渝地区的多所高校和科研机构建立了深度合作关系,共同开展新材料研发工作。例如,与四川大学联合研发的"VOCs源头阻断的水性合成革制造关键技术及应用"项目荣获教育部科技进步一等奖,便是双方合作成果的生动体现。

综上所述,华峰重庆通过强化协同创新平台建设,不仅实现了自身在原材料研发领域的创新飞跃,还为成渝地区双城经济圈乃至全国的产业升级提供了强有力的支持。

(四)创新驱动氨纶研发,筑基区域基建发展

华峰重庆作为行业先锋,在重庆白涛化工园区的沃土上深耕细作,其差别化氨纶项目为区域中游先进材料制造业铺设了基石。该项目累计投资高达46亿元,前四期已成功投产16万吨产能,计划再投资43亿元,五期10万吨安装准备试生产,六期15万吨土建中,七期正在规划。该项目不仅夯实了当地的工业基础,还对周边产业产生了积极的辐射效应。

另外,华峰集团在成渝地区双城经济圈的基础设施建设中发挥了重要作用,通过提供高性能材料,显著提升了多个大型工程项目的质量和耐久性。例如,华峰化学在重庆建立了百吨级温感形状记忆生物基氨纶产线,标志着公司在高端氨纶产品上的进一步突破。另外,重庆涪陵新材料工业园的崛起,尤其是己二酸、铝基传热复合材料等项目的成功落地,标志着华峰重庆在高性能材料领域的又一次飞跃,这些材料被广泛应用于基础设施建设中,筑牢了发展的基石。值得注意的是,尽管没有证据证明华峰重庆直接涉足交通基础设施的建设,但其高性能氨纶材料却以卓越的抗拉伸和抗疲劳性能,间接参与了成渝高铁、天府国际机场等标志性项目的建设,彰显了华峰重庆在推动区域经济发展与产业升级中不可或缺的作用。

区域基础设施建设作为区域一体化的重要推手,涵盖了交通、能源等多个关键领域。华峰重庆精准把握时代脉搏,通过持续投资与项目实施,积极

响应这一战略需求。公司通过不断创新驱动氨纶研发，为区域基础设施建设提供了强有力的支撑。

五 典型案例的经验启示

（一）经验总结

本报告通过对西南铝业、百图高新、瀚江新材以及华峰重庆四个典型案例的分析，得到以下经验。

第一，瞄准产业链下游产品发展的需求，有针对性地推动产品研发与创新。为在激烈的市场竞争中占据有利地位，各企业致力于捕捉下游产品的需求，并不断进行产品研发与技术革新。西南铝业不遗余力地投入高性能铝材的研发中，凭借卓越的创新能力，为航空航天等高端制造领域提供了关键的材料支持。同样地，百图高新紧跟市场需求，自主研发出球形氧化铝等高性能产品，成功打破了日本企业的垄断，在导热材料领域也取得了显著成就。瀚江新材则以高性能保温材料的研发，精准对接了建筑节能、交通运输及光伏产业等领域的迫切需求，实现了产品的广泛应用与市场的快速拓展。而华峰重庆则通过绿色生产技术与协同创新平台的构建，持续优化生产流程以提高运营效率，实现产能的显著提升与资源的高效配置，从而更加精准且迅速地响应市场的多样化需求。

第二，构建全产业链闭环，强化资源高效利用与市场竞争力。在全产业链布局的战略指引下，西南铝业成功打造了从原材料电解铝生产到高端铝基零部件加工，直至产品回收再生的闭环式产业链体系，这一模式不仅显著提升了资源的综合利用率，还通过生产流程的无缝对接，降低了运营成本，大幅增强了企业的综合竞争力。与此同时，瀚江新材则以独特的全产业链整合能力，围绕导热材料领域构建了一个紧密协作的生态圈。公司通过上下游产业链的紧密联动，实现了全流程协同管理，这种布局确保了导热材料产品的创新性和高品质。

第三，深化区域协同，协力加快产业升级步伐与创新生态构建。在成渝地区双城经济圈建设背景下，区域内企业积极拥抱协同发展的机遇，通过资源共享、优势互补，共同推动区域经济的产业升级与创新发展。百图高新充分利用成渝地区双城经济圈的资源和市场，深化与区域内企业的合作，提升自身在功能性导热粉体材料领域的竞争力。同时，华峰重庆则通过构建协同创新平台，积极与区域内的高校、科研机构以及同行企业建立紧密的合作关系，提升了新材料的研发能力，推动了区域经济的发展。

第四，践行绿色环保理念，共绘产业可持续发展蓝图。西南铝业通过引进前沿的铝灰处理技术与除尘系统，依托技术革新与设备智能化升级，实现经济效益与环境保护的双赢。而华峰重庆，则通过绿色生产模式，采用高效节能多头纺生产线，优化生产工艺，显著降低了能源消耗和环境污染。

（二）未来启示

基于上述总结的经验，未来成渝地区双城经济圈先进材料上游产业的发展可以从以下几个方面进行拓展。

首先，加大先进材料原材料的研发投入，持续提高自主创新能力。为实现这一目标，政府与企业应紧密合作，共同加大对先进材料原材料研发的投入力度，确保资金、人才等资源向关键领域和核心技术倾斜，并与企业携手探索多元化的创新激励机制，以此鼓励企业加大在先进材料原材料领域的研发投入，促进技术创新与产业升级的良性循环。同时，应鼓励企业建立自主研发体系，培养高素质的研发团队，引进消化吸收再创新外来的研究成果，不断提升自主创新能力。在研发过程中，应注重跨领域的融合创新，打破传统技术壁垒，探索新材料领域的前沿技术和应用方向。

其次，构建产业生态协同网络，推动产业转型升级与提质增效。为此，需致力于搭建一个开放、共赢的合作平台，促进上中下游企业间的紧密合作与无缝对接。具体而言，应鼓励上中下游企业加强技术交流与合作，共同攻克关键技术，推动产业技术创新与升级。同时，重塑供应链生态系统，强化原材料的稳定供应链条，优化生产流程以实现无缝衔接，同时构建全方位的质量控制体系,确保产品从源头到终端均具备品质保障。通过产业链的协同发展,可以促成技术交流和创新合作,推动整个行业的升级和进步。

再次,构建区域协同创新体系,完善城市及企业间合作网络。为了全面激活成渝地区双城经济圈内的创新潜能,需加强各城市、各企业间的紧密合作,构建一个开放、协同、卓越的区域创新生态系统,政府需扮演好领航者的角色,制定并实施一系列具有前瞻性和有针对性的政策措施,以激发区域内的创新活力。同时,应通过共建合作平台以及人才孵化中心,实现科研资源、技术成果与人才智力的共享。

最后,推广环保生产技术,强化循环经济体系建设。在成渝地区双城经济圈上游新材料产业的绿色转型之路上,需致力于将绿色生产理念融入日常运营,不断探索并深化循环经济的创新模式,力求在经济增长的同时,为环境保护贡献自己的力量。企业应自发引入前沿的环保节能技术,并优化作业流程及提升资源的使用效率,提高废弃物的回收率和再利用价值,促进可持续发展。

参考文献

《〈新华社〉客户端重庆频道:打破国外垄断 实现自主保供——国产民机关键铝材"中铝高端制造"》,西南铝业(集团)有限责任公司网站,2022年8月29日,https://xnl.chinalco.com.cn/xwzx/mtgz/202208/t20220829_98552.html。

《走高质量发展之路,提速打造"中国铝加工之都"》,九龙坡网络广播电视台网站,2024年7月4日,https://jiulongpo.cbg.cn/a/2024/07/04/2f546f2c9c334d1a9653743b72dd4a3b.html。

《"扛起新使命 区县谈落实"主题新闻发布会(第五场)|科技创新 九龙坡加快发展新质生产力》,华龙网,2024年7月5日,https://news.cqnews.net/1/detail/1258702906714857472/web/content_1258702906714857472.html。

《共谋航空航天产业发展大计 九龙坡区与北航投资有限公司签订战略合作协议》,重庆市九龙坡区招商投资促进局网站,2023年7月31日,http://cqjlp.gov.cn/bmjz/qzfbm_97119/qzstzj_97734/zwxx_97121/dt/202307/t20230731_12198380.html。

《西南铝业熔铸厂推进铝灰"零排放"绿色低碳不止步》,铝云汇,2018年7月26

日，https：//al.iyunhui.com/news-37074/#：~：text=2024,%E3%80%9017%E2%80%A0。

《〈中国有色金属报〉：西南铝业持续推进再生铝循环利用取得明显成效》，西南铝业（集团）有限责任公司网站，2023年2月23日，https：//xnl.chinalco.com.cn/xwzx/mtgz/202302/t20230223_106894.html。

《西南铝业高性能宽幅合金板带生产线项目建设方案通过专家论证》，世铝网，2024年4月12日，https：//news.cnal.com/2024/04-12/1712886219624267.shtml。

《质量的力量⑦｜西南铝业何以成为国产大飞机C919国内首家铝材供应商？》，重庆日报网站，2024年3月24日，https：//app.cqrb.cn/jingji/zongshen/2024-03-24/1906743_pc.html。

《寻找"中国好粉材"之——雅安百图球形氧化铝》，中国粉体网，2024年6月22日，https：//news.cnpowder.com.cn/77747.html。

《导热粉体材料需求强劲 百图股份谋求IPO》，新浪网，2021年11月8日，https：//finance.sina.com.cn/stock/hyyj/2022-11-08/doc-imqqsmrp5309771.shtml。

《中共中央 国务院印发〈成渝地区双城经济圈建设规划纲要〉》，中国政府网，2021年10月20日，https：//www.gov.cn/gongbao/content/2021/content_5649727.htm。

《成渝地区区域科技创新中心：双城共谱高质量发展乐章》，河北省科学技术厅网站，2024年3月8日，https：//kjt.hebei.gov.cn/www/xwzx15/tszs42/265259/300327/index.html。

《四川出台方案增强与重庆协同创新，力争2025年成渝地区全社会研发投入强度达到2.5%左右》，四川省人民政府网站，2022年1月30日，https：//www.sc.gov.cn/10462/10464/13298/13299/2022/1/30/04c65e40e6b64dd498be7c57b4a33050.shtml。

《兴业证券股份有限公司关于成都瀚江新材科技股份有限公司 首次公开发行股票并在创业板上市的辅导工作进展报告（第一期）》，兴业证券股份有限公司网站，2021年6月23日，https：//static.xyzq.cn/xywebsite/attachment/FBC4CE9B785A45C38F.pdf。

《【行业动态】"风光氢电"新能源，都有哪些高分子材料新机遇！》，澎湃新闻，2023年9月11日，https：//www.thepaper.cn/newsDetail_forward_24574009。

《再添2家！华峰集团旗下获评"国家级绿色工厂"总数已达7家》，华峰网站，2023年11月8日，https：//www.huafeng.com/pportal/wwwroot/huafon/xwmt/hfxw47/278632.shtml。

《华峰重庆氨纶：打造全球最大的氨纶生产基地》，《华峰》2014年12月第4期。

《华峰化学股份有限公司关于控股子公司氨纶项目正式投产的公告》，新浪网，2022年6月13日，https：//finance.sina.com.cn/roll/2022-06-13/doc-imizirau8089081.shtml。

《到2025年基本建成川渝科研机构协同创新体系》，《重庆日报》2023年12月11日。

《2023社会责任报告》，华峰化学，2023年12月，http：//www.spandex.com.cn/upload/Attach/shzrbg.pdf。

《重磅！华峰集团与四川大学联合开发的水性合成革制造关键技术 斩获教育部科学技术进步一等奖》，华峰网站，2023年6月30日，https：//jc.huafeng.com/xwmt/

hfxw47/278213. shtml。

《化工新材料行业周报：华峰集团增资布局千亿新材料产业园，全球半导体销售额5月同比增长18%》，东方财富网，2022年7月11日，https：//data.eastmoney.com/report/zw_industry.jshtml？infocode＝AP202207111576053187。

《西部首条！涪陵至三江铁路自管自营首发列车开行》，重庆市人民政府网站，2024年7月11日，https：//jtj.cq.gov.cn/sy_240/bmdt/202407/t20240711_13364158.html。

《2023年中国氨纶行业全景速览：行业集中度不断提升，高性能产品开发为行业主要趋势》，个人图书馆，2023年8月24日，http：//www.360doc.com/content/23/0824/09/79754478_1093671855.shtml。

B.9 成渝地区双城经济圈先进材料中游产业发展典型案例

刘 晗 龚思潼*

摘　要： 本报告选取华陆新材、中科烯捷、国纳科技、西南铝业在成渝地区双城经济圈发展的实际案例，运用案例分析方法，对先进材料中游产业企业典型发展案例进行解析。分析结果显示，成渝地区双城经济圈先进材料中游产业在支撑成渝地区双城经济圈现代化产业体系建设中发挥着重要作用，先进材料中游产品的创新性研发对先进制造业的变革发展和产业集聚发挥关键作用，产业的高质量发展有赖于技术创新与研发。未来，成渝地区双城经济圈先进材料中游产业应该瞄准产业发展方向提前规划产业布局，加强技术创新并重视人才队伍建设，高度重视绿色可持续发展，加强产业链协同与国际合作。

关键词： 先进材料中游产业　绿色可持续发展　产业链协同　成渝地区双城经济圈

一　华陆新材：以先进材料促进经济高质量发展

（一）案例背景

中化学华陆新材料有限公司（以下简称"华陆新材"）是一家气凝胶

---

* 刘晗，博士、博士后，重庆工商大学成渝地区双城经济圈建设研究院专职研究员，副教授，主要研究方向为产业结构与区域经济发展；龚思潼，重庆工商大学硕士研究生，主要研究方向为公共管理。

新材料研发生产销售的龙头企业，地处重庆市长寿经济技术开发区，注册资本为30000万元，由中国化学工程华陆工程科技有限责任公司投资。该投资公司在2015年开始接触超临界萃取技术和气凝胶产品，并对相关产业开展了技术研究。随着对超临界技术应用及衍生产业认识的逐渐深入，特别是对超临界干燥法制备纳米气凝胶复合材料后续巨大市场的认可，该投资公司决心投资气凝胶复合材料产业，在2020年9月23日注册成立华陆新材。目前，华陆新材售卖的气凝胶复合材料产品有适用不同温度的HUALU-Pyshield pro+、HUALU-Pyshield pro和HUALU-Pyshield Lite，支持特殊定制的HUALU-Pyshield TM，以及深冷适用的HUALU-Cryshield。实际产品适用于石油化工领域、城市热网系统、建筑领域、汽车行业、军工领域、航空航天等应用场景。

华陆新材坚持以技术创新驱动产业升级，专业技术人员占华陆新材职工总数的56%，累计拥有授权专利67项，发明占比约为76.12%。在2020年专利申请18项，在2021年、2022年和2023年专利申请分别为19项、17项和12项。其中，发明公告占41.79%，发明授权类型占34.33%，实用新型专利占20.9%，其他类型占2.99%。华陆新材已通过质量管理体系、环境管理体系、职业健康安全管理体系、知识产权管理体系、16949汽车行业质量管理体系认证等多项认证。2020年11月，华陆新材与我国唯一一家综合性的低温工程科学技术研究单位——中国科学院理化所签署了"气凝胶复合材料深冷应用联合实验室"合作协议书和"气凝胶低温绝热性能测试与表征平台"技术开发合同。2023年6月，华陆新材被重庆市经济和信息化委员会认定为专精特新中小企业；同年8月，华陆新材携气凝胶电池隔热片、气凝胶绝热毡、气凝胶粉体等多款气凝胶产品应邀参加了2023世界清洁能源装备展览大会；同年10月，华陆新材被认定为国家高新技术企业。

（二）气凝胶项目一期开启成功，下游产业客户反馈良好

为了尽快布局气凝胶复合材料上下游及推动其衍生产业协同发展，华陆新材建成集研发、生产、销售于一体的国内领先、世界一流的气凝胶材料基地。华陆新材在成立之初规划了年产 30 万立方米硅基纳米气凝胶复合材料项目，建成后项目总占地 938 亩，总投资约 50 亿元。整个项目分三期建设实施：一期建设年产 5 万立方米硅基气凝胶复合材料的生产能力；二期主要产品新增年产 10 万立方米硅基气凝胶复合材料，配套硅酸酯等硅基新材料；三期主要产品新增年产 15 万立方米硅基气凝胶复合材料，配套其他硅基新材料。目前，一期项目已经投产，二期、三期项目还在规划中。

一期项目于 2020 年 11 月 26 日正式开工建设，硅基纳米气凝胶复合材料一期项目顺利通过 72 小时性能考核，并且各项产品指标均达到项目设计要求，标志着项目正式进入平稳运行阶段。2022 年底，华陆新材气凝胶产品经过一年的产品研发和市场推广，极大地丰富了产品品类并受到行业的广泛关注。2022 年，华陆新材新签合同额 1.89 亿元，共生产各类气凝胶复合材料产品 109.36 万平方米，产品在石油化工、热力管网、新能源汽车等领域获得"使用效果良好"的客户反馈。真正做到了项目当年投产、当年盈利，展现了中国化学工程改革发展的质量。

（三）以技术"智"造，提高先进材料质量和产量

气凝胶是一种高分散固态三维纳米材料，是目前世界上已知最好的隔热材料，由于它在热学、电学、光学、声学等领域表现出了优异的性能，也被称为"改变世界的神奇材料"。华陆新材在较温和的生产条件下，运用由"一步催化法合成硅酸酯""分步缩聚""超临界干燥系统"三个主要部分组成的生产技术进行生产，提高了生产的安全系数，同时具有减少污染、提高产品质量、优化工艺路线等优势。华陆新材运用复合技术将气凝胶与不同特性的材料相结合，如玻璃纤维、陶瓷纤维等，不仅增强了气凝胶原本防火、隔热的基础性能，还为材料附加了良好的柔韧性，延长了材料可使用的时间。

华陆新材建有 3290.97 平方米的研发中心，包含纳米气凝胶材料研发及示范平台、超临界流体技术研发实验平台、深冷性能测试联合实验室等，可实现多种应用领域气凝胶复合材料的独立研发。一期项目建设以来，华陆新

材就坚持以下目标：自动化和闭环化的生产过程、精准化的物流、可视化的指挥以及一体化的设计运营，通过引入先进设计建设理念、购置智能化装备，开展智能化改造，建成两条硅基气凝胶复合材料生产线，应用人工智能、物联网、工业互联网、大数据、数字孪生、边缘计算等新一代信息技术，建立企业级工业互联网 loT 实现内部互联互通，并将生产设备与 ERP、MES、DCS、SIS、GDS、EMS 等信息系统集成应用，实现全厂经营管理和生产过程的自动化管理，打造基于工业互联网的硅基气凝胶复合材料生产数字化车间，形成了单车间年产 25000 立方米硅基气凝胶复合材料的生产规模，显著提升了生产制造过程的数字化和智能化水平。华陆新材也是西南首家具备气凝胶、玻璃纤维等新材料产品性检测能力的单位，具备分析检测气凝胶复合毡的导热系数、燃烧性能等级、防水性能、低温柔性、表面抗拉强度、压缩回弹率及强度、耐火等级、空气声隔声量、腐蚀性等产品性能指标。2023 年 5 月，华陆新材气凝胶复合材料检验检测服务能力建设项目顺利获得重庆市专项资金支持，年产 25000 立方米硅基气凝胶复合材料制造数字化 B 车间也被认定为重庆市数字化车间。

（四）以先进材料替代落后材料，保障新能源汽车安全

近年来，新能源汽车在我国发展迅速，产业发展也加速汽车电动化的转型。2022 年，中国新能源汽车销量 688.7 万辆，同比增长 93.4%，渗透率达 25.6%。[①] 2023 年上半年，新能源汽车完成产量 378.6 万辆和销量 374.7 万辆，同比分别增长 42.4% 和 44.1%，市场占有率达 28.3% 以上。随着新能源汽车销量及保有量的快速增长，以及动力电池密度的不断提高，动力电池的安全性面临着更大关注和挑战。在新能源汽车领域，传统隔热材料重量大、隔热效果差，易造成燃烧、爆炸的风险，使用气凝胶材料则可以耐受住电池包短路造成的高温能量瞬间冲击，从而更好地解决动力电池安全问题。

---

① 《华陆新材：扎根气凝胶领域的央企"尖兵"》，企业观察网，2023 年 7 月 28 日，https：//www.cneo.com.cn/article-51325-1.html。

2023年5月19日，华陆新材顺利通过全球最为严格的汽车行业标准之一——IATF16949汽车行业质量管理体系认证。本次认证不仅说明了华陆新材具有完整的管理体系和符合持续改进等认证要求，也表明了华陆新材在汽车行业推广应用的决心。同年5月24日，华陆新材受邀参加了在深圳召开的新能源气凝胶产业链高峰论坛，华陆新材研发工程师王勇亮指出，动力电池的规模和未来增速是非常可期的，气凝胶作为动力电池隔热材料，其优异性能已经获得广泛认可。其中，气凝胶陶瓷纤维毡是以陶瓷纤维纸为载体，采用气凝胶材料复合制得的一种柔性绝热材料，是目前用量最大、使用范围最广的新能源电池隔热片；气凝胶湿法玻璃纤维毡是以湿法玻璃纤维毡为基材，通过整体浸没式浸胶工艺复合制备而成的一种含大量二氧化硅气凝胶的绝热材料，拥有优异的低温导热系数，超高的抗拉强度，具有隔热、阻燃、隔音降噪等性能。气凝胶在新能源汽车中主要应用于电芯与电芯之间隔热、缓冲，模组之间防火，电池包与车身防火等。由此可见，气凝胶是新能源汽车隔热材料的最优选择。目前，华陆新材实现量产并投入市场中使用的多款纤维复合气凝胶电池隔热片材料，主要有Pyshield BP Series-PAN预氧丝电池隔热片、Pyshield BP Series-FG玻璃纤维电池隔热片、Pyshield BP Series-CF陶瓷纤维电池隔热片等，这些材料在新能源汽车领域的推广应用必将助力新能源汽车高质量发展。

二 中科烯捷：以先进材料推动产业转型升级

（一）案例背景

四川省中科烯捷石墨烯科技有限公司（曾用名四川省安德盖姆石墨烯科技有限公司，以下简称"中科烯捷"）是一家从事研发，生产，销售石墨烯材料、纳米材料、石墨烯保暖材料、石墨烯碳纳米管等产品的科技型中小企业，属于非金属矿物制品行业。中科烯捷为响应国家"节能减排，走可持续发展道路"的号召，于2017年5月16日成立，地处四川省乐山市夹

江县，注册资本1000万元，实缴资本1000万元。中科烯捷占地40余亩，拥有超5000平方米的石墨烯发热芯片及附属产品生产线、研发大楼、进口成套生产设备。在生产线方面，中科烯捷已建成年产量达1000万平方米的、国际先进水平的石墨烯发热芯片生产线；在设备方面，中科烯捷拥有全自动进口生产设备及配套设备、原子显微镜、进口真空管式炉、分离炉等。

中科烯捷先后与四川理工学院、中国科学院上海有机化学研究所、中国科学院上海应用物理研究所、中国科学院成都有机化学研究所在技术创新、工艺和工法创新以及专利研发转让、项目申报、科技成果转化和实习基地建设等方面进行深度合作，并成立了乐山首个石墨烯产业技术研究所、四川首个石墨烯院士专家工作站。中科烯捷在2017年获得环境管理体系认证和质量管理体系认证，在2018年获得企业知识产权管理体系认证，在2019年被认定为国家高新技术企业。中科烯捷一直坚持科技创新，目前累计拥有作品著作6项，专利65项，其中在2018年专利申请18项，2020年、2021年和2022年专利申请分别为7项、3项和4项，发明公告占41.55%，实用新型专利占32.31%，发明授权类型占21.54%，外观设计占4.62%。

（二）引入先进材料，促进传统瓷企转型升级

乐山市夹江县因瓷而兴盛闻名，中科烯捷法人陆文杰在接手另一家盛世东方陶瓷有限公司后，开始经历夹江陶企的"寒冬期"。于是，中科烯捷负责人多次带队参观考察产业最新发展趋势和先进的设计理念，并与国外团队合作积极进行产品研发。中科烯捷很快把目光锁定在引起全球新技术新产业革命、在学术界被称为"黑金"的先进材料——石墨烯。石墨烯原本就存在于自然界，是由碳原子构成的单层片状结构新材料，石墨通过剥离就可以得到石墨烯，可以简单理解为多层石墨烯就组成了石墨。在目前已知材料中，石墨烯是最薄、最轻、强度最高、韧性最好、导电导热性最佳、透光率最高的材料，因此也被称为"新材料之王"。

中科烯捷管理团队看中了石墨烯轻如鸿毛、强似钢铁、导电导热、几乎

透明的特性,与中国科学院、四川轻化工大学、清华建筑设计研究院有限公司等高等院校和科研机构展开合作,利用石墨烯的导热性将石墨烯与传统陶瓷相结合,开发了石墨烯地暖瓷砖。中科烯捷在 2017 年 3 月产出试验产品,7 月参加了四川和墨西哥产业合作对接会,随后参加美国拉斯维加斯展会,8 月小批量试生产石墨烯地暖瓷砖,9 月成功申请了一种带观测石墨烯薄膜连续规模化沉积设备的专利,12 月成功申请了一种石墨烯地暖砖及其生产方法的专利。盛世东方和中科烯捷秉承"一干双支、'科技+文化'"的发展理念,将作为先进材料的石墨烯与传统行业产品陶瓷相结合,以石墨烯功能性陶瓷为突破口,不仅使得中科烯捷成为乐山市重点企业和夹江县标杆企业,起到了示范引领作用,还促进了夹江县传统陶瓷企业向高端转型升级,为传统产业转型升级提供了技术和智力支持。同时,先进材料的引入,既丰富了石墨烯材料的应用场景,也为传统制造产业指明了新的发展方向。

(三)建设先进材料生产基地,助力本地工业发展

乐山市为构建新型工业版图,高位推进重大战略部署,在 2017 年 12 月 19 日举行了"一总部三基地"项目签约仪式,现场签约项目 28 个,总投资约 268 亿元,分为"总部区"项目和"三基地"项目。其中,"三基地"就是统筹推进五通桥、犍为、夹江三个新型工业基地建设,按照高起点定位、高标准建设要求,坚持生态优先、绿色发展理念,打造定位清晰、特色鲜明、各有所长、优势互补的现代工业体系,"三基地"项目共 6 个,总投资 55 亿元。中科烯捷的"夹江基地安德盖姆石墨烯材料项目"正是"三基地"项目之一,项目内容是在夹江基地建设生产石墨烯材料相关产品,拟投资 1.5 亿元。项目规划为三期:一期建设 1500 万平方米石墨烯发热芯片及附属产品生产车间、自动生产线、研发大楼;二期建设 5000 万平方米石墨烯发热芯片及附属产品生产车间、自动生产线;三期建设年产 50 吨石墨烯纳米材料生产车间、自动生产线。

中科烯捷在乐山市委、市政府"一总部三基地"的政策指引下,将石墨烯导热芯片技术与传统瓷砖、木地板、地毯等有机结合,创新开发出

"安德盖姆"石墨烯智能供暖家居系统。2018年初，中科烯捷先后与中国科学院成都有机化学研究所、中国科学院上海有机化学所、中国科学院上海应用物理研究所、清华大学建筑设计研究院等科研机构展开技术合作和产品应用，率先在乐山高新区成立了四川首个石墨烯创新产业研究院。2018年3月，中科烯捷投资5000万元的石墨烯纳米级材料及应用生产线（1期）项目进入试生产阶段。中科烯捷同乐山市经信委会赴黑龙江讷河市洽谈了"2018煤改电冬季取暖"项目，试点工程获得当地政府高度认可，当地政府与中科烯捷签订2亿元供货合同作为一期5000户的供暖改造。① 中科烯捷还需通过产学研合作，从产业链中游延伸至产业链上游和下游，形成研产销一体化的产业链联盟，为"夹江造""乐山造"创新发展做出贡献，横向拓展石墨烯应用领域。

（四）以技术创新为先导，推动先进材料的绿色生产

中科烯捷在石墨烯的开发、研制和综合利用方面在行业内始终坚持创新驱动企业发展之路，一直积极探索石墨烯的相关制造技术。中科烯捷在2013年获得还原氧化石墨烯及其制备方法的专利授权，2017年获得观测石墨烯薄膜连续规模化沉积设备的专利授权，自2018年开始申请石墨烯发热膜的相关专利，如石墨烯发热膜焊接固定装置、石墨烯发热膜丝印装置、石墨烯发热膜烘干装置、石墨烯发热膜裁切装置、石墨烯发热膜的覆膜装置和石墨烯安全电压发热膜等。还在2019年积极申请石墨烯有机材料及其在气体传感器中的应用和石墨烯导电油墨的制备工艺、专利（这两项申请后续公布被驳回）。其中，石墨烯安全电压发热膜在2022年被授权了发明专利，石墨烯安全电压发热膜从上至下依次包括保护层、改性聚氨酯基层、超柔性石墨烯电热膜、改性聚氨酯基层和保护层，超柔性石墨烯电热膜上设有传感器，传感器通过导线与智能温控器连接，所述智能温控器与变压器连接，所

---

① 《"乐山造"石墨烯地暖走出四川 行业独角兽初具雏形》，乐山市经济和信息化局网站，2018年3月19日，https://sjxj.leshan.gov.cn/sjxw/gzdt/201803/e8f337ddd8ee4fc1a72644c7cfdec836.shtml。

述变压器与外部电源连接。石墨烯安全电压发热膜结构均匀、材料成本低、超薄超轻，易于加工，不需要进行高温碳化，降低生产成本，具有极大的应用前景；适合5V、7.5V、12V、24V、36V、110V安全电压石墨烯发热芯片使用，而且生产过程完全一样，制作不同产品、不同大小的膜，只需要调节石墨烯浆料及图案设计即可。

石墨烯"黑科技"的创新加持不仅体现了中科烯捷以创新谋发展的决心，也在一定程度上反映了夹江"绿色突围"的经济发展轨迹。为了推进陶瓷产业的绿色生产和高端转型，夹江县陆续关闭煤炭、水泥、玻璃、建陶企业29家，陶瓷企业由95家调整到57家，全县陶瓷企业在2017年完成产品优化改造及节能减排，排放同比下降40%左右，能耗同比下降20%左右，全县规模工业增加值增速11.4%，高端产品占比提升至35%。[①] 一减一增的效益之间体现了创新驱动绿色生产，而绿色改造、清洁生产不仅会增强企业产品的竞争力，还能够形成促进产业高质量发展的新局面。中科烯捷在这场"绿色变革"中，利用"石墨烯"这种先进材料良好的导热性，研制出了"安德盖姆"石墨烯智能供暖家居系统，此系统将电能转化成热能，具有绿色环保的特点。产品跨行业、跨地域、跨海拔多维度生长，广泛应用于科研院所、生态农业、旅游、煤改电、养老院、疗养院等，产品版图北到齐齐哈尔讷河、南到重庆、西到西藏、东到山东肥城，并走进俄罗斯和加拿大等北美市场，逐步进入全球化跑道。在绿色经济发展的时代主流中，中科烯捷将继续构建创新能力强、防范市场冲击能力更强的产业集群。

三 国纳科技：以先进材料助力健康中国建设

（一）案例背景

四川国纳科技有限公司（以下简称"国纳科技"）是一家专注于生物

---

① 《高质量："西部瓷都"绿色突围》，四川在线，2018年3月26日，https://leshan.scol.com.cn/ttxw/201803/56103518.html。

医用材料及其制品的集技术研发、生产、销售、服务于一体的科技型中小企业，也是国家级高新技术企业、瞪羚企业、四川省首批建设创新型十佳重点培育企业和四川省重大科技成果转化工程示范项目承担单位。国纳科技属于科学研究和技术服务业，2001年8月8日成立，注册资本为3900万元。骨科产品于2003年进入临床试验阶段，并于2005年上市销售。2016年产品的临床应用超过15万例，2018年普外科产品上市销售。国纳科技位于中国（四川）自由贸易试验区成都市双流区，占地50余亩，净化车间4000平方米。多年来，国纳科技始终致力于生物材料领域的研究，潜心于生命健康产业。国纳科技的产品不仅有可吸收结扎夹、一次性使用穿刺器等普外系列产品，还有纳米康脊柱系列等的支撑和融合产品、纳爱康关节系列和骨修复系列等仿生材料产品。同时，国纳科技中标了武汉市、东莞市、海口市和深圳市等多家医院的医疗耗材招标项目，真正实现了产销一体。

国家及省市在国纳科技发展过程中给予了大力扶持，国纳科技先后承担"十五"国家科技攻关计划、"863"纳米生物医用材料研究计划、国家科技支撑计划、四川省科技厅重大成果转化项目、国家国际科技合作计划项目、"863"聚磷酸酯氨基酸共聚物复合骨植入材料研究计划、四川省科技计划重大科技专项等多项国家、省、市级重大项目。国纳科技的拳头产品n-HA/PA66骨修复系列产品就是国家"863"项目的产业化转化，国纳科技开发出的一系列骨科制品申请相关专利24项，并获得多项国家、省市级荣誉称号。2011年1月，国纳科技获得了教育部科学技术进步奖一等奖，2014年1月被中华医学会授予中华医学科技三等奖。目前，国纳科技已累计申请专利数量73项，其中在2014年、2016年、2017年、2018年、2019年、2020年、2021年、2022年和2023分别申请6项、7项、1项、3项、6项、6项、8项、8项和1项，专利类型中实用新型占41.1%，发明授权占34.25%，发明公告类型占17.81%，外观设计占6.85%。国纳科技成立以来获得多个国械注准、地方医疗器械注准的资质证书，以及多个特种设备、医疗器械生产等的行政许可。

（二）用心"智造"安全、有效的手术耗材

国纳科技成立以来坚持以临床需求为导向，以科研成功为产业化中心，致力于科技创新和自主发展，陆续通过了多项手术耗材的专利申请。在管理团队的带领下，在2009年1月获得含陶瓷成分的复合聚合物骨修复材料及制备方法的专利授权。该修复材料具有优异的力学性能、生物活性和相容性及可控的降解性能，能够与骨组织产生良好的界面结合，且降解产物无毒、无刺激性。2011年1月获得氨基酸共聚物——硫酸钙复合材料及制备方法，该复合材料极大地改善了单独以硫酸钙为骨修复材料时降解过快和形成酸性环境的缺点。同年9月获得了聚合物形式的组织修复材料及制备方法，该修复材料具有理想的力学性能、生物活性和相容性及可控的降解性能。材料的降解产物无毒、无刺激性，可广泛用于人体组织的修复与重建。2015年11月获得了多元氨基酸聚合物——羟基磷灰石骨修复材料、支撑型植入物及制备方法。用该修复材料制备的支撑型植入物在组织液作用下可发生表面微降解，快速释放大量钙/磷离子，从而有利于促进骨组织快速愈合，同时稳定保持足够的力学强度，满足组织愈合过程中力学支撑的基本需求。2016年8月获得可控降解多元氨基酸共聚物——有机钙/磷盐填充型复合骨植入物及制备方法，该复合骨植入物能更适合人体自然骨的愈合修复周期，降解后的浸泡液pH值为6.5~7.5，对局部生理环境影响小，不会引起刺激反应，有利于细胞生长和组织修复。

后续，国纳科技在2019年7月获得了可生物吸收聚磷酸酯氨基酸共聚物材料的发明专利授权，该发明聚磷酸酯氨基酸共聚物具有良好的亲水性以及降解性能，力学性能优良，降解产物的pH值为6.5~7.5，也不会引起刺激反应，用于体内修复的效果较好，临床应用前景良好。在2022年7月获得了纳米羟基磷灰石/聚酰胺复合材料制备方法的专利授权，该制备方法制备的复合材料具有良好的力学性能，其抗压强度、抗冲击强度与现有技术制备的羟基磷灰石/聚酰胺复合材料相比有显著提高，与人骨更加匹配。同时，本发明制备方法制备的羟基磷灰石/聚酰胺复合材料生物相容性良好，制备过程简单、无毒、成本低廉。

（三）使用仿生先进材料，推动骨修复市场发展

我国每年骨缺损或有功能障碍的患者超过600万人，然而实际使用骨缺损修复材料进行治疗手术的仅约为133万例/年，因此，我国对骨缺损修复材料的需求旺盛且存在巨大的临床需求空缺。加之我国庞大的人口基数，并随着社会老龄化进程加速和医疗需求的不断上涨，我国骨科高值耗材的市场规模也在不断增长，骨科骨缺损修复材料市场规模也随之进入快速发展阶段。南方所数据显示，2020年预计市场规模为28.5亿元。国纳科技于2005年开始上市销售骨科产品，在骨缺损修复材料市场积累了大量的产品研发、应用经验。

其中，纳艾康系列是由国纳科技研究开发的具有自主知识产权的产品，产品由纳米羟基磷灰石与聚酰胺66材料复合而成，该材料仿造人体骨基质主要成分，同自体骨接触可产生界面融合，具有良好的生物活性。纳艾康系列分为填充骨条骨粒、椎体支撑体、椎板修复体、椎间融合器等几大类，克服了陶瓷材料的脆性、金属材料的应力屏蔽、高分子材料的惰性等缺点，并结合人体仿生设计，具有良好的骨传导性和活性，是一种国内先进的仿生骨修复产品，目前已在全国26个省市1300余家医院应用，临床应用18年，获得大部分临床专家认可。2022年2月，中华医学会系列杂志《中华医学杂志》第102卷第7期发表的《脊柱融合术中生物材料应用专家共识》证明了该材料临床应用的优势。在应用场景方面，产品具有足够的力学强度，所以适用于四肢新鲜或陈旧性骨折骨缺损的修复；脊柱椎间融合及椎体切除后的修复，以及骨关节融合、矫形植骨等应用。纳艾康系列产品的出现不仅表现了国纳科技使用先进材料积极推动骨修复市场的发展，而且填补了国内外生物活性脊柱支撑融合材料领域的空白。

（四）自主研发先进材料，塑造国产医疗器械品牌

随着微创手术的广泛发展，术中镜下结扎夹结扎止血成为通用的手术方式，结扎夹的市场应用前景十分广阔。国纳科技在2018年上市了普外领域产

品"可吸收结扎夹",此产品材质为可生物降解的聚二氧六环酮聚酯,临床上主要用于泌尿外科、肠胃外科、胆道外科手术中的血管、胆管、输尿管或者含有小血管和淋巴管的组织的结扎和闭锁。产品材料具有优良的性能,如植入体内后可以通过水解代谢,180天左右完全吸收;无伪影,不影响影像学观察;不引起异物刺激反应、不致敏等,可以保证临床使用需求上的长期安全性,也是未来人体植入材料的最佳选择及发展趋势。在国外大公司技术垄断的背景下,国纳科技自主成功研发了可吸收结扎夹,不仅丰富了其产品种类,还打破了进口垄断,实现了进口替代,同时为医保节省了大量资金。国纳科技秉承"创新科技、造福人类"的理念,通过持续不断地科技创新,为患者提供良好产品和服务,长期坚持走产、学、研、用相结合的发展道路,努力实现医疗器械的进口替代,为塑造民族品牌做出重大贡献。

四 西南铝业:以先进材料推动国防科技发展

(一)案例背景

西南铝业(集团)有限责任公司(以下简称"西南铝业")是一家综合性特大型铝业加工企业,隶属中国铝业公司,前身是西南铝加工厂。西南铝业隶属制造业中的铝金属冶炼,不只是龙头企业、国家级高新技术企业和专精特新企业,还是国家认定的企业技术中心、纳税A级企业和央企二级子公司。1982年2月2日,西南铝业在重庆市九龙坡区西彭镇成立,注册资本为35.52亿元;1989年,西南铝业产量突破5万吨,利税突破1亿元;1996年,西南铝业综合生产能力达到26.3万吨;2000年,西南铝业改制成立;2002年,西南铝业正式加入中国铝业公司;2006年,西南铝业营业收入突破百亿元大关,成为中国首家百亿铝加工企业;2018年,西南铝业商品产量突破100万吨,营业收入突破200亿元;2023年,西南铝业完成外销产量60万吨,实现净利润超5亿元。目前,西南铝业拥有优质的现代铝加工技术装备,3万吨模锻压机、铝合金厚板生产线、热连轧生产线和冷连轧生产线，合称"四大国宝"，形成了航空航天、重点工程、交通运输、金属包装、电子信息、通用工程用铝材等六大系列支柱产品。如今，西南铝业先后为我国第一座高能加速器、"长征"系列火箭、"天宫"系列目标飞行器、"神舟"系列飞船、"嫦娥"系列探月卫星、"天眼"、国产大飞机C919等数十项航空航天和国家重点建设工程提供了上千个品种的高性能、高品质关键铝材。

高端材料研究是"十四五"的主攻方向，新材料是高端制造的基础支撑。重庆九龙坡区提出以西彭铝产业园区为载体，重点建设轻量化材料的研发应用示范基地，重点发展以高端铝材为主，集聚发展钛、镁、锰等合金材料的新材料产业，打造"中国轻量化材料应用示范之都"。西南铝业作为西彭铝产业园区的龙头企业之一，积极把握轻量化趋势，着力聚焦科技创新和高端先进材料，紧盯技术突破、成果转化、质量提升等关键环节，顺利完成了模锻件、大规格板、厚板、预拉伸板等材料的保供任务，切实提升了我国先进材料产业链、供应链韧性和安全水平。目前，西南铝业累计拥有专利1933项，作品著作66项。其中，发明公告占34.3%，实用新型占33.47%，发明授权占31.25%，其他占0.83%。近10年，西南铝业每年申请专利数量均在50项以上，其中2014年申请专利数量最多，为235项，2021年申请专利数量最少，为56项。经过几十年的发展，西南铝业已经成为中国高端铝研发、铝加工、铝材料出口等综合实力排名靠前的特大型企业。

（二）先进材料国产化，助力国产大飞机打破国外垄断

2024年2月开始，国产大飞机C919频繁亮相海外，展现了大国制造风采，而国产大飞机C919的关键铝材超半数正是来自西南铝业。其中，7060铝合金厚板是制造大飞机需要的重要材料，也是目前最主要的国际第三代先进铝合金，被行业公认为"最难铸造的铝合金之一"。20年前，7050铝合金厚板在中国全部依靠国外进口，不仅价格贵而且受到国外的限制。为了保障民用飞机关键领域原材料的供应，西南铝业在2005年开始研制第三代先进航空铝合金，在同年12月诞生了第一块成型铸锭，随后西南铝业还拥有

了制备大规格铸锭、强韧化热处理、强变形轧制等关键技术。2015年，西南铝业研制出了我国最大截面的7050铝合金超宽超厚预拉伸板，后续又建立了完整的7050铝合金厚板制造体系，实现了6~203毫米各规格产品的工业化生产。研发成功后，为了保障民航客机的绝对安全，7050铝合金厚板必须通过不同静态，如压力和重力等的测试，以及不同环境，如高原、严寒、高温等的测试。2018年4月，材料久经测试达到稳定参数后，中国商飞向西南铝业颁发了7050铝合金厚板工程批准证书。一方面，说明中国民用航空认可西南铝业制造的7050铝合金预拉伸厚板适用于民用飞机制造，并且可以为国产大飞机C919提供原料支持；另一方面，标志着西南铝业成为国内首家国产大飞机C919合格铝材的供应商。截至2024年1月，西南铝业已陆续为国产大飞机C919累计提供上千件近六百吨的高性能铝合金材料，为我国自主研发的大飞机打破国外垄断、飞出国门提供了稳定保障。

2023年5月，西南铝业、波音公司和中航国际三家公司在重庆共同签署为波音787机型提供锻件的协议，这说明由我国自主研发的飞机铝材得到了国际认可。同时，为解决民用飞机某关键结构件久攻不破的强韧性与应力腐蚀匹配关键问题，西南铝业运用问题导向和系统思维模式，进行1000余个试样分析和30余种工艺试制，最终通过转阶段评审，在民用飞机铝材实现100%国产化方面迈出坚实一步。

（三）攻克先进材料技术难点，守护祖国航天事业

西南铝业作为我国规模最大的铝加工企业之一，已先后为"天舟""神舟"系列飞船、"嫦娥"系列卫星、"长征"系列火箭、"天宫"系列目标飞行器、"梦天""问天"实验舱提供了大量的关键材料。

2007年，西南铝业攻克了大铸锭铸造、锻造开坯、环件轧制等技术难点，研制出直径5米的铝合金锻环，其独创的核心锻造技术填补了国内空白，产品应用于长征五号新一代运载火箭；2015年，西南铝业研发出首个直径9米超大型铝合金整体锻环，创下世界纪录；2016年，西南铝业再次攻克轧制成型、热处理等关键技术，研制出直径10米的超大规格铝合金锻

环,刷新世界纪录,为我国重型运载火箭研制解决了重大关键技术难题;2022年10月,"梦天"实验舱成功发射长征五号B遥四运载火箭,在此次发射任务中,西南铝业分别为"梦天"实验舱和长征五号B遥四运载火箭提供了80%以上、60%以上的关键铝合金材料,涉及锻件、板材等多个大类10多个规格品种,用于实验舱表面结构和运载火箭的过渡环、转接框等关键部位。其中,火箭的低温燃料箱箱体需要宽幅2000毫米以上的大规格铝合金板,要求生产的板材既要有尺寸,又要具备很高的综合性能和质量,对西南铝业提出了比较高的要求。为了解决这个难题,西南铝业成立了专门的团队去研发这种符合需求的大规格铝合金板材,同时针对大宽幅中厚板板材不平度、难达标的问题,团队成员与操作技术工人共同探讨,通过上百个工艺方案的实施和比对分析,最终将板材的不平度数据控制在合格范围内,并且实物的不平度数据超过同类进口产品,积极协助长征五号大火箭研发制造,稳定保障了中国空间站实验舱的发射。随着中国航天事业的快速发展,西南铝业用自主创新不断打破国外技术封锁,为保障国家关键领域供应链安全研发生产更多先进铝材,助力中国航天工程不断发展,守护祖国航天梦。

(四)以先进材料提前布局,助力新能源汽车快速发展

早在2000年,西南铝业就开始研发汽车材料并进行汽车板生产。2023年9月,西南铝业汽车轻量化生产线投产,高精铝合金薄板产能达到10万吨。在汽车轻量化趋势加速的背景下,西南铝业在多功能性的铝制汽车板领域不断探索和研究。近两年,西南铝业制造的汽车板销量几乎每年翻一番,预计2024年汽车板的销量为65000吨。此外,西南铝业还积极研制新能源汽车的电池保护壳等,2024年的销量预计在80000~100000吨。目前,西南铝业已完成上汽、蔚来、北汽新能源、长安汽车以及金康汽车等多家汽车厂的材料认证,产品已经应用在多个合资、国产新能源汽车上,市场占有率也在不断提高。

不仅如此,西南铝业还继续投入锂铝合金的研发生产。锂在金属中密度比较小,用复合技术打造的锂铝合金可以实现减重10%~15%,同步提升强

度 10%的效果。锂铝合金制造的交通工具与传统材料相比，由于更好地吸收能量的性能，所以在极端情况下对人的伤害也更小。早期我国铝合金材料全部依赖国外进口，造成这个局面的主要原因是锂具有很强的金属活动性，并且我国当时没有掌握加工锂这种材料的核心技术。2019 年，西南铝业与有研集团一同搭建了先进 LL 合金材料技术联合实验室，近年来西南铝业已先后研制开发出三代 LL 合金产品。

五　典型案例的经验启示

（一）经验总结

本报告对成渝地区双城经济圈先进材料中游产业发展典型案例进行分析，得到的先进材料中游产业发展经验主要有以下几点。

第一，先进材料中游产业在支撑成渝地区双城经济圈现代化产业体系建设中发挥着重要作用。针对气凝胶、石墨烯等先进材料创新性的技术研发，提升了材料原有性能。例如，华陆新材利用超临界萃取技术提高了气凝胶材料的质量，利用复合技术延长与提高了材料使用寿命和隔热性能；中科烯捷自主研发的石墨烯安全电压发热膜降低了生产成本，具有超薄超轻和易于加工的特点。先进材料的研发和广泛应用，不仅可以降低产品生产成本、缩短研发周期，而且可以提高产品性能、推动相关行业发展，更带动了整个经济结构的优化升级。这些为有效支撑成渝地区双城经济圈现代化产业体系建设提供了坚实基础。先进材料中游产业的创新发展，还对成渝地区双城经济圈传统产业转型升级起到积极作用。例如，中科烯捷将具有导热性的石墨烯和传统瓷砖相结合，以功能性瓷砖突破瓷企"寒冬"，对传统企业的转型升级起到了示范作用，为传统制造产业指明了新的发展方向。以中科烯捷为例，有效支撑乐山市"一总部三基地"项目建设，反映出先进材料中游产业在完善地区现代化产业体系中发挥的重要作用。

第二，先进材料中游产业产品的创新性研发，有助于先进制造业的变革发展和产业集聚。先进材料中游产业通过产品创新性研发，助推先进制造业的变革发展。先进材料在经济发展中的作用已经从基础性和支撑性转变为颠覆性和引领性。先进材料的优质性能催生了全新的产业和市场，气凝胶材料轻质、隔热等特性给石油化工、城市热网系统、汽车行业等领域带来变革性的发展，石墨烯的导电性和导热性在储能设备、电子器件方面也具有无可比拟的优势。先进材料良好的应用前景促进了新兴产业的发展，新兴产业的发展又加速了原有产业的变革，特别是传统企业的转型升级。例如，国纳科技自主研发的纳爱康仿生骨修复材料，使材料可产生界面融合，具有良好的生物活性，推动了骨修复材料的临床应用和市场规模的增长。不管是新兴产业还是原有产业，通过引入先进材料，不仅可以实现产品的升级换代，还可以开拓新的市场空间，提升企业的市场竞争力和可持续发展能力。由此可见，先进材料中游产业产品的创新开发，有利于先进制造业发展，同时，先进材料中游产业在先进制造业发展中发挥的基础性作用，有利于吸引先进制造业在成渝地区双城经济圈形成集聚发展态势。

第三，技术创新与研发是先进材料中游产业高质量发展的重要推动力量。通过对成渝地区双城经济圈先进材料中游产业发展典型案例的分析发现，技术创新与研发是促进产业高质量发展的重要推动力量。例如，华陆新材应用人工智能、物联网、工业互联网、大数据、数字孪生、边缘计算等新一代信息技术，实现生产线的数智化转型升级，促进气凝胶产品质量的显著提高，支撑下游制造产业的发展。国纳科技仿造人体骨基质成分、结合人体仿生设计，研发了仿生骨修复产品，还利用可吸收生物、可降解材料，利用材料自行降价的功能避免了二次手术的风险，大大提高了医疗服务的质量和效率，为医学进步提供了强大的技术支撑。西南铝业在大铸锭铸造、锻造开坯、环件轧制等方面的突破和创新，有效支撑了合金材料产品的开发，为我国航空航天事业的发展贡献力量。

（二）未来启示

作为地处成渝地区双城经济圈的先进材料中游企业，面对产业升级和发展的机遇与挑战，可以采取多方面的策略和举措来促进自身发展。

首先，瞄准产业发展方向，提前规划产业布局。一方面，企业可以通过与地方政府和相关部门密切合作，参加成渝地区双城经济圈专家组织的先进材料发展相关会议等，深入了解行业发展动态，确保产业发展方向与市场需求紧密契合。另一方面，积极参与国际、国家和地方的行业标准制定，推动企业标准与国际接轨。对产业发展有深入了解后，再结合企业实际发展历程和资源分布情况，针对产业发展进行提前规划布局，以便快速适应产业的发展变化。

其次，加强技术创新并重视人才队伍建设。在技术创新方面，企业需要积极发挥主动性，可以通过引进先进的生产技术降低成本、提高生产效率和产品质量，也可以联合高校、研究机构等进行产、学、研、用相结合的合作，加强新技术的研发和应用场景的拓展。在人才队伍建设方面，企业可以与高校合作培养研发人才、技术骨干和创新团队，同时吸引国内外高层次人才加盟，建立健全人才培养和流动机制。通过与相关研究院、研究所的合作，设立企业研究院和博士后工作站，推动科研成果快速转化为生产力。

再次，高度重视绿色可持续发展。作为产业链中游，企业需要提高安全环保管理水平，在危化品运输、"三废"排放等方面设立自动监控系统。同时，响应节能减碳的政策，提高企业可持续发展能力，推进生产方式的绿色变革，探索先进材料产品的回收再利用技术，有效处理生产过程中的废弃物和污染物。企业还可以定期对已有项目进行资源利用、安全风险、经济效益等的监管和评估，淘汰产能落后、产能过剩或不符合政策的项目。配合长江经济带生态环境保护和治理工作，积极构建先进材料产业循环经济产业链。

最后，加强产业链协同与国际合作。一方面，企业可以依靠成渝地区双城经济圈的互联互通，同时发挥中游企业在产业链的位置优势，积极与上下游企业开展资源共享与合作，加强先进材料的产业融合发展，特别是在原材料供应、加工制造、产品研发等环节，建立稳定的合作关系，提升整体产业竞争力；另一方面，企业要积极响应开放战略，加强与国际先进材料产业集群的合作，引进国外先进技术，提升企业的国际竞争力，还可以利用双城经济圈的地理优势和政策支持，打造川渝先进材料产业的国际化品牌，吸引更多国际投资和市场资源。

总的来说，成渝地区双城经济圈的先进材料中游产业企业在发展过程中，应充分利用政策支持和产业集群优势，通过技术创新、合作共赢和可持续发展，实现从传统制造向智能制造的转型升级。这不仅能够推动地方经济的高质量发展，还能够为我国先进材料产业整体竞争力的增强提供强大支撑。

参考文献

《华陆公司气凝胶一期项目顺利通过72小时性能考核》，西安网，2022年11月14日，https：//news.xiancity.cn/system/2022/11/14/030990323.shtml。

《华陆新材与中国科学院理化所签署多项合作协议》，华陆工程科技有限责任公司网站，2020年11月24日，http：//www.chinahalueng.com/default/detail/689/12。

《喜讯！华陆新材新增两项认定》，华陆工程科技有限责任公司网站，2023年5月31日，http：//www.hlnewmatl.com/news/detail-233.html。

《华陆新材出席新能源气凝胶产业链高峰论坛并作交流发言》，华陆工程科技有限责任公司网站，2023年5月24日，http：//www.hlnewmatl.com/news/detail-232.html。

《喜讯！华陆新材顺利通过IATF16949汽车行业质量管理体系认证》，华陆工程科技有限责任公司网站，2023年5月19日，http：//www.hlnewmatl.com/news/detail-231.html。

《陆文杰：让"夹江造"成为高端陶瓷典范》，《乐山日报》2021年7月8日。

《高科技材料与石墨烯有机结合》，四川科技成果信息平台网站，2020年10月21日，http：//zr.scppc.org.cn/show-179-782-1.html。

《安德盖姆石墨烯公司成功认定为国家高新技术企业》，夹江县人民政府网站，2019年12月20日，http：//www.jiajiang.gov.cn/jjx/jjbmdt/201912/4b14c294eecd43d6a01720601dd41edd.shtml。

《把政策传达给员工 要做石墨烯应用领军者》，四川在线，2018年11月23日，https：//sichuan.scol.com.cn/dwzw/201811/56690975.html。

《发力供给侧结构性改革 毫不动摇推动高质量发展》，四川在线，2018年3月19日，https：//leshan.scol.com.cn/sdxw/201803/56099011.html。

《骨科市场悄然变革，小而美的骨修复材料在崛起》，"Eshare医械汇"微信公众号，

2021年5月24日，https：//mp.weixin.qq.com/s/b0H9dcESFcNnr7f6PJ6Mxg。

《国家药品监督管理局局长李利视察四川国纳科技有限公司》，"国纳科技"微信公众号，2023年9月13日，https：//mp.weixin.qq.com/s/VSC7ltHIHt-aq-azRTld_ A。

《纳艾康人工骨｜报量持续进行中！！！》，"国纳科技"微信公众号，2023年10月7日，https：//mp.weixin.qq.com/s/MCHlTmB99PGDsfH7D2xNQg。

《国纳科技2019新品发布会成功举办》，"国纳科技"微信公众号，2019年10月25日，https：//mp.weixin.qq.com/s/a7fx9E0jNG1p5AqwIOcXPw。

《中铝西南铝：化"重"为"轻"踏新程》，"国资报告"微信公众号，2024年7月9日，https：//mp.weixin.qq.com/s?__biz=MzA3NTQyODA5MA==&mid=2660924167&idx=1&sn=05773c464298610b7297e6973900a442&chksm=859e3de48aa4cee42f51032752796144225daf6248c16c883f7f995915c007eb13f145cc086a&scene=27。

《"扛起新使命　区县谈落实"主题新闻发布会（第五场）｜科技创新　九龙坡加快发展新质生产力》，华龙网，2024年7月5日，https：//news.cqnews.net/1/detail/12587029067148574 72/web/content_ 12587029067148574 72.html。

《质量的力量⑦｜西南铝何以成为C919国内首家铝材供应商》，《重庆日报》2024年3月25日。

《中国航天日"西南铝造"守护祖国航天梦》，上游新闻，2023年4月24日，https：//www.cqcb.com/county/jiulongpo/jiulongpoxinwen/2023-04-24/5244010_ pc.html。

《助飞中国航天事业的重庆力量——来看看太空中的"重庆造"黑科技》，《重庆日报》2023年4月24日。

《全国首个石墨烯轮胎实验室建立》，《人民日报》（海外版）2016年3月31日。

B.10
成渝地区双城经济圈先进材料下游产业发展典型案例

易淼 吴艳琼*

摘 要： 本报告选取天元重工、再升科技、中船风电、中自环保在成渝地区双城经济圈发展的实际案例，运用案例分析方法，对先进材料下游产业企业典型发展案例进行解析。分析结果显示，成渝地区双城经济圈先进材料下游产业以技术创新为先导，整合先进材料产业链优势，着力在细分领域市场推动科技研发与市场开拓，以先进材料运用为基础，跨区域跨产业推进市场拓展与提供社会服务。未来，成渝地区双城经济圈先进材料下游产业应该强化技术创新与加大研发投入，构建创新生态体系，聚焦前沿领域与新兴产业，引领产业升级，推动产业链协同发展，构建产业集群。

关键词： 先进材料下游产业 创新生态体系 产业链协同发展 产业集群 成渝地区双城经济圈

一 天元重工：以先进材料助力交通强国建设

（一）案例背景

德阳天元重工股份有限公司（以下简称"天元重工"）于2002年1月

---

* 易淼，博士，重庆工商大学成渝地区双城经济圈建设研究院常务副院长、教授，主要研究方向为区域经济与产业发展；吴艳琼，重庆工商大学硕士研究生，主要研究方向为政治经济学。

31 日在中国重大技术装备制造基地——四川德阳登记成立，凭借 17120 万元的注册资本，深耕悬索桥核心承载部件制造领域，致力于与国际高标准接轨，为客户提供高质量的产品与服务。天元重工不仅建立了国内规模最大、独一无二的悬索桥索鞍、索夹等关键部件专业化生产基地，还掌握着悬索桥索夹铸件的专业铸造技术，年产能高达约 24000 吨，在中国悬索桥索鞍、索夹产品制造领域拥有约 70%的市场份额，处于行业领先地位。历经 20 余载的稳健成长与技术创新，天元重工高度重视研发投入，已累计获得 206 项专利，其中发明专利占比达 35.6%，并收获了超过 40 项科技创新成果，荣登"2023 年四川企业发明专利百强榜"。这些技术成果不仅被广泛应用于新建悬索桥项目，还助力公司跻身"2022 德阳市非公企业 50 强"及"2022 年度四川机械工业 50 强"。这一系列的科技创新成果不仅是对公司研发实力的有力证明，还是推动悬索桥建设技术不断进步的强大引擎。

天元重工被认定为国家级专精特新"小巨人"企业，以及四川省高成长型中小企业和科技成果转移转化示范企业，在行业内具有卓越贡献与创新能力。作为国内外悬索桥建设的重要参与者，天元重工已助力超过 160 座桥梁的建造，其品牌影响力深远，被央视纳入"国家品牌计划"，并荣获"国家知识产权优势企业"称号。其旗舰产品"悬索桥索鞍、索夹"荣获"四川制造好产品"，并被编入《2020 年四川省名优产品目录》。近年来，公司战略性地重构产业布局，融合材料研发、铸造、热处理、焊接、数控加工、涂装及工业机器人应用等多个环节，推动企业从悬索桥核心受力部件领域向桥梁核心钢构体系领域纵深发展，持续引领行业技术升级与发展。未来，天元重工将以更加开放的姿态和前瞻性的视野，持续引领中国悬索桥技术的升级与发展，朝着更高、更远的目标迈进，为构建更加安全、高效、绿色的交通网络贡献自己的力量。

（二）促进"制造"向"智造"转变，推动先进材料的数字化加工

推动制造业数字化、智能化转型，专精特新企业是主力军。天元重工积极响应国家号召，全面深化数字化转型战略，在专注的细分领域内持续深

耕，实现专业化、精细化、特色化、创新化的飞跃。为强化制造核心竞争力，天元重工斥资超过 4000 万元，精心引入了 FB6926 高端数控镗铣床，并独家配置了国内首台 450 吨级数控回转工作台，这一举措显著提升了企业的生产效能与规模。同时，天元重工自主研发智能装备提升产品质量与效率，通过预设指令程序，机械臂以高效精准的执行力完成打磨抛光任务，能精细处理索夹非加工面至 Ra 3.2~6.3μm 的粗糙度标准，完美契合无损检测及后续工艺需求。借助远程数据平台，实现了对打磨过程的实时监控与数据分析，进一步拓宽了智能打磨设备在碳钢、合金钢等材料复杂面型加工中的应用边界。此外，天元重工还引入了 PDM 产品数据管理系统，构建图文档电子仓库，实现了设计图纸、工艺文件等技术资料的集中化、规范化管理，确保了产品信息的完整性与时效性，为办公自动化奠定了坚实基础。

在数字化能力建设上，天元重工对数控系统进行了全面升级，并采纳 UG 数控编程软件，将其应用于索鞍产品的精密加工中，多个项目鞍槽加工精度均达到图纸要求，标志着公司索鞍加工正式迈入自动化、数字化新纪元。未来，天元重工规划中的数字化工厂将全面采用数控设备及智能机器人，依托 5G 网络实现设备互联，并与 MES、ERP、PLM 等系统深度融合，构建一个跨部门的综合数字化平台，实现资源、供应链、设计与生产系统的无缝对接与智能调度，引领制造业朝更加灵活、高效、智能的方向迈进。

（三）创新研发高性能锻焊产品，充分发挥先进材料作用

传统索鞍鞍头铸件因内部组织较为疏松，常存在缩孔、缩松及气孔等铸造缺陷，力学性能受限，难以满足大型悬索桥对索鞍严苛的承载需求。而锻焊索鞍作为一种创新的制造工艺，融合了锻造的高致密性与焊接的灵活性，展现出卓越的力学强度和稳定性，成为大型悬索桥等极端工况下不可或缺的关键承重组件，为大型桥梁的建造提供了解决方案。在构建世界之最的贵州花江峡谷大桥时，面临高度高、重量大、纵横向尺寸大等三大难题，天元重工携手贵州省交通规划勘察设计研究院股份有限公司及贵州交通建设集团有限公司，共同研发了高性能锻焊一体化索鞍解决方案，为贵州花江峡谷大桥

这道亮丽的交通线成功修建奠定了坚实基础。

此创新设计有效规避了传统铸造索鞍的诸多不足，显著减少了材料使用量，降低了吊装作业复杂度，并显著增强了桥梁结构的整体稳固性。其设计特点在于能够适配更大跨径、更高强度的钢丝及满足更高承载需求，实现了索鞍的轻量化、超高强度、优越摩擦性能及卓越的低温韧性，综合性能卓越。贵州花江峡谷大桥全长 2890 米，桥面至水面垂直高度 625 米。其主索鞍采用模块化设计，分为中跨侧、中间段及边跨侧三部分，单体最大吊装重量达 41.4 吨，分别设置于两岸主塔之上。而其散索鞍则采用整体化制造，每岸锚碇位置配置一个，单体重量更是高达 70 吨。通过应用高性能锻焊索鞍成套技术，贵州花江峡谷大桥不仅克服了建设中的重重挑战，还为实现"桥旅融合"多元化发展模式奠定了坚实基础。此外，这一技术创新也为全球范围内类似的大跨度、高海拔桥梁工程提供了宝贵的参考与技术支持。

（四）运用先进材料定制开发产品，助力长江特大桥梁建设

五峰山长江大桥是世界首座高速铁路悬索桥，也是世界已建成的跨度最大、运行速度最快、运行荷载最大的公铁两用悬索桥。天元重工在此项目中发挥了关键作用，为大桥量身定制了核心承重构件——索鞍与索夹，这些部件同时满足了高速铁路与高速公路的双重高标准建设要求。作为跨越千米的巨型公铁两用悬索桥，五峰山长江大桥的建设挑战重重，特别是在主缆线型精准控制、吊索制造高精尖以及整体架设的复杂工艺上，均设立了极高的技术门槛。其中，五峰山长江大桥的单套主索鞍体重 352 吨，单件散索鞍体重232.5 吨，索鞍轮廓尺寸及重量均创造了新的世界纪录，彰显了人类工程技术的非凡成就。

面对如此艰巨的制造任务，天元重工展现了深厚的行业底蕴与创新实力。公司自主投资 7000 万元，建立了装备先进的重装车间，并引进了国内顶尖的 FB260 大型数控镗铣床，配备承重能力高达 600 吨的全数控回转工作台，这一举措有效攻克了超大型索鞍整体加工的技术瓶颈，确保了每一件产品的精度与品质均达到甚至超越设计标准。经过长达三年的潜心研究与不懈

努力，天元重工技术团队不仅突破了行业标准对索夹铸钢材料的严苛限制，解决了抗低温冲击性能的关键技术难题，还巧妙应对了大孔径薄壁铸钢索夹易变形的挑战。通过创新的铸焊结合工艺与鞍体组合技术，在FB260大型数控镗床的精密加工下，各部件实现了完美无缝对接，最终成功安装上了目前全球重量级与体积均居首位的散索鞍，为五峰山长江大桥的辉煌建成贡献了重要力量。

二 再升科技：先进材料产品开发支撑关联产业发展

（一）案例背景

重庆再升科技股份有限公司（以下简称"再升科技"）是重庆本土企业，成立于2007年，2015年在上交所上市，现在已发展成为行业的龙头企业。再升科技聚焦微纤维玻璃棉领域，是全球范围内唯一能同时生产高性能玻璃纤维滤料、低阻熔喷滤料及高效PTFE膜等核心空气过滤材料的综合性企业，多项技术突破与产品创新填补了国内空白，实现了关键材料的国产化替代。秉持"干净空气"与"高效节能"的双轮驱动战略，再升科技持续提高玻璃纤维过滤纸、VIP芯材及保温节能材料等核心产品的产能，稳居行业前沿。其超细玻璃纤维棉荣获欧洲矿棉产品认证委员会（EUCEB）权威认证，成为中国唯一通过该检测的企业，彰显了公司在国际舞台上的卓越研发与制造实力。

依托超细纤维、膜材等前沿新材料，再升科技构建了集研发、制造、服务于一体的完整产业链，在重庆、东莞、苏州、四川四大制造中心的基础上，设立了多个高规格研发平台，包括市级制造业创新中心、国家企业技术中心等，以及重庆纸研院、重庆纤维研究院、意大利法比里奥研究院等三大核心研发机构，形成了强大的技术创新体系。同时，与同济大学、中国石油大学、重庆大学等高等学府深度合作，推动产学研深度融合，加速科技成果转化。在研发投入上，2020~2023年再升科技累计投入4.03亿元，研发强度高达5.95%，远超行业平均水平。截至2024年7月，再升科技已累计获得专利178项，其中发明专利占比高达78.65%，在技术创新方面具有深厚底蕴。随着资产规模从2015年的4.46亿元增加至2020年的33.02亿元，增幅高达640.36%，再升科技不仅实现了规模的跨越式增长，还在品牌建设、市场开拓、社会责任等方面取得了显著成就。公司获得中国商飞颁发的"产品试验资格证书"、重庆市五一劳动奖状、工信部制造业单项冠军产品、重庆市科技进步一等奖、重庆民营企业100强榜单等荣誉，充分展现了其在行业内的领先地位和社会影响力。

（二）运用先进材料研发飞机棉，助力C919载客飞行

C919作为中国自主研发的首款遵循国际适航标准的喷气式中程干线客机，于2017年首飞成功，极大地提升了"中国制造"的国际影响力。该机型所采用的"航空级隔音隔热材料"（俗称"飞机棉"）是一种专为飞机客舱设计的玻璃纤维棉毡，其卓越的隔音、隔热性能，加之耐腐蚀、轻量化的特性，为乘客提供了宁静、舒适的飞行环境。该材料以石英砂、钠长石、硼砂等为基础原料，由先进的火焰喷吹与负压集棉技术精制而成，其中超细玻璃纤维的平均直径精细至2微米，远小于常规标准的5~10微米。

再升科技作为国产航空材料领域的先锋，成功为C919量身定制了这件"轻薄航空外衣"。在此之前，全球范围内仅有两家美国企业掌握此类技术。2016年，凭借深厚的技术积累和前瞻性的视野，再升科技总投资近7000万元，建立了专属生产线并设立了国内首个经中国商飞认证的航空级声学实验室，掌握了16项关键检测能力中的13项。[①] 通过不懈努力，再升科技实现了2微米级玻璃纤维与辅料的精准融合，以高科技手段创新性地"编织"

---

① 《隔音隔热C919所穿"棉衣"是重庆造》，今日重庆网，2022年12月10日，https://www.jrcq.cn/Release/txtlist_i18979v.html。

出符合需求的航空级材料，成功打破了国外技术垄断，实现了飞机棉的国产化进程。2020年，再升科技自主研发的飞机棉产品顺利通过中国商飞的严格审核，再升科技正式成为供应链上的一员。次年，首批产品即被应用于首架C919大型客机上，标志着国产航空材料在高端制造领域的重大突破。此外，再升科技持续深耕，不断探索新型过滤与保温材料的边界，针对核工业、航空航天等国防安全领域的特殊需求，研发出多款具有自主知识产权的尖端产品，如隔音隔热毯等，已批量应用于C919等国产飞机，有效打破了国外企业在这些关键领域的长期垄断，为中国航空工业的发展贡献了重要力量。

（三）开发畜牧业特种玻璃纤维空气过滤纸，以先进材料服务现代农业

从微小的砂粒到精细的微纤维玻璃棉，再到制成干净空气的过滤材料，人和动物都能从"干净空气"中受益。随着人民生活水平持续提高，畜牧禽类肉制品的市场需求日益旺盛，其中猪肉消费占主导地位。然而，面对非洲猪瘟等疫情的频发、新冠疫情对食品安全的新要求，以及国家环保与饲料无抗政策的多方因素推动，畜牧养殖产业对安全生产环境特别是干净空气的需求不断增长。研究表明，畜牧养殖业最大的危害在于烈性传染病，其中40%以上的疫病是通过空气传播的，切断空气传播渠道可以有效预防疫病的发生，同时，舒适的温度和湿度、清新的空气可以提升畜产品质量。

在此背景下，再升科技精准布局，聚焦畜牧养殖领域的空气净化市场，致力于提供创新的解决方案，以有效阻断病毒与细菌的空中传播路径，降低动物患病率，从而提升动物健康水平与食品安全性。公司早在2011年便已成功将自主研发的畜牧业专用玻璃纤维空气过滤纸引入欧美高端养殖市场，赢得了广泛认可。2018年起，再升科技进一步深化与畜牧业科研机构及行业龙头企业的合作，针对养殖环境多样性，开发出能够全面拦截各类污染物的空气过滤系统。该系统凭借高效低阻、强抗水性、高耐破强度及优异阻燃

性能，在知名畜牧品牌的新风猪舍等关键区域得到了广泛应用。通过多级过滤器的精密配合，不仅有效滤除了空气中的尘埃与杂质，还显著降低了病毒、细菌及病原微生物随气雾颗粒传播的风险，为猪舍营造了恒温、清洁的饲养环境。此举不仅显著降低了动物疾病发生率与死亡率，提升了养殖效率与经济效益，还从源头上保障了食品安全与公众健康。

（四）研发高效过滤器滤纸，实现核电运营关键材料的国产化替代

核电站运营过程中会产生放射性物质，这些物质以粉尘形式悬浮于空气中，若未经处理即被吸入或排放，将对人体健康及自然环境产生严重威胁。因此，核电站通风系统的构建与维护至关重要，它是核电安全生产的必要辅助与保障系统，其核心在于空气过滤器的有效运作。空气过滤器作为通风系统中净化空气的关键组件，其核心功能是通过精细的过滤机制，减少放射性污染物的扩散，确保工作人员接受的辐射剂量及对放射性物质的吸入量保持在最低合理可行水平，严格遵守安全限值。同时，经过净化的空气被安全排放至外界，有效遏制了污染物对环境的进一步污染。

在空气过滤器的构造中，滤纸材料扮演着至关重要的角色。然而，长期以来，核级高效过滤器滤纸的市场主要由国外企业主导，这一现状限制了国内核工业核心材料的自主供应能力，阻碍了行业的自主发展进程。为打破这一局面，2020年田湾核电站启动了核级高效过滤器滤纸国产化研究项目，旨在寻找能够自主生产满足核级标准滤纸的企业，包括原料技术指标、堆积结构制造工艺、耐辐射、耐高温及憎水性能等全方位要求。这一举措标志着国内核电领域对核心材料国产化的迫切需求与坚定决心。在此背景下，再升科技凭借自主研发的、高度自动化的且达到国际先进水平的生产线，以及丰富的实验检测资源和专利积累，成功中标该项目。这一成就不仅体现了再升科技在技术创新与产品质量上的卓越实力，还为我国核电技术的自主化发展注入了强劲动力，标志着在核级空气过滤纸国产化道路上迈出了坚实的一步，为"中国制造"在核级过滤器领域的全球竞争力奠定了坚实基础。

三 中船风电：先进材料支持海上风电能源利用

（一）案例背景

中船海装风电股份有限公司（以下简称"中船风电"）成立于2004年1月9日，隶属于中国船舶集团，是国家海上风力发电工程技术研究中心的重要构建者，专注于风电设备系统集成、设计制造、风电场工程及新能源系统集成的科技创新型企业。公司注册资本131862.1574万元，资产规模120亿元，总部位于重庆。中船风电依托中船重工的强大产业链背景，构建了全方位的风电机组零部件供应体系，涵盖从五大核心部件（叶片、齿轮箱、发电机、主控、变桨）到三大结构件（轮毂、机架、主轴）等多类辅助系统，实现了近九成的自主配套能力，确保风机全生命周期的稳定运行与维护。创立之初，中船风电以陆上风机为起点，其2兆瓦级风电机组曾在国内同行业中创下自主研发与大功率的标杆纪录，广泛应用于高山、沙漠、戈壁等多种复杂地形。2009年，中船风电调整产业布局，专注于风电装备研制、系统总成和后市场运维服务，由单一的风电装备提供商向风电装备制造整体解决方案服务商转型。

作为"重庆市风力发电装备科技重大专项"牵头单位和"超百亿风电产业企业集群"重点实施单位，中船风电是科技部唯一授权组建的"国家海上风力发电工程技术研究中心"的依托单位。中船风电将成熟的标准化生产管理标准体系引入风电整机制造产业，实现了跨平台零部件通用化、系列化、模块化设计，具备了零部件通用互换功能，提高了维护的可靠性和方便性，降低了配套成本。经过多年产业的沉淀，总公司连续7年进入世界500强，目前有7个国家级研发中心、9个国家级重点实验室，打造了辽宁舰、"蛟龙"号等一系列特色名片。先后获得了"重庆市市长质量管理奖""中国风能行业建设杰出贡献企业""能源行业十大科技创新成果""重庆市十大科技进展"等荣誉称号，形成了年产值达500亿元的风电产业集群,带动重庆市 80 余家配套企业发展,为区域经济的绿色转型贡献了力量。

(二)依托先进材料研发风电机组,实现复杂气候条件下的并网发电

中船风电专注新技术研发与技术改进,掌握了核心控制算法,先后研制出 H82、H87、H93、H102、H111、H120 等 2MW 型机组,引领了长叶片技术的行业发展方向,其中 H111-2MW 位列全球机型成交量第八。在此基础上,中船风电通过技术创新自主研发了 H146-3.4MW 机组,该机组不仅在叶片长度及功率等级上创下全国乃至全世界山地风场之最,还为华润锦屏试验风电场的全面并网发电奠定了坚实基础。响应国家清洁能源发展的号召,中船风电在锦屏县青山界这一风能资源丰富的地区,助力建设了华润锦屏试验风电场。该风电场位于贵州黔东南的锦屏县,地处高海拔、多雨及严寒环境,对建设条件提出了严峻挑战。项目总装机 44950 万瓦,总投资约 4 亿元。工程主体位于锦屏县青山界,风场场址范围 29.1 平方千米,风机均布置于海拔 1000~1300 米的山脊上。

面对恶劣的天气、崎岖的山路等困难,中船风电解决了施工中遇到的各种难题,成功完成了机组的吊装作业。针对华润锦屏风电场初期发电效率低的挑战,项目方经过慎重选择,确定了中船风电等四家企业参与试验机组建设,其中船风电的 3.4 兆瓦机组作为国内首台最大山地风电机组,71.8 米长的叶片更是全国之最。通过严格的环境保护要求、施工管理、安全质量控制及造价监管,中船风电克服了重重困难,实现了首台机组的顺利并网发电。此次并网标志着更大的风能捕获面积、更高的能源转换效率和发电能力的提升,预计风电场年理论发电量可达 5830 万千瓦时,相当于每年减少近万吨煤炭的消耗,为贵州省乃至全国的清洁能源发展贡献了重要力量。

(三)先进材料支撑海上风电平台建设,探索深远海能源开发

在"十四五"规划期间,风电产业的战略焦点正加速向海上风电尤其是深海风电领域延伸。国家气候中心权威数据揭示,深海区域的风能资源总

量高达约10亿千瓦，几乎是近海风资源的两倍。而浮式风电技术作为深入远洋的关键路径，正逐步成为行业共识。2022年，中船风电成功研制并部署了国内首台深远海漂浮式风电平台——"扶摇号"，在广东湛江罗斗沙海域顺利安装，标志着我国在深远海浮式风电装备领域实现了零的突破，成为推动我国向深远海能源领域迈进的标志性成果。"扶摇号"是一项自主研发的深远海漂浮式风电系统示范工程，其半潜式基础设计充分考虑了海域水文特性，而创新的悬连线式系泊方案则为风力发电机及附属系统提供了稳固支撑。其独特的等边三角形平台构型，结合立柱、垂荡板、下浮体及方形横撑结构，彰显了高度的技术创新性。

"扶摇号"搭载了中国海装自主研发的6.2MW风力发电机组，该机组设计精良，最大发电能力可达每小时6200千瓦时，其庞大的体型——总长72米、型深33米、型宽80米，加之机组塔筒、轮毂中心及风轮直径的显著尺寸，共同构成了国内最大的浮式风电装备，彰显了中船风电在深远海风电技术领域的领先地位。研发过程中，中船风电团队面对时间紧迫、海洋环境恶劣及海底地质复杂等多重挑战，通过精准施策，成功解决了复杂海洋环境下的气动水动载荷耦合动力学分析及海上浮式风电装备协同控制等关键技术难题。历经多次12级台风考验，"扶摇号"依然屹立不倒，其卓越的稳定性和可靠性得到了充分验证。"扶摇号"的成功研制与应用，不仅填补了我国在大功率海上浮式风电装备一体化设计及应用验证领域的空白，还为我国深远海风电的规模化发展奠定了坚实的技术基础，对推动我国风电装备制造业的自主创新与产业升级具有深远的意义。

（四）先进材料风电机组稳定运行，持续供应清洁能源

相较于陆地，海上风电展现出显著的储量优势、高效的发电能力及地理位置的便利性。海域内可开发利用的风能资源近乎陆地资源的3倍，且不受山脉等自然障碍影响，使得海上风电机组年有效运行时间轻松突破4000个小时，发电效率较陆地风电提升近40%。为了把握海上风电蓬勃发展的黄金机遇，中船风电在环渤海地区深耕细作，通过在大连庄河等地实施多个风

电项目，有效优化了当地以火力发电为主的能源结构。其中，大连庄河Ⅱ期与Ⅳ1期项目共部署85台海上风电机组（总装机容量456MW），于2021年底顺利实现全容量并网，创下辽宁省新能源项目一次性投产容量的新纪录，至今已贡献超过32亿千瓦时的清洁能源。

进一步地，2024年7月1日，华能大连市庄河海上风电场址Ⅳ2（200MW）项目首批"海装造"机组成功并网，标志着辽宁省首次实现平价海上风电的电力输出。该项目坐落于大连庄河市石城岛东部海域，离岸适中，水深适宜，规划区域广阔，部署了中船风电25台先进的8MW海上风电机组，集高效、安全、稳定于一身。针对庄河地区冬季严寒的气候特点，中船风电对机组进行了抗寒防冻的特别设计，确保其在极端环境下仍能稳定运作，最大化利用风资源。项目全面投产后，预计年发电量将达到6.3亿千瓦时，惠及约50万户家庭，相较于同等规模的燃煤发电，每年可节省标煤约19.1万吨，并显著减少污染物排放，环保效益显著。建设过程中，中船风电团队克服盐雾等恶劣环境的挑战，优化物资调配与运输方案，确保施工高效进行，24小时不间断作业，打造高质量的海上风电精品工程，为当地推动绿色低碳转型、实现可持续发展提供了重要电力支撑。

四 中自环保：环保新材料促进绿色转型发展

（一）案例背景

中自环保科技股份有限公司（以下简称"中自环保"）位于成都高新西区，创始于2005年7月15日，2021年在上海证券交易所科创板上市，注册资本12024.2886万元。公司致力于天然气（CNG/LNG）、柴油、汽油等燃料发动机排放后处理催化剂（器），工业VOCs催化剂，以及氢燃料电池电催化剂、储能与动力电池等新材料、新能源技术研发，是集科研、生产、销售、服务于一体的高新技术企业，并受国家火炬计划重点扶持。中自环保始终聚焦新材料与新能源两大前沿领域，依托持续的科技创新与成果转化机制，特别是在稀土技术的深度探索上取得了显著成就，全面掌握了从设计到生产工艺的核心技术链，推动了产品的工程化、产业化进程，构建了完善的产业管理体系，有力推动了战略性新兴产业的蓬勃发展。在此基础上，公司进一步拓展未来产业布局，聚焦前沿基础材料、氢能经济、新型储能技术等新兴领域，加速储能系统、钠离子电池、氢燃料电池等关键技术的研发与应用，为公司的国际化环保战略奠定了坚实基础。

历经近20载的技术深耕，中自环保已从行业追随者成长为并行竞争者，并在部分核心领域处于领先地位。通过与四川大学的深度合作，攻克了机动车尾气催化剂的核心技术难关，填补了国内技术空白，有效替代了国际品牌产品。2023年，公司业绩实现飞跃，全年营收高达15.44亿元，同比增长率高达245.07%，彰显了强劲的市场竞争力和增长潜力。公司知识产权积累丰厚，拥有专利398项，其中发明专利占比高达79.15%，具有强大的自主研发能力。近年来，中自环保入选国家技术创新示范企业、国家级专精特新"小巨人"企业名单，荣获四川省优秀院士（专家）工作站认证及国家企业技术中心资格，成为北京冬奥会与成都大运会火炬催化燃烧产品的供应商，展现了其技术实力与品牌影响力。

（二）研创汽车尾气催化剂，以先进材料实现近零排放

汽车尾气净化催化剂是汽车排气系统中不可或缺的高效净化设备，作为一家国家级专精特新"小巨人"企业，中自环保深耕的环保催化剂领域，可将汽车尾气排出的有害气体通过化学反应转变为无毒的二氧化碳、水和氮气，显著改善空气质量。面对曾长期由国际品牌主导的汽车尾气催化剂市场格局，中自环保凭借对本土市场的深刻理解与技术创新，成功打破了这一垄断局面。针对国内燃油含硫量偏高、低速行驶环境普遍、消费者价格敏感等特点，中自环保设计了一系列高度符合国内实际使用条件的尾气催化剂产品，赢得了市场的广泛好评。

在国六排放标准独立制定并实施的背景下，中自环保自2016年起便前瞻性地启动了符合新标准要求的尾气净化催化剂研发项目，历经多年严格测

试与验证，2022年与8家汽车排放性能维护站联合，在成都市范围内实施了大规模的尾气催化器"换新"公益活动，有效降低了参与车辆的排放水平，标志着产品成熟度的显著提升与市场推广的加速。2023年，中自环保的产品已广泛应用于超过162万辆汽车，年度污染物减排量高达约200万吨，逐步巩固了在主流市场中的地位。这一成就的背后，是中自环保对能源效率的不懈追求，通过技术创新实现节能减排的双重目标。针对催化剂中贵金属成本高的问题，中自环保创新性地采用纳米技术，优化催化剂结构，增大比表面积，有效提升了贵金属的分散度与利用率。此外，通过材料配方优化，如以铂代钯、降低铑含量等措施，中自环保在保证催化效率与耐久性的同时，大幅降低了贵金属使用量，相比初代产品降低了50%，而尾气净化效率则攀升至99%以上，为改善空气质量、助力环保攻坚战贡献了重要力量。

（三）以先进材料进行前瞻布局，探索氢燃料电池电催化剂

在当前全球"双碳"目标的驱动下，氢能以独特的零碳属性展现出巨大的发展潜力。2022年，国家发展改革委与能源局联合发布的《氢能产业发展中长期规划（2021—2035年）》标志着氢能产业正式获得国家层面的战略认可。据中国氢能联盟的最新报告预测，至2060年碳中和目标实现之际，氢能有望拥有我国终端能源消费市场约20%的份额，其中可再生能源制氢量将达到亿吨级别。氢能的高热值特性（约为汽油的3倍）推动氢燃料电池效率提升近60%，并作为电、热、气等多种能源之间的桥梁，为实现未来跨能源网络的协同优化提供了独特路径。

尽管我国长期稳居全球产氢量首位，但在氢能产业链的中下游环节，国内企业尚未取得显著突破。基于对环境友好型企业的长远规划及对氢能产业前景的深刻洞察，中自环保于2018年便前瞻性地布局了氢燃料电池电催化剂领域，组建专业团队，专注于相关技术的研发工作。凭借在铂族贵金属应用领域10多年的丰富经验，公司于2021年成功实现了氢燃料电池用铂碳催化剂的百克级制备技术突破。此外，作为"十三五"国家重点研发计划的

参与方，公司在高性能、抗中毒车用燃料电池催化剂的合成与批量制备方面也取得了显著进展，并于2022年底前建立了百克级中试生产能力，随后在2023年进一步扩展至公斤级批量生产。通过持续的自主研发与广泛的科研合作，中自环保攻克了多项技术难关，构建了具有自主知识产权的技术体系，建立了完善的燃料电池催化剂生产线，实现了生产过程的智能化监控与数据追溯，确保了产品性能的稳定与可靠。中自环保持续深耕氢能领域，有助于将重庆打造成为中国西部"氢谷"，并推动成都成为引领绿色氢能发展的"绿色氢都"。

（四）探索储能与动力电池，以先进材料促进新能源行业发展

中自环保在新材料与新能源领域的布局展现出多元化的战略视野，不仅深耕氢能技术，还全面嵌入以电池技术为核心的新能源汽车全产业链，锚定自身技术价值。基于近20年的行业深耕与对汽车未来趋势的精准把握，公司于2022年正式成立储能与动力电池事业部，跳出尾气催化剂舒适圈，进军新能源赛道。新能源的本质仍然是新材料。中自环保凭借在基础材料技术上的积累与广泛的客户资源，实现了在新能源领域的无缝衔接与拓展。在储能与动力电池领域，中自环保正加速推进电芯中试线的建设与产品性能的持续优化，同时聚焦固态电池与钠离子电池等前沿技术的研发与产业化进程。随着可再生能源（如光伏、风电）的快速发展及峰谷电价机制的完善，储能市场展现出巨大的发展潜力。公司灵活利用各类客户资源，包括央国企、行业领军企业及上市公司等，提供定制化光伏储能解决方案，国内侧重于合同能源管理与储能电站建设，而海外则主打产品与技术设备的出口。中自环保的微电网移动储能系统已成功获得欧盟CE与MSDS认证，在国际市场上赢得了广泛认可。

针对动力电池市场，中自环保明确了锂离子电池、钠离子电池与固态电池三大研发方向，并已在锂离子电池的低温性能上取得关键性突破。针对北方严寒环境下新能源汽车电池性能大幅下降的痛点，公司携手电子科技大学共同研发出低温适应性更强的电芯产品，旨在满足北方市场对新能源汽车动

力电池的特殊需求，从而在竞争激烈的市场中开辟差异化发展路径。此外，中自环保还积极探索钠离子电池的商业化路径，凭借其优异的低温性能、快速充电能力及安全性，以及原材料资源丰富、开采成本低的独特优势，被视为未来动力电池市场的重要参与者。2023年2月，公司成功研发出第一代钠离子电池，采用层状氧化物正极与硬碳负极的先进工艺，实现了软包电池单体能量密度达到120wh/kg的佳绩。该成果不仅为两轮车点火仪式提供了技术支持，还为未来大规模储能应用奠定了坚实的技术基础。

五 典型案例的经验启示

（一）经验总结

在快速发展的科技和工业领域，天元重工、再升科技、中船风电以及中自环保各自以独特的产品优势和战略眼光，在行业内取得了显著的成绩，有效支撑成渝地区双城经济圈先进材料产业发展，这些下游产业企业的发展经验主要有以下几点。

第一，技术创新是先进材料企业发展的关键。天元重工、再升科技、中船风电以及中自环保始终将技术创新视为企业发展的核心动力。为了提升技术创新能力，上述企业不断深化与知名院校间的产学研合作、持续加大科研投入，建立起国家企业技术中心等高规格的研发平台，通过人才引进吸纳国内外精英、工程院士等高精尖人才，为技术创新提供平台与资源支持。比如，天元重工不仅建立了四川省企业技术中心和索桥核心受力部件工程技术研究中心，还积极引进国外先进技术，与国内知名桥梁设计院所合作，不断推动技术研发和产品创新。通过聘请桥梁界专家组成"智囊团"，天元重工在索桥上部钢结构体系设计、制造和安装等方面取得了多项国家专利，并参与了交通运输部标准的制定，推动了行业技术水平的提升。这些成功经验表明，持续的技术创新和强大的研发能力是企业在激烈的市场竞争中脱颖而出的关键。

第二，以先进材料运用为基础，跨区域跨产业推进市场拓展与提供社会服务。天元重工、再升科技、中船风电以及中自环保，作为各自领域的佼佼者，均展现出对时代需求的敏锐洞察，并致力于通过先进材料的研发与应用，不断拓宽市场边界，深化社会服务，为推动社会可持续发展贡献力量。天元重工建造的160多座桥梁，解决了贵州、江苏等地的通行难题，为当地发展经济奠定了交通基础。再升科技运用特种玻璃纤维空气滤纸，为农业提供干净空气，保障了农产品品质。中船风电分析能源市场，积极从陆上风电场转向深海领域，海上绿电的成功运行有效缓解了辽宁省冬季用电紧张的情况。中自环保深耕汽车尾气材料研发，减少了空气污染。这些企业每一次技术的创新与运用，不仅提高了自身的市场占有率，也满足了社会需求，在服务社会中实现了公司的发展。

第三，整合产业链条，厚植先进材料竞争优势。优化产业生态布局，构建一条涵盖研发创新、精密制造，以及高效销售的闭环产业链，能够削弱外部市场波动的负面影响，强化内在抵御风险的能力，确保供应链体系的稳健与可持续。强化先进材料领域的核心竞争力，不仅是企业自身实力跃升的关键，也是驱动整个行业迈向高质量发展的核心引擎。以再升科技为例，再升科技构建了集研发设计、生产制造、专业服务于一体的综合性产业链。面对全球化与国际化的发展需求，再升科技与重庆大学、重庆材料研究院等高校建立紧密合作机制，共同应对技术挑战，实现了多项技术突破与成果转化。同时，企业积极融入国家科技创新体系，成为国家科技基础设施与科研资源共享网络的重要成员，促进产业链上下游企业的紧密合作与生态共建，实现了产业间的深度互联。在产业链的不断延伸中建立优势。

第四，专注前沿先进材料，细分领域做精做细。天元重工、再升科技以及中自环保都着眼于前沿先进材料的细分市场，实现了从"跟跑"到"并跑"再到"领跑"的变化，成为行业领先者。专注于前沿先进材料的细分领域，不仅是获取差异化竞争优势，也是企业工匠精神的展现，对企业把握细分产品提出了更高的要求，也更有利于企业对市场趋势的判断。比如，中自环保专注于环保催化材料的研发与应用，致力于为汽车尾气净化、工业废气治理等领域提供高效解决方案。面对日益严格的环保法规，企业不断突破技术瓶颈，开发出具有自主知识产权的高效催化剂产品，有效降低了污染物排放，提升了环境质量。中自科技还积极参与国际合作，将中国环保技术的创新成果推向世界，展现自身实力的同时，有助于减碳目标的实现。

（二）未来启示

在成渝地区双城经济圈的建设中，先进材料作为支撑现代工业发展的重要基石，其下游产业的拓展与升级对区域经济的持续发展具有重大意义。结合天元重工、再升科技、中船风电以及中自环保在各自领域的成功经验，为成渝地区双城经济圈先进材料下游产业的发展揭示了未来发展的无限可能与深刻启示。

第一，强化技术创新与加大研发投入，构建创新生态体系。技术创新是推动先进材料产业发展的核心动力。未来，成渝地区双城经济圈应进一步加大在先进材料领域的研发投入，构建以企业为主体、以市场为导向、产学研深度融合的技术创新体系。一是设立专项研发基金。政府应设立专项研发基金，支持企业、高校及科研机构在先进材料领域的关键技术攻关和新产品研发。同时，鼓励社会资本参与，形成多元化、多层次的研发投入体系。二是设立创新平台，依托现有产业园区和科研机构，建设一批国家级、省级重点实验室、工程技术研究中心和企业技术中心等创新平台，推动跨领域、跨学科的协同创新。三是加强产学研深度合作，建立企业与高校合作交流的沟通平台，运用高校资源加快先进材料领域关键核心技术的突破，同时，加强科技成果的转化与应用，缩短科技成果从实验室到市场的转化周期。

第二，聚焦前沿领域与新兴产业，引领产业升级。成渝地区双城经济圈在先进材料领域的发展正聚焦前沿科技的深度融合与产业升级，展现出强劲的创新动力与发展潜力。重庆市应依托自身产业基础，聚焦高端轻合金、玻纤复合材料及化工新材料等制造基地的建设，同时打造完整的石墨烯产业链，实现从原材料到终端产品的全链条布局。成都市应当以"四大特色+四大优势"的先进材料产业体系为引领，深度布局高性能纤维复合材料、稀土功能材料等特色领域，形成集群效应，构建电子信息、金属装备、新能源及生物健康材料四大产业集聚区，强化区域在新材料领域的综合竞争力。通过重庆市、成都市两大核心城市因地制宜、共同发力，为成渝地区双城经济圈的高质量发展注入了新的活力，共同推动中国新材料产业向全球价值链中高端迈进。

第三，推动产业链协同发展，构建产业集群。先进材料产业的发展离不开完整的产业链支撑。未来，成渝地区双城经济圈应推动先进材料产业链上中下游企业的协同发展，构建具有竞争优势的产业集群。一是加强产业链整合。通过政策引导和市场机制的作用，加强产业链上中下游企业之间的合作与整合，推动原材料供应、生产制造、产品加工、市场销售等环节的紧密衔接和协同发展。二是培育龙头企业，支持具有核心竞争力和市场影响力的龙头企业做大做强。通过政策扶持、资金支持和市场开拓等方式，帮助龙头企业提升技术水平、扩大生产规模和提高市场占有率。三是促进产业集群发展。依托现有产业园区和产业集群基础，推动先进材料产业在成渝地区双城经济圈的集聚发展。通过完善基础设施、优化产业布局和强化服务配套等措施，吸引更多的先进材料企业入驻园区和集群区域。

参考文献

《"重装之都"向"新"而行》，《四川日报》2024年3月21日，第8版。

《打通江苏高速中轴线 五峰山长江大桥通车在即》，中国江苏网，2020年10月12日，https://jsnews.jschina.com.cn/jsyw/202106/t20210621_2802736.shtml。

《国内首台深远海浮式风电装备完成总装》，中国通用机械工业协会网站，2022年5月30日，https：//www.cgmia.org.cn/Web/News/Detail/15094。

《跳出"舒适圈" "小巨人"站上新赛道》，《四川日报》2023年5月12日，第4版。

《中自科技积极培育新兴业务 业绩重回增长通道》,中国证券网,2024年7月8日,https://www.cs.com.cn/ssgs/gsxw/202407/t20240708_6422843.html。

杨思飞等:《成渝地区双城经济圈世界级先进材料产业集群培育研究》,《中国西部》2021年第3期。

比较篇

B.11
京津冀地区先进材料产业发展及比较优势研究

陈雨森 彭 卓*

摘 要： 本报告对京津冀地区先进材料产业规模、分工格局、重点企业、政策供给和产业链发展进行分析，运用案例分析法解析典型企业的发展状况，通过比较分析法分维度对比京津冀地区与成渝地区双城经济圈代表性城市先进材料产业发展的比较优势。分析结果显示，京津冀地区先进材料产业发展规模持续扩大，形成以北京市为核心的集聚发展态势，在政策支持下产业链日趋完善，与成渝地区双城经济圈相比，京津冀地区先进材料产业龙头企业数量相对较多，要素禀赋条件更好。未来，成渝地区双城经济圈可以借鉴京津冀地区在技术创新、集群建设、人才引育和制度供给上的成功经验，促进先进材料产业的高质量发展。

---

* 陈雨森，西南财经大学博士研究生，主要研究方向为政治经济学；彭卓，西南财经大学博士研究生，主要研究方向为政治经济学。

关键词： 先进材料产业　比较优势　京津冀地区

一　京津冀地区先进材料产业总体发展情况分析

（一）京津冀地区先进材料产业规模基本情况

京津冀地区先进材料产业蓬勃发展、产业规模持续扩大。其中，北京市先进材料产业规模以上企业的总产值从2018年的317.7亿元增加至2022年的502.2亿元，年均增长率达12.1%。① 值得注意的是，北京中关村示范区涉及先进材料研发、制造的国家高新技术企业在2023年的总收入达到683.3亿元，相较于2022年增长了3.6%，包括产品收入494.7亿元，以及技术收入15.4亿元，呈现快速增长的态势。② 天津市先进材料产业保持较快的增长速度，其先进材料产业链工业产值在2023年达到1785.7亿元，同比增长1.5%③；2023年，先进材料产业增加值增长4%，占全市规模以上工业增加值的比重从2017年的2.6%上升至2023年的3.5%④。河北省先进材料产业同样呈现迅速发展趋势，2018~2022年先进材料产业规模以上工业企业的增加值分别增长23.1%、12.8%、6.2%、6.7%、9.9%，年均增长率达11.7%。⑤ 同时，2024年河北省先进材料领域落地70个重点项目，总投资超过600亿元。⑥

---

① 《北京统计年鉴（2019）》《北京统计年鉴（2023）》。
② 北京市统计局官网，https：//tjj.beijing.gov.cn/tjsj_31433/。
③ 《「"链"上天津」数看产业链"爆改"竹子制新材料　竟可使圆白菜保鲜达120天!》，"津云客户端"百家号，2024年7月1日，https：//baijiahao.baidu.com/s?id=1803336715334105865&wfr=spider&for=pc。
④ 《天津统计年鉴（2023）》。
⑤ 《河北省2018年国民经济和社会发展统计公报》《河北省2019年国民经济和社会发展统计公报》《河北省2020年国民经济和社会发展统计公报》《河北省2021年国民经济和社会发展统计公报》《河北省2022年国民经济和社会发展统计公报》。
⑥ 《奋战"开门红"重点项目"加速跑"｜河北：新材料产业重点项目加速推进　蓄积发展向"新"力》，河北网络广播电视台网站，2024年3月19日，https：//www.hebtv.com/19/19jszx/lbhj/11430676.shtml。

（二）京津冀地区先进材料产业分工格局基本情况

京津冀地区先进材料产业在快速发展的同时，北京、天津、河北三省市先进材料产业协同联动的发展格局加速形成，以北京为新材料核心技术研发中心，以天津、河北为新材料制备工艺开发以及技术转化基地的分工格局逐渐形成。具体来说，北京市聚焦超导材料、石墨烯材料、超宽禁带半导体材料以及新一代生物医用材料等细分领域的新材料产业发展，并着重攻关和突破新材料产业相关细分领域发展所必需的共性技术、关键技术以及重要制备技术。天津市则主要围绕先进化工材料、高端金属材料、新型无机非金属材料、新一代信息技术材料、生物医用材料、新能源材料、高端装备材料、节能环保材料、石墨烯材料、超导材料、增材制造材料等细分领域先进工艺技术和生产制备工艺开发、材料性能优化以及技术转化。河北省则以先进金属材料、碳基新材料、电子信息材料、高性能复合材料、新型功能材料、绿色化工新材料、前沿新材料等细分产业领域为重点发展方向，着力提升重点领域、重点方向新材料技术工艺水平、产品质量，同时积极推进新材料产业重点方向的产业化进程，并加速拓展石墨烯材料、纳米材料等市场应用。

（三）京津冀地区先进材料产业重点企业基本情况

京津冀地区新材料领域企业数量保持增长，产业集中度不断提高，产业聚集的积极效应逐渐显现。其中，北京市新材料在企业数量较快增长的同时，企业质量稳步提升。截至2022年底，北京市在先进材料领域拥有上市公司111家，全国排名第3；龙头企业8家，全国排名第1；瞪羚企业921家，全国排名第1；隐形冠军企业164家，全国排名第2；专精特新"小巨人"企业150家，全国排名第2；专精特新中小企业645，全国排名第2；国家高新技术企业1571家，全国排名第4；科技型中小企业599家，全国排名第10。[①] 天津

---

① 曾祥州、孟维伟：《广州前沿新材料产业创新现状分析与对策研究》，载张跃国、张赛飞、杨莹主编《广州蓝皮书：广州创新型城市发展报告（2023）》，社会科学文献出版社，2023，第145~158页。

市新材料企业数量保持较快增长,聚集了一批在先进材料领域具有创新能力和发展潜力的企业。2017~2022年,天津市先进材料领域规模以上工业企业数从230家增加到407家,占全市规模以上工业比重为23.3%,年均增长率达12.1%。[①] 同时,河北省积极满足京津冀地区先进材料产业发展需要,集聚河钢集团、邢钢、河冶科技、中船重工718所、中铁建等一批新材料领域的优势骨干企业,在先进材料领域形成了一定的产业基础和规模。

(四)京津冀地区先进材料产业政策供给基本情况

京津冀地区基本形成支持先进材料产业发展的政策体系。北京市高度重视新材料产业的培育和发展,将新材料产业列为鼓励发展的十大高精尖产业之一。2012年发布的《北京市"十二五"时期现代产业建设发展规划》提出,大力发展适应电子信息、生物、航空航天、装备等产业发展的新材料产业。2017年12月发布的《北京市加快科技创新发展新材料产业的指导意见》提出,进一步提升北京市新材料领域创新能力,促进产业高端化发展,推动构建高精尖经济结构。在新材料产业布局方面,中关村科学城、怀柔科学城和未来科学城重点发展新材料研发,顺义区、房山区和北京经济技术开发区是产业的主要承载区域。2023年9月,《北京市促进未来产业创新发展实施方案》印发,强调面向前沿新材料需求,在海淀、房山、顺义、大兴、经开区等区域,重点发展石墨烯材料、超导材料、超宽禁带半导体材料、新一代生物医用材料等细分产业。北京市从2021年开始,每年发布《北京市重点新材料首批次应用示范指导目录》,积极引导北京先进材料产业发展方向。天津市政府在2012年1月印发的《天津市新能源新材料产业发展"十二五"规划》强调,推动新材料发展具有重大战略意义。2018年10月,天津市出台的《天津市新材料产业发展三年行动计划(2018—2020年)》提出,以应用和需求为导向,加大力度发展新材料产业,构建具有优势的新材料产业集群。2021年5月制定的《天津市产业链高质量发展三年行动方案

---

① 《天津统计年鉴(2018)》《天津统计年鉴(2023)》。

(2021—2023年)》，聚焦建设国内一流新材料产业基地。2021年10月，天津市编制印发的《天津市新材料产业发展"十四五"专项规划》强调，天津市必须进一步培育壮大新材料产业。河北省2020年8月发布的《河北省炼化一体化及新材料产业链集群化发展三年行动计划（2020—2022年）》提出，着力促进炼化一体化及新材料产业链集群化、区域化发展。2023年7月编制印发的《河北省制造业高质量发展"十四五"规划》指出，要加快发展硅材料、锗硅材料、多孔硅、微晶硅以及以硅为基底异质外延其他化合物半导体材料等硅基新材料。

京津冀地区新材料产业"十四五"时期重要规划如表1所示。

表1 京津冀地区新材料产业"十四五"时期重要规划

省市	发展目标	重点方向
北京市	突破一批前沿新材料原始创新技术和关键战略材料制备技术；建设一批国际吸纳的研发机构；引进一批全球顶尖的科学家和优秀杰出创新创业人才	重点发展前沿新材料领域，重点突破石墨烯等纳米材料、生物医用材料、3D打印材料（增材制造材料）、超导材料、液态金属、智能仿生材料等技术，创新环保低碳材料制备工艺，培育一批专精特新企业等
天津市	到2025年，新材料产业产值达到2400亿元，预计年均增速8%，努力协同京、冀共建新材料产业先进制造业集群	重点发展先进化工材料、高端金属材料、新一代信息技术材料、新型无机非金属材料、生物医用材料、新能源材料、高端装备材料、节能环保材料、石墨烯材料、超导材料、增材制造材料
河北省	到2025年，全省新材料产业营业收入达到3000亿元	重点发展先进金属材料、碳基新材料、电子信息材料、高性能复合材料、新型功能材料、绿色化工新材料、前沿新材料等产业领域，提升新材料技术工艺水平和产品质量，推进研发和产业化进程，支持打造新材料供给端、需求端创新联盟，加强关键共性技术研发，拓展纳米材料、碳纤维、亚稳材料、石墨烯材料等市场应用

资料来源：作者根据各地区"十四五"新材料领域产业相关规划文件整理而得。

（五）京津冀地区先进材料产业链基本情况

京津冀地区已经形成较为完整的先进材料产业链，并且先进材料领域内的企业数量和质量都在不断提高。以前沿新材料产业为例,"成渝地区双城经济圈产业云图系统"数据显示,北京市产业链全链完整度达到100%,其中上中下游的完整度均为100%。一方面,企业数量保持稳定增长趋势,从2020年的34881家增加至2023年的45575家,年均增长率为9.3%;另一方面,企业质量不断提高,高端科技企业占比较大,能够有力支撑新材料产业的创新需要,产业发展活力强。具体说来,北京市在前沿新材料领域拥有龙头企业29家、上市企业185家、高新技术企业1870家。天津市同样汇集了一批龙头企业,如钢铁材料领域的天钢集团、荣程钢铁、银龙预应力等,半导体材料领域则拥有中环领先、环欧半导体等。河北省在新材料领域同样发展迅速,产业链质量稳步提升,与京、津协同发展程度不断提高。以河北邢台市为例,截至2023年底,在新材料领域拥有中钢邢机、邢台钢铁、冀中新材等一批在国内外具有重要地位的龙头企业,全市新材料领域的规模以上企业达到116家,其中专精特新"小巨人"企业8家、专精特新中小企业43家。

二 京津冀地区先进材料典型企业发展分析

(一)有研工程的发展现状与趋势分析

有研工程技术研究院有限公司(以下简称"有研工程")位于北京市怀柔区,是北京市新材料领域的领军企业,主要从事有色金属新材料战略高技术和前沿技术研发、产业化关键技术和行业共性技术开发等,下设有色金属结构材料、先进电子材料、新能源与生态环境材料、特种加工技术与装备以及新材料应用技术五大研发方向。历史上,有研工程为"两弹一星""神舟飞船"等国防航天事业以及有色金属工业体系的建立提供了重要的科技支撑。进入新时代,有研工程积极贯彻落实创新驱动发展战略,拥有有色金属材料制备加工国家重点实验室、智能传感功能材料国家重点实验室、国家有色金属新能源材料与制品工程技术研究中心等三个国家级创新平台。

具体来说,有研工程成立以来积极承担多项行业关键共性技术开发和关键材料研制保供任务,突破了高温性能优异的高熵合金变形加工及强韧化热处理、大尺寸复合屏蔽材料的成型及装配、大规格合金铸锭微观结构的精确控制等关键技术，为多种关键材料供应链的稳定运行提供了重要保障，有力地支撑了国家的重大需求。先后入选国务院国资委"科改示范企业"、"北京市专精特新'小巨人'企业"、"国家级专精特新'小巨人'企业"。不仅如此，有研工程已获得知识产权管理体系认证（GB/T29490），其科创成果曾获得国家第二十三届、第二十四届中国发明专利银奖，"中国有色金属十大进展"等多个奖项。在科技成果产业化方面，有研工程自主研发的高固相流变压铸成形技术已经实现量产，并成功应用于知名新能源车企的电池托架制造，该技术授权转化后孵化的产品产值超2亿元。此外，有研工程研制的我国首个获得国际发明专利大范围授权的航空主干铝合金材料——新一代高强韧低淬火敏感性铝合金，也在工业化生产中实现了广泛应用。此外，在建设高水平人才队伍方面，有研工程通过项目团队建设取得了重要成绩。2019~2022年，团队先后承担多项国家重点研发计划以及国家级、省部级重点项目，牵头或参与制定国家标准5项、行业标准5项，授权国家发明专利81项。

（二）鼎材科技的发展现状与趋势分析

北京鼎材科技有限公司（以下简称"鼎材科技"）创建于2013年9月，总部位于北京市海淀区，主要业务领域是新型电子材料的研发、制造以及销售，是我国在有机发光材料和光刻胶材料领域的领军企业之一。鼎材科技成立以来，一直聚焦OLED有机发光材料及光刻胶材料两大领域的技术攻坚。2018年，鼎材科技取得重大技术突破，自主研发的高世代线TFT-LCD用绿色光刻胶材料通过了中国电子材料行业协会组织的技术成果鉴定，其相关技术性能指标与国际同类产品水平相当，且同比下部分窗口指标表现更为优秀，成为国内首家打破国外企业产品垄断的彩色光刻胶材料生产企业。截至2022年10月31日，鼎材科技持有国际国内申请专利591件，包括发明专利申请523件和实用新型专利申请68件，已获授权专利199件，包括国际专利6件，专利申请数量年均增速超50%。

具体来说，鼎材科技作为国内率先量产具有自主知识产权显示材料的供应商,成立以来一直注重技术创新和产品研发,2013~2019年,年均研发投入超过3000万元,历年研发总投入均居同行业之首,同时建立了1200平方米的化学研究实验室,并配备一系列的高精尖分析检测设备与净化实验室以支持新材料的技术研发。鼎材科技凭借深耕新型电子材料领域并取得技术方面的突破性成果,先后获得"北京市知识产权示范单位""北京市知识产权运营试点单位""2022年度国家知识产权优势企业""北京市专精特新'小巨人'企业""全国科技创新百强企业""国家级专精特新'小巨人'企业"等荣誉称号,并且获评"第三届(2019年度)中国新型显示产业链贡献奖·特殊贡献奖"以及"第四届(2020年度)中国新型显示产业链贡献奖·协同开放奖"。在产品方面,主营的两项产品均实现了稳定量产。其中,PMOLED领域,鼎材科技相关产品的市场占有率已达40%;OLED有机发光材料的相关技术以及质量均处于国内领先地位,参与制定的OLED材料领域的国家标准颁布,同时作为牵头单位主导两项光刻胶领域的国家标准起草工作。在人才队伍建设上,鼎材科技研发团队具有丰富的OLED材料和光刻胶材料的研发经验,公司内从事研发工作的人员占比超过2/5,其中海归技术专家以及硕博学历人员占比超过70%。在协同创新方面,鼎材科技同包括清华大学、天马、华星光电、和辉光电等高校、科研院所、原料供应商、面板客户等产业链各环节主体共同探索协同创新的模式,构建了材料开发、制造以及产业化的全过程生态链,形成了较为完善的协同创新体制机制。

(三)固利新材的发展现状与趋势分析

天津国安盟固利新材料科技股份有限公司(以下简称"固利新材")成立于2009年,总部位于天津市宝坻区,主要经营领域是锂离子电池正极材料,包括钴酸锂、三元材料(含高镍)等。固利新材长期致力于锂离子电池正极材料的研发,2001年实现钴酸锂国产化,是国内第一批实现钴酸锂产业化的企业,打破了这一领域长期被国外产品垄断的局面,其在钴酸锂研发领域的技术成果分别获得国家科学技术进步奖二等奖和北京市科学技术进步奖一等奖。固利新材的产品被应用于北京奥运、广州亚运以及上海世博会的纯电公交车，其产业化项目获得北京市科学技术奖三等奖。固利新材高度重视技术创新，截至2023年5月，固利新材在锂离子电池正极材料关键技术方面拥有有效专利103项，累计参与制定修订国家、行业标准52项，2项国家标准获得了全国有色金属标准化技术委员会授予的技术标准优秀奖二等奖，成为"天津市先进动力电池创新联合体"的牵头单位。

总的来看，固利新材近年来成长迅速、经营业绩增长趋势明显，2020~2022年，公司营业收入年复合增长率达40%。2023年9月，固利新材在深交所创业板上市，同年营业收入达到23.6亿元。基于在锂离子电池正极材料领域的技术贡献，固利新材先后入选"国家级绿色工厂""2019年度中国电池行业百强企业名单""国家级两化融合贯标单位""天津市科技型领军企业""国家企业技术中心"，以及"国家级专精特新'小巨人'企业"等重点企业名单。在产品方面，主营的钴酸锂业务拥有10%左右的市场份额，位居行业第四；高镍三元材料产品突破多项关键技术，实现产品产业化，成为国内拥有高镍三元核心技术与生产能力的正极材料企业之一；公司年化综合产能将达3.49万吨左右。在人才培养方面，固利新材形成了具有自身特色的员工教培体系，并且积极搭建员工职业目标实现平台。凭借人才培养方面的突出成果，获评"海河工匠培训基地（企业培训中心）"以及"天津市示范性劳模和工匠人才创新工作室"。在协同创新方面，固利新材与南开大学共同筹建了"天津市固态电池关键材料与技术企业重点实验室"，实验室通过技术授权已形成十余项新技术新产品。

（四）利安隆的发展现状与趋势分析

天津利安隆新材料股份有限公司（以下简称"利安隆"）创立于2003年，总部位于天津市西青区。利安隆长期致力于塑料、橡胶、涂料、纤维、黏合剂及其他新型高分子材料抗老化领域的助剂研发，形成了主抗氧化剂、辅抗氧化剂、紫外线吸收剂、受阻胺类光稳定剂和优配的产品矩阵，是国内高分子材料抗老化行业产品门类配套最完整的公司，也是国内高分子材料抗老化领域唯一的上市公司。不仅如此，利安隆积极拓展海外业务，建立了天津汉沽、宁夏中卫、浙江常山、广东珠海、河北衡水和内蒙古六大生产基地以及覆盖全球的销售网络，其客户包括大部分全球著名的高分子材料公司，覆盖全球化工50强中的34家，是国际上优秀的高分子材料抗老化助剂产品和技术供应商。截至2021年12月，利安隆新材料专利总数量达到194项，相关产品获得"国家重点新产品""天津市专利金奖""天津市科技进步二等奖""天津市专精特新产品""天津市'杀手锏'产品"等多项荣誉。

具体来说，近年来利安隆在高分子材料抗老化领域取得了诸多技术成果，整体发展趋势良好。2022年，实现销售收入48.43亿元，近十年的业务年复合增长率达27.52%。同时，先后入选"2019年度中国轻工业行业十强企业""中国石油和化工企业500强""中国化工百强企业""天津市科技领军企业""天津市'专精特新'中小企业""国家高新技术企业""国家企业技术中心""国家级专精特新'小巨人'企业"（子公司）等重要企业名录。在支撑技术创新上，利安隆将产业创新和ESG理念纳入公司运营全流程，按照主营产品大方向设置抗氧化剂研究所、光稳定剂研究所等十余个内部研发部门，同时积极同清华大学、浙江大学、天津大学等多所高校开展长期产学研合作。在人才培育上，利安隆以化学博士为项目带头人，分项目进行技术研发，拥有近300名科研人员，并且聘请来自美日欧等行业顶尖专家进行合作研发。在绿色发展上，利安隆积极贯彻绿色、低碳发展原则，2021年引入千万级环保技术对已有的环保设施进行提标改造，将废气污染物排放降到天津市地方标准的50%以下，成功实现低排放运营模式，多次获评"天津市环境保护企业'领跑者'"称号。此外，利安隆着力通过产业链合作强化研发实力，2019年通过并购凯亚开展对HALS原材料及其下游产品的研究，这一领域的相关技术已达到全球先进水平。

三 京津冀地区先进材料产业的比较优势分析

（一）产业发展比较的对标对象选择

京津冀地区基本形成以北京为新材料核心技术研发中心，以天津、河北

为新材料制备工艺开发以及技术转化基地的分工格局。北京作为京津冀地区先进材料产业发展的引领者，在创新水平、企业实力、产业链培育以及政策供给等各个方面均是京津冀地区最具优势的城市。具体来说，北京拥有清华大学、北京大学等60余家新材料研发机构，并且拥有14家新材料领域的国家级实验室，数量位居全国第一。不仅如此，其龙头企业、上市公司、瞪羚企业、国家级专精特新"小巨人"企业等重点企业的数量，均排名全国前三。北京在新材料领域的产业链培育方面也取得了诸多成效，已经形成了较为完整的新材料产业链体系。同时，北京市高度重视新材料产业发展的顶层设计，持续强化政策支持。在"十三五""十四五"等重要规划中明确提出积极推进新材料产业发展，并制定诸如《北京市加快科技创新发展新材料产业的指导意见》等专项规划，主动引导先进材料产业发展。综上所述，将北京市作为京津冀地区先进材料产业的代表性城市，与成渝地区双城经济圈的核心城市成都市、重庆市进行比较分析，能够较为准确地反映京津冀地区在先进材料产业方面的比较优势。

（二）产业链维度的比较优势分析

1. 产业链完整度的比较分析

北京市依托高度集聚的创新要素，形成了较为完整的先进材料产业链，是我国先进材料产业发展高地。具体来说，"成渝地区双城经济圈产业云图系统"区域对比板块的数据显示，北京、成都以及重庆三地的全链产业链完整度分别为100%、100%、80%。具体而言，产业链上游完整度分别为100%、100%、100%；产业链中游完整度分别为100%、100%、68.75%；产业链下游完整度分别为100%、100%、88.89%。可以看到，成都的产业链完整度与北京差距不大。但是，重庆的产业链完整度与北京存在显著差距，特别是产业链中游完整度的差距达到31.25个百分点，重庆在产业链完整度方面缺乏比较优势。

2. 产业链环节的比较分析

从重点环节的数量来看，首先，北京与成都的高价值环节总数均为6

个，包括纳米材料、碳基气凝胶、铝基气凝胶、仿生材料、智能材料以及石墨烯纤维。重庆高价值环节总数为5个，同北京相比缺少石墨烯纤维环节。其次，北京的优势环节总数为14个，包括纳米材料、高熵合金、金属原料、新型超导材料、碳基气凝胶、有机气凝胶、铝基气凝胶、锆基气凝胶、钛基气凝胶、石墨、液态金属、仿生材料、树脂以及智能材料。重庆市的优势环节总数为12个，同北京相比缺少仿生材料、智能材料环节，但在陶瓷方面具有相对优势。成都市的优势环节总数为11个，同北京相比缺少智能材料、石墨和树脂环节。最后，北京在新材料产业的多个环节有较强大的龙头企业，相比之下重庆和成都拥有龙头企业的环节较少，新材料领域龙头企业的影响力和号召力是北京市新材料产业链的重要优势。"成渝地区双城经济圈产业云图系统"数据显示，北京的龙头企业环节总数为13个，而重庆为5个，成都为2个。

（三）企业维度的比较优势分析

北京作为我国先进材料产业发展的第一梯队，其先进材料领域的相关企业无论是在数量上还是在质量上都具有显著比较优势。以前沿新材料领域为例，北京市前沿新材料产业重点企业如表2所示，从企业总数来看，北京市前沿新材料领域相关企业从2020年的34881家增加至2023年的45575家，年均增长率为9.3%；成都市前沿新材料领域相关企业从2020年的21036家增加至2023年的31135家，年均增长率为14.0%；重庆市前沿新材料领域相关企业从2020年的17565家增加至2023年的26427家，年均增长率为14.6%。可以看到，成都市和重庆市前沿材料领域相关企业总数的年均增长率均超过14.0%，呈现快速增长态势，北京市相对较慢。但是，北京市在企业总数上具有明显的比较优势，2023年北京市企业总数分别是成都市和重庆市的1.46倍、1.72倍。从重点企业数来看，北京市在前沿新材料领域拥有龙头企业29家、上市企业185家、高新技术企业1870家；成都市拥有龙头企业3家、上市企业44家、高新技术企业833家；重庆市拥有龙头企业2家、上市企业40家、高新技术企业806家。可以看到，北京市在重点企业方面拥有较大的比较优势，其龙头企业数分别是成都市和重庆市的9.7倍、14.5倍；上市企业数分别是成都市和重庆市的4.2倍、4.6倍；高新技术企业分别是成都市和重庆市的2.2倍、2.3倍。可见，北京市在企业质量方面具有明显的比较优势，尤其是龙头企业以及上市企业，这表明成渝两地前沿新材料产业企业质量相对不高，对新材料产业发展的引领力和带动力不强。

表2 北京市前沿新材料产业重点企业

重点方向	领域	重点企业
先进基础材料	先进有色金属材料	中国有色金属工业总公司、北京有色金属与稀土应用研究所有限公司、有研新材料股份有限公司、北京京东方科技集团股份有限公司等
	先进钢铁材料	中联先进钢铁材料技术有限责任公司、北京钢研高纳科技股份有限公司、安泰科技股份有限公司等
	先进化工材料	北京化学工业集团有限责任公司、北京高盟新材股份有限公司、中国化工集团、燕山石化公司等
	先进绿色建材	北京东方雨虹防水技术股份有限公司、瑞泰科技股份有限公司、北京金隅集团股份有限公司、北新集团建材股份有限公司等
关键战略材料	新能源材料	北京中科三环高技术股份有限公司、有研稀土新材料股份有限公司、北京银纳金科技有限公司、北矿磁材科技股份有限公司等
	特种功能材料	北京北冶功能材料有限公司、北京慕成防火绝热特种材料有限公司、北京北化新橡特种材料科技股份有限公司等
	新一代信息技术材料	北京铭镓半导体有限公司、北京赛微电子股份有限公司、北京天科合达半导体股份有限公司、有研半导体材料股份有限公司等
	新型储能材料	北京当升材料科技股份有限公司、中信国安盟固利动力科技有限公司、北大先行科技产业有限公司等
前沿新材料	气凝胶材料	华能国际电力股份有限公司、北新集团建材股份有限公司、北京清新环境技术股份有限公司等
	石墨烯材料	北京石墨烯研究院有限公司、北京生美鸿业科技有限公司、北京碳世纪科技有限公司等

资料来源：作者根据教育部人文社会科学重点研究基地重庆工商大学成渝地区双城经济圈建设研究院"成渝地区双城经济圈产业云图系统"数据资料整理得出。

（四）要素禀赋维度的比较优势分析

要素禀赋是地区产业发展的重要支撑，北京市的要素禀赋在支撑先进材料产业发展上极具优势。从科技创新资源来看，北京市是我国科技创新资源密度最高、最为集中的区域，拥有清华大学、北京大学、北京科技大学、北京航空航天大学、北京理工大学、中国科学院等60余家研发机构，全国新材料产业50%以上的研发任务由北京负责。同时，拥有稀土材料化学及应用国家重点实验室（北京大学）、有机无机复合材料国家重点实验室（北京化工大学）、新金属材料国家重点实验室（北京科技大学）等14家先进材料领域的国家级重点实验室。"成渝地区双城经济圈产业云图系统"数据显示，北京市依托强大的创新资源在前沿新材料领域的专利数量达到62.23万件，其中发明专利占比达到38.18%。此外，北京市创新投入强度也位居我国前列，以中关村示范区为例，区内规模以上企业在新材料及应用技术领域的研究开发费用保持快速增长态势。2019~2022年，区内新材料及应用技术研发投入从56亿元增加至92.1亿元，年均增长率达18.0%。从人才资源来看，北京市在新材料领域拥有丰富的高级人才资源，并且人才吸引力始终保持增长态势，这为北京市新材料产业的发展提供了重要支撑。北京市前沿新材料产业创新人才达到105814名，全国排名第1；国家高层次人才2443名，全国排名第1；技术高管2732名，全国排名第4；科技企业家1798名，全国排名第4。此外，北京市中关村新材料产业科研人员数同样保持稳定，2023年中关村新材料产业研究开发人员达到10158名，同比增长8.4%。

四 京津冀地区先进材料产业发展经验借鉴与启示

（一）提升技术创新能力，以技术创新推动新材料产业发展

京津冀地区强大的技术创新能力是支撑先进材料产业蓬勃发展的重要因素。其中，以企业为创新主体、积极整合创新资源、强调技术转化和产业

化、区域之间以及多元主体之间的协同创新是京津冀地区具备创新活力以及技术有效支撑发展的重要经验。基于此，成渝地区双城经济圈应该着力提升技术创新能力，以技术创新推动新材料产业加速发展。具体来说，一是营造以新材料企业为科技创新主体的研发创新环境，加大力度推动以企业为主体的产学研创新共同体建设，同时拟制企业科技创新需求目录清单，加大基础研究以及共性技术研究的投入力度，通过"揭榜挂帅"项目对关键技术和核心技术进行研发攻关，不断提升成渝地区双城经济圈新材料产业的技术创新能力。二是充分整合成渝地区双城经济圈的高校、实验室以及科研院所的科技创新资源，对区域科技创新资源进行统筹分配，不断优化新材料产业创新资源的分工和布局，构建研发端、应用端、生产端三方协同创新机制，针对成渝地区双城经济圈新材料产业发展的急需技术、"卡脖子"技术等进行定点突破，同时对进行这类重点技术攻关的企业及各类科研单位加大补贴以及奖励的力度，使得科技创新资源得到最大化利用，避免重复建设和低效竞争，从而促进成渝地区双城经济圈新材料产业能级的提升。三是注重核心技术专利申请保护，通过智能化平台形成技术研发进程跟踪机制，加快核心技术专利化进程，同时帮助企业进行知识产权收益转化以及维护企业知识产权的相关权利，以强化创新主体的技术攻关激励。

（二）营造良好的产业集群发展生态，提升产业链整体竞争力

京津冀地区新材料产业形成多个具有全国影响力的重点产业集群，集聚效应的发挥使得这些产业集群成为推动京津冀地区新材料产业发展的重要动力。不仅如此，数字经济时代的竞争主体，已经从单个企业发展成为产业链的竞争。基于此，成渝地区双城经济圈必须积极营造产业集群化发展的良好生态，提升产业链的整体竞争力。第一，着力培育"链主"企业，支持将新材料产业的龙头企业作为"链主"，推动链主企业充分发挥自身号召力、影响力，不断聚集上下游企业。同时，政府部门积极对接链主企业，共同参与构建完整的产业链，不断提升产业链完整度，对"延链"、"补链"以及"强链"所需培育和引进的企业，给予税收、土地等方面的政策支持。第

二，提升骨干企业支撑产业链的能力。积极推动产业链中的骨干企业进一步发展壮大，激发龙头企业的产业整合力，强化产业链整体竞争力。同时，通过兼并、重组以及战略合作等方式培育"单项冠军"企业和"独角兽"企业。此外，对产业链内部企业发展状况进行常态化监控，能够及时发现产业链内部具有重大发展潜力的企业并积极给予支持，着力培育专精特新"小巨人"企业。第三，构建"以龙头企业为引领，中小企业共同参与管理"的产业链管理体制机制。积极使用数字平台等技术手段支撑产业链成员自我管理的体制机制，形成产业链多方面、各环节的共同管理，以支撑稳定、高效的产业链协同合作关系。

（三）加大人才引进与培育力度，以结构合理的人力资源体系支撑新材料产业发展

京津冀地区富裕的人力资源是其新材料产业迅速发展的基础支撑。基于此，成渝地区双城经济圈除通过产业集群、高等院校、科研院所聚集人才以外，还应通过多种方式引进与培育人才，强化人力资源对新材料产业的支撑作用。第一，积极引进新材料领域的高级乃至顶尖人才。以产业的"高精尖缺"为人才引培导向，积极引进高端人才。在西部科学城建设过程中，以设立独立实验室、企业内研发实验室等方式引进在新材料领域具有重大科技成果和重要影响的杰出高端科学人才以及研发团队。第二，构建"产"与"学"的人才联合培养机制，推动学校端紧扣新材料产业发展需求设置专业以及课程，支持企业端向学校端直接提出人才培养需求，共同建设实践操作基地，以提高高校的人才培养水平及其与产业发展需求的适配性。同时，企业内部积极构建人才培育体系，实行"企业导师"制度，并且制定"实践+理论"双轨道培养体系，同时制定清晰的晋升机制，强化企业内部员工成长激励。第三，成渝地区双城经济圈人才引培相关单位加强协调配合，借鉴新材料产业发展优良的先进国家和先进地区的人才评价体系以及服务保障机制，畅通新材料领域高端人才向成渝地区双城经济圈流动的制度渠道，从而有力支撑成渝地区双城经济圈新材料产业发展。

（四）着力完善顶层设计，以高质量政策供给加大新材料产业支持力度

京津冀地区高度重视新材料产业发展过程中的政策需求，北京、天津以及河北制定出台相应的专项规划支持，引导新材料产业发展，并且基本形成较为完善的政策体系，为京津冀地区的新材料产业发展提供了重要支持。基于此，成渝地区双城经济圈需要在已有基础上不断完善顶层设计，强化政策供给质量。第一，不断完善顶层设计，引导成渝地区双城经济圈新材料产业发展方向。成立专门进行组织领导以及统筹协调的工作小组，提高新材料产业政策与其他相关政策的匹配适应程度，并在规划、布局的制定过程中，积极纳入重点企业、科研院所以及相关专家等多方，提升规划、布局的科学性与合理性，提高政策作用合力。同时，成渝两地的顶层设计必须加强政策沟通与政策协同，以"一盘棋"思维完善顶层设计，强化内部新材料产业政策的系统性和互补性，使得两地政策能够实现有效互动，强化顶层设计对成渝地区双城经济圈新材料产业整体的引领力。第二，以有力的财税政策助力打通新材料产业发展的堵点、难点。政府相关部门着力构建企业端、资金端信息互通渠道，充分发挥财税政策在新材料重点产品开发与市场拓展、关键技术攻关、公共平台建设等重要项目的推进作用。第三，关注产业园区以及产业集群内部中小企业的发展需求，尤其是具有技术创新优势和发展潜力的中小企业，通过探索专项基金、知识产权质押等多种方式提升融资质量、降低融资风险。

参考文献

文心：《着力新材料构建高精尖房山酝酿产业大升级——2018京津冀石墨烯大会圆满落幕》，《新材料产业》2018年第12期。

程洪莉：《京津冀协同发展背景下建构职业教育新生态的对策建议——以北京新材料行业技能人才培养为例》，《中国职业技术教育》2019年第6期。

姜达洋、舒韩松：《推动"天津+N"政策创新，实现天津新材料产业创新发展的思考》，《产业创新研究》2022年第20期。

丁雪：《布局已成　落子有声　新材料产业大有可为——访北京新材料发展中心主任肖澜》，《新材料产业》2018年第2期。

刘文强主编《中国新材料产业发展十年（2011—2020）》，电子工业出版社，2022。

《鼎材科技任雪艳：勇立潮头敢为先，争当电子材料行业"小巨人"》，中国日报网，2022年8月11日，https：//cn.chinadaily.com.cn/a/202208/11/WS62f4c578a3101c3ee7ae35ed.html。

B.12 长三角地区先进材料产业发展及比较优势研究

易淼 何建*

摘　要： 本报告对长三角地区先进材料产业产值规模、集群规模、重点企业、政策供给和产业链发展进行分析，运用案例分析法解析典型企业的发展状况，通过比较分析法分维度对比长三角地区与成渝地区双城经济圈代表性城市先进材料产业发展的比较优势。分析结果显示，长三角地区先进材料产业产值规模持续扩大，以集群式发展带动产业整体水平不断提高，通过政策支持促进产业链上中下游协同发展，与成渝地区双城经济圈相比，长三角地区先进材料产业链各环节竞争力与完整度更高，企业数量规模和市场影响力更大，要素禀赋条件更优。未来，成渝地区双城经济圈可以借鉴长三角地区在产业生态培育、链主企业打造、高端人才培养、创新协同攻关上的成功经验，促进先进材料产业的高质量发展。

关键词： 先进材料产业　比较优势　长三角地区

一　长三角地区先进材料产业总体发展情况分析

（一）长三角地区先进材料产业产值规模基本情况

长三角地区先进材料产业产值规模不断扩大，逐渐发展成为地区的支柱

---

* 易淼，博士，重庆工商大学成渝地区双城经济圈建设研究院常务副院长，教授，主要研究方向为区域经济与产业发展；何建，重庆工商大学硕士研究生，主要研究方向为政治经济学。

产业之一。其中，上海市是我国先进材料的研发、应用高地，2022年全市新材料产值为2998.9亿元，2023年全市新材料产值为2868.5亿元，占原材料工业的42%，占战略性新兴产业的16%。① 江苏省先进材料产业基础雄厚，发展水平位居全国前列，尤其是苏州市纳米新材料集群入选首批国家先进制造业集群，集群发展规模约占全国的30%，稳居全国第一，2025年纳米材料集群产业规模产值目标突破2700亿元。② 浙江省先进材料产业规模持续壮大，"十三五"期间，新材料产业产值年均增速达11%，2020年全省新材料产业总产值达7175亿元，占全省战略性新兴产业产值的29.74%，产业规模位居全国第四。③ 2024年浙江省高端新材料产业集群目标实现营业收入7600亿元，同比增长3.5%以上。④ 安徽省将先进材料产业作为四个重点打造的万亿级产业之一，数据显示，2022年，安徽省新材料产业实现产值约4900亿元，产值同比增长10.5%，规模占全省战略性新兴产业的24.5%，2023年1~10月，安徽省新材料产值增速同比增长3.7%，规模占全省战略性新兴产业的21.8%，继续保持平稳增长趋势。⑤

（二）长三角地区先进材料产业集群规模基本情况

长三角地区作为我国重要的先进材料研发、生产与消费基地，先进材料产业集群规模正不断壮大，在电子信息材料、纳米材料、磁性材料、新能源材料、先进化工材料以及先进金属材料等细分领域形成了一批具有较强影响

---

① 《高质量发展调研行 | 上海2023年全市新材料产值为2868.5亿元》，青春上海，2024年5月23日，http：//www.why.com.cn/wx/article/2024/05/23/17164536891291480819.html。
② 《纳米新材料产业集群锚定2700亿目标力争到2025年，我市集聚相关企业超1600家》，苏州市人民政府网站，2024年，2月26日，http：//www.suzhou.gov.cn/szsrmzf/szyw/202402/1fb5d9fe4f224dadbe8b65d0eaf750e6.shtml。
③ 《省发展改革委 省经信厅关于印发〈浙江省新材料产业发展"十四五"规划〉的通知》，浙江省人民政府网站，2021年5月8日，https：//www.zj.gov.cn/art/2021/5/8/art_1229203592_2283971.html。
④ 《浙江推进绿色石化和新材料产业集群建设》，浙江在线，2024年5月9日，https：//guoqi.zjol.com.cn/yw/202405/t20240509_26829705.shtml。
⑤ 《用新材料"锻造"新未来——写在第三届国际新材料产业大会举办之际》，安徽省人民政府网站，2023年11月24日，https：//www.ah.gov.cn/zwyw/ztzl/tdgzlfz/xcx/564281011.html。

力与代表性的产业集群。工信部的数据显示，全国共有 7 个新材料产业集群入选国家先进制造业集群名单，有 4 个分布在长三角地区（见表1）。其中，宁波市磁性材料集群是我国最大的磁性材料研发、生产基地，汇聚全国近 22% 的稀土永磁材料企业，磁性材料产量占全国总产量的 40% 以上。2022 年，集群内规模以上磁性材料企业完成工业总产值 466.6 亿元，同比增长 39.4%。宁波市绿色石化集群是宁波重点打造的万亿级优势产业集群，集群内产业链、供应链较为完整，产业规模位居全国前列。常州市新型碳材料集群涵盖石墨烯、碳纤维等多种新型碳材料的研发、制造，集群内新型碳材料产业产值规模达 1220 亿元，占全国新型碳材料产业产值的比重超过 16%，集群内产业链完整度较高，以江南石墨烯研究院、长三角碳纤维及复合材料技术创新中心为双核，以石墨烯产业集聚区、碳基纤维复合材料产业集聚区为双区的发展格局正在加速形成。苏州市纳米新材料集群是我国纳米材料产业发展的重要基地，技术水平全球领先，是全球五大纳米产业集聚区之一。当前，苏州市纳米新材料产业集群规模约占全国的 30%，稳居全国第一，苏州市已集聚纳米新材料产业核心企业 570 家，其中规模以上工业企业 116 家，2022 年规模以上工业产值达 822 亿元。此外，长三角地区基于产业集群发展以及产业链质量提升需要，先后成立长三角超导产业链联盟、智慧零售服务产业链联盟、数据驱动创新产业链联盟、长三角先进材料研究院等研发创新平台，支撑先进材料产业的高质量发展。

表 1　长三角地区新材料领域国家先进制造业集群名单

名称	相关领域	所在地
宁波市磁性材料集群	稀土原材料、磁性材料	浙江省
宁波市绿色石化集群	基础化工原料、化工新材料、高端精细化工品	浙江省
常州市新型碳材料集群	石墨烯材料、碳纤维	江苏省
苏州市纳米新材料集群	纳米材料	江苏省

资料来源：作者根据工信部国家先进制造业集群名单整理。

（三）长三角地区先进材料产业重点企业基本情况

长三角地区依托发达的经济和强大的创新能力，在先进材料领域拥有众多高质量的大中小企业,逐渐形成了以重点龙头企业为引领的良性竞合生态。从先进材料企业的空间分布来看,上海、苏州、杭州、无锡、南京、常州、宁波名列前茅,先进材料领域的企业数量占长三角中心区 27 个城市的 67.3%,空间上呈现沿长江、杭州湾的"Z 字形"分布格局。同时,长三角地区依托各细分领域的重点企业,打造了 5 所先进材料领域国家级制造业创新中心(见表2),高度整合创新资源,为优化创新生态、促进关键技术攻关提供了重要平台。以国家先进功能纤维创新中心为例,该中心由盛虹控股集团牵头组建,是全国第一家由民营企业牵头组建的国家级制造业创新中心,围绕功能纤维新材料、高端纺织纤维材料等细分领域,采用"企业+联盟"模式,覆盖了国内纺织纤维完整产业链,同时该中心与东华大学、北京服装学院等高校院所建立了协同合作机制,能够不断促进纤维材料关键技术的产业化应用。同时,长三角地区的先进材料企业高度重视品牌建设,在各细分领域形成了一批具有较高知名度和美誉度的品牌,具有较强的市场竞争力与品牌影响力。例如,先进钢铁材料领域的宝武钢集团、中天钢铁集团等,稀土磁性材料领域的宁波中科三环、宁港永磁等,纤维材料领域的盛虹控股集团、新创碳谷等,纳米材料领域的纳微科技、天奈科技等。

表 2 长三角地区先进材料领域国家级制造业创新中心名单

所在地	认定时间	名称	依托单位
上海市	2018 年	国家智能传感器创新中心	上海芯物科技
江苏省	2019 年	国家先进功能纤维创新中心	盛虹控股集团和东华大学
江苏省	2020 年	国家集成电路特色工艺及封装测试创新中心	江苏华进半导体封装研究中心
安徽省	2021 年	国家玻璃新材料创新中心	玻璃新材料创新中心(安徽)
浙江省	2022 年	国家石墨烯创新中心	宁波石墨烯创新中心

(四)长三角地区先进材料产业政策供给基本情况

长三角地区各级政府积极推动先进材料产业发展,先后制定多部支持先进材料产业发展的规划文件,基本形成了较为完善的先进材料产业发展政策支撑体系。具体来说，长三角地区各省市立足自身产业基础与优势，确定了"十四五"期间先进材料产业的发展目标与重点方向（见表3）。其中，上海市于2021年制定的《上海市先进制造业发展"十四五"规划》提出，将先进材料产业列为"3+6"新型产业体系的重点产业之一，聚焦化工先进材料、精品钢材、关键战略材料、前沿新材料等制造领域，着力打造现代化材料产业体系。江苏省2021年制定的《江苏省"十四五"制造业高质量发展规划》提出，打造高端新材料制造业集群，重点发展先进碳材料、纳米新材料、先进电子材料、特钢材料、化工新材料。浙江省先后制定的《浙江省加快新材料产业发展行动计划（2019—2022年）》《浙江省新材料产业发展"十四五"规划》明确提出，2035年全面建成国际一流的新材料科创高地和产业高地，成为浙江省打造新时代全面展示中国特色社会主义制度优越性重要窗口的标志性成果，聚力发展先进半导体材料、新型显示材料、高性能树脂（工程塑料）、新能源材料、高性能纤维及复合材料、高端磁性材料、高端合金材料、生物医用材料、柔性电子材料以及纳米材料十大重点新材料。安徽省于2022年印发的《安徽省"十四五"新材料产业发展规划》提出，将先进材料产业列为"十四五"时期重点发展的十大新兴产业之一，并提出到2025年全省新材料产业规模达1万亿元的总体目标，明确将硅基新材料、先进化工材料、先进金属材料、高性能纤维及复合材料、生物医用材料列为重点发展方向。同时，安徽省进一步制定了《安徽省支持新材料产业发展若干政策》，为全省先进材料产业发展提供专门的政策补贴、专项基金、金融贷款以及人才支持。

表3 长三角地区各省市出台的"十四五"先进材料产业相关规划文件内容

省市	发展目标	重点方向
上海市	到2025年，新材料产业总产值达到3200亿元左右	建成"4+5+2+X"的先进材料产业体系，重点发展基础材料产业、关键材料产业、特色材料产业和前沿材料产业
江苏省	到2025年，战略性新兴产业占规模以上工业比重达42%，打造综合实力国际先进的高端新材料集群	加强纳米新材料研发应用，加快先进电子材料的关键技术突破，推动特殊钢材、化工新材料、稀土功能材料等先进材料产业的发展

续表

省市	发展目标	重点方向
浙江省	到2025年,全省新材料产业规模实现倍增,力争突破1.6万亿元	聚力发展先进半导体材料、新型显示材料、高性能树脂(工程塑料)、新能源材料、高性能纤维及复合材料、高端磁性材料、高端合金材料、生物医用材料、柔性电子材料、纳米材料等十大重点新材料
安徽省	产值年均增速保持20%以上,力争2025年产值规模突破1万亿元	着力打造"3+2+N"新材料产业体系:大力发展先进金属材料、先进化工材料、硅基新材料三大先进基础材料产业;重点培育生物医用材料、高性能纤维及复合材料两大关键战略材料产业;培育3D打印材料、超导材料、石墨烯材料、高熵合金等前沿新材料

资料来源:作者根据各地区"十四五"新材料产业相关规划文件整理得出。

(五)长三角地区先进材料产业链各环节基本情况

长三角地区是我国经济最具活力的地区,独特的区位优势为先进材料产业链的发展提供了重要支撑。长三角地区的先进材料产业已经形成从原材料供应、研发设计、生产制造到终端应用的全产业链条。以上海市的前沿新材料为例,上海市前沿新材料形成了上中下游协同发展的完整产业体系,产业链完整度达100%,涵盖上游的金属原料、化学纤维、树脂与石墨等领域,中游的气凝胶材料、石墨烯材料以及未来材料领域,下游的绿色建筑、生物医疗、新能源汽车、高端装备制造等领域。其中,前沿新材料的产业链优势环节数量达20个,主要集中在金属原料、高熵合金、纳米材料、新型超导材料、化学纤维仿生材料等领域;高价值环节数量6个,主要集中在纳米材料、碳基气凝胶、铝基气凝胶、仿生材料、智能材料、石墨烯纤维领域。同时,上海市前沿新材料产业链各环节企业数量众多,产业链的重点龙头企业的示范引领作用突出,产业链上中下游集群效应明显、协作分工效应突出。截至2024年,企业总数达73344家,其中高新技术企业达2797家,约占总企业数量的4%,上市企业达185家,龙头企业达30家。

二 长三角地区先进材料典型企业发展分析

（一）纳微科技的发展现状与趋势分析

苏州纳微科技股份有限公司（以下简称"纳微科技"）于2021年6月在科创板上市，主要从事高性能纳米微球材料研发、规模化生产、销售及应用服务，是我国乃至全球纳米新材料产业的领军企业之一。纳微科技体量较大，盈利能力强。纳微科技2024年第一季度财报显示，纳微科技总资产达22.97亿元，实现营业收入1.54亿元，同比增长16.64%，净利润达9.50%，同比增长2.81%，表明该公司整体盈利能力突出。同时，纳微科技高度重视研发创新，财报显示其第一季度研发投入合计达4177.58万元，占营业收入的比重达27.11%。作为全球少数几家能够同时规模化制备无机和有机高性能纳米微球材料的公司之一，纳微科技在纳米材料领域取得了诸多技术突破，并由此先后入选专精特新"小巨人"企业、国家级高新技术企业、国家级知识产权优势企业、省级企业技术中心、省级创新型中小企业、省级工程技术研究中心等多项重要企业名录。

具体而言，技术创新方面，纳微科技在高精度、高性能和高附加值微球材料研发和生产方面处于行业领先水平，已建成江苏省企业技术中心、江苏省高性能纳米微球工程技术研究中心、江苏省纳微米球材料工程中心、苏州先进微球材料应用技术研究所等一系列创新平台，申请国家发明专利40余项，获1项国家重点新产品，5项江苏省高新技术产品。[①] 不仅如此，纳微科技还掌握了色谱行业的关键技术，已具备大规模生产及出口能力，是全球色谱行业的龙头企业之一。主营产品方面，当前纳微科技主营产品应用领域主要涉及生物医药以及平板显示两大领域，产品线涵盖了硅胶色谱填料及色谱柱、聚合物色谱填料及色谱柱、体外诊断用微球、光电微球、琼脂糖填

---

① 苏州纳微科技股份有限公司网站，http://www.nanomicro.com/intro/36.html。

料、混合模式填料六大细分领域。此外，纳微科技积极响应国家技术需要，先后承担了多项国家、省、市级科研项目，包括国家发改委重大专项、国家科技型中小企业技术创新基金、国家"十二五"科技支撑计划项目、江苏省成果转化专项资金项目、江苏省科技支撑计划等，并获得中国侨界创新贡献奖和江苏省科技进步奖。

（二）开尔新材的发展现状与趋势分析

浙江开尔新材料股份有限公司（以下简称"开尔新材"）成立于2003年4月，是国内制造和销售规模领先的搪瓷装饰板制造商，也是我国新型功能性搪瓷材料产业化应用的龙头企业。开尔新材在新材料领域处于扩张期，其2024年第一季度财报显示，报告期末公司总资产达14.36亿元，营业收入达7130.40万元，同比下降4.73%；净利润达1109.78万元，同比增长3.6%。开尔新材基于在新型功能性搪瓷材料方面的贡献，先后入选国家级高新技术企业、国家级工业产品绿色设计示范企业、"浙江制造精品"企业、省级制造业单项冠军培育企业、省级企业技术中心等多项重要企业名录。

具体说来，在技术创新方面，开尔新材科创实力较强，独创的搪瓷静电干法工艺处于行业国际领先水平。目前，开尔新材已获授权发明和实用新型发明专利108项，其中发明专利21项，实用新型专利87项。[①] 同时，依托开尔新材建成了浙江省级应用技术材料研究院、搪瓷釉料省级研发中心、国家轻工行业搪瓷重点实验室等。此外，开尔新材还是国家搪瓷钢板行业标准以及浙江地方标准的第一起草人，制定了目前国内唯一的《建筑装饰用搪瓷钢板》JG/T234-2008行业标准。在制造能力方面，开尔新材配备全自动静电干法喷涂及烧成设备、自动激光下料系统、智能激光焊接系统、数控系统仿生切割机等，在新型功能性搪瓷材料领域拥有行业领先的先进设备与制造工艺，于2016年被浙江省认定为"高端设备制造企业"。

---

① 浙江开尔新材料股份有限公司网站，https：//www.zjke.com。

在市场竞争能力方面，开尔新材在国内细分行业中占据领先地位，相关产品获得中国建设工程鲁班奖、冶金科学技术奖等奖项，是全球销售规模最大的建筑搪瓷（珐琅）产品制造商之一。公司已完成和正在建设供货的项目遍布全国多个发达中心城市及香港特别行政区的地铁、隧道等城市基础设施项目，如北京奥林匹克公园地下隧道、上海长江隧道、青岛胶州湾海底隧道等。

（三）中科悦达的发展现状与趋势分析

中科悦达（上海）材料科技有限公司（以下简称"中科悦达"）创立于2018年3月，由中国科学院上海微系统所、江苏悦达集团和相关研发团队共同出资，是一家专研于石墨烯前沿新材料及其应用的科技型企业。中科悦达规模较大，目前拥有上海烯望新材料科技有限公司、江苏烯望新材料科技有限公司以及悦达烯望（盐城）材料科技有限公司3家全资子公司。基于在石墨烯领域取得的技术成就，该公司先后荣获国家级高新技术企业、2019年度优秀石墨烯企业、第十届中国创新创业大赛全国赛优秀企业、2023优秀科创企业先锋榜单等多项荣誉。

具体来说，在研发实力与创新能力方面，中科悦达成立以来聚焦石墨烯新材料相关技术攻关，投入数千万元引进先进设备与产品线，并建立了石墨烯材料中试平台，其多项石墨烯制备技术处于行业领先水平。目前，已获得专利33项（其中发明专利12项），有软件著作7项，发表SCI论文超过200篇。[①] 同中国科学院上海微系统所合作建立了独立石墨烯材料与应用联合实验室，进一步强化了石墨烯前沿技术应用研究。在人才队伍建设方面，公司研发团队由业内知名专家丁古巧博士带领，涵盖教授、博士和硕士，团队规模达30余人。此外，中科悦达计划投资5亿元开展烯望新材料项目，一期项目主要进行石墨烯导热膜产品的研发、生产和销售，年产能可达120万平方米，这将进一步加快石墨烯导热膜的商业化进程。

---

① 中科悦达（上海）材料科技有限公司官网，http://www.casyueda.com。

三 长三角地区先进材料产业的比较优势分析

长三角地区作为我国经济发展的重要引擎，其先进材料产业链涵盖了从原材料供应、研发设计、生产制造到市场应用的完整环节，是国内乃至全球先进材料产业的重要基地。相较于成渝地区双城经济圈，长三角地区在产业链维度、企业维度以及要素禀赋维度均具有显著的比较优势。

（一）产业发展比较的对标对象选择

当前，长三角地区先进材料产业已形成了中心城市创新引领、区域聚集发展的分工格局，不同城市之间通过产业链上下游的紧密合作，形成了优势互补、资源共享的产业生态，协作分工效应显著。其中，上海市作为长三角地区的龙头城市，在先进材料产业发展中发挥着重要的创新引领作用，上海市聚焦先进材料产业上游领域，注重创新研发，产业创新中心地位稳固，是高端材料、前沿材料研发的重要策源地。上海拥有长三角先进材料研究院、上海石墨烯产业技术功能型平台、上海市新材料中试基地等众多创新平台与研究中心，汇聚了丰富的创新、人才资源，同时与南京、杭州、苏州等城市形成紧密的专利合作网络，产业创新的辐射作用较强。上海市聚焦先进材料产业领域的重点企业培育，加强品牌建设，其上市企业、专精特新"小巨人"企业、制造业单项冠军等重点企业数量众多，市场竞争力突出。因此，本报告将上海市作为长三角地区先进材料产业的代表性城市，与成渝地区双城经济圈的核心城市成都市、重庆市进行比较优势分析。

（二）产业链维度的比较优势分析

与成渝地区双城经济圈相比，长三角地区先进材料产业链各环节的竞争力与完整度更高，比较优势更加明显。以两大地区代表性城市上海、成都与重庆的前沿新材料领域为例，"成渝地区双城经济圈产业云图系统"区域对比板块的数据显示，上海市与成都市的前沿新材料产业链全链以及上游、中游、下游的完整度均为100%；重庆市前沿新材料产业链全链的完整度为80%，其中上游的完整度为100%，中游的完整度为68.75%，下游的完整度为88.89%，说明重庆市前沿新材料产业的制造、应用环节仍较为薄弱，存在较为明显的短板。从具体环节来看，前沿新材料产业共涉及20个环节（下游应用领域不纳入统计范围），涵盖上游的金属原料、化学纤维、树脂、石墨、陶瓷等5个环节以及中游的气凝胶、石墨烯材料、纳米材料制备等15个环节。其中，上海市前沿新材料产业的高价值环节数量共有6个，均分布于产业链中游，占总环节的30%，有龙头企业环节数量共有15个，占总环节的75%，其中上游分布5个，约占上游环节的83%，中游分布10个，约占中游环节的80%；成都市前沿新材料产业的高价值环节数量共有6个，均分布于产业链中游，占总环节的30%，有龙头企业环节数量仅为2个，同样均分布于产业链中游，占总环节的10%；重庆市前沿新材料产业的高价值环节数量共有5个，均分布于产业链中游，占总环节的25%，有龙头企业环节数量仅为5个，同样均分布于产业链中游，占总环节的25%。以上数据说明，相较于成渝两地，上海市先进材料产业链的竞争能力更加强劲，附加值更高，产业链各环节中头部企业分布更为均匀，且示范引领作用更强。

（三）企业维度的比较优势分析

与成渝地区双城经济圈相比，长三角地区先进材料领域企业的数量规模、市场影响力与竞争能力更强，具有明显比较优势。以两大地区代表性城市上海、成都与重庆的前沿新材料领域为例，两大地区代表性城市的企业规模数量差异明显。其中，上海市前沿新材料领域企业数量远高于成都与重庆两市的总和，优势明显，由2020年的61781家上升至2024年的73344家，年均复合增长率（CAGR）为4.38%；成都市由2020年的21036家上升至2024年的30218家，年均复合增长率（CAGR）为9.48%；重庆市由2020年的17565家上升至2024年的25813家，年均复合增长率（CAGR）为10.10%。这说明成渝地区双城经济圈前沿新材料领域的企业数量增长能力较强，产业集群规模正逐渐壮大。同时，上海市前沿新材料领域的龙头企业数量高达30家、上市企业数量高达185家，成都市龙头企业数量仅3家、上市企业数量仅44家，重庆市龙头企业数量仅2家、上市企业数量仅40家。这从侧面反映出上海市前沿新材料领域企业的规模更加庞大，整体实力更为雄厚，重点企业的示范引领作用更为显著。从前沿新材料领域的高新技术企业数量来看，上海市共有2797家，占该领域总企业数的3.81%；成都市共有833家，占该领域总企业数的2.76%；重庆市共有806家，占该领域总企业数的3.12%。这说明上海市该领域企业整体研发创新实力更为雄厚。①

上海市先进材料产业各细分领域代表企业名单如表4所示。

表4 上海市先进材料产业各细分领域代表企业名单

重点方向	重点领域	重点企业
先进基础材料	先进有色金属材料	思瑞安复合材料（中国）、上海鑫益瑞杰有色合金、贵研中希（上海）新材料科技、上海永茂泰汽车零部件、上海众汇泡沫铝材、上海神火铝箔、上海专创轻合金、上海百一锻造
	先进钢铁材料	宝钢集团上海第一钢铁、上海贵煌特种钢、宝钢集团上海五钢、上海宝钢铸造、上海松森特殊金属、上海神洲阳光特种钢管、上海宝钢铸造
	先进绿色建材	上海高雅玻璃、上海日欣玻璃、上海开来湿克威防水材料
关键战略材料	特种功能材料	上海复星医药（集团）、上海现代制药、上海生物制品研究所、上海艾力斯医药科技、海昊海生物科技、上海同杰良生物材料
	新一代信息技术材料	上海和辉光电、光驰科技（上海）、上海思立微电子科技、上海精珅新材料、上海蓝箭、上海菱博电子技术
前沿新材料	气凝胶材料	上海建工建材科技集团、上海普利特复合材料、国网上海电力、亚士创能科技（上海）、中国二十冶集团
	高熵合金材料	上海普利特复合材料、亚士创能科技（上海）、上海核工程研究设计院、上海杰事杰新材料（集团）
	仿生、智能材料	上海仪耐新材料科技、上海路博减振科技、上海纳米技术及应用国家工程研究中心、上海耐默光电技术、巽畅华瑞物联科技、上海联能科技、上海捻幅智能科技

资料来源：作者根据教育部人文社会科学重点研究基地重庆工商大学成渝地区双城经济圈建设研究院"成渝地区双城经济圈产业云图系统"数据资料整理得出。

① 作者根据教育部人文社会科学重点研究基地重庆工商大学成渝地区双城经济圈建设研究院"成渝地区双城经济圈产业云图系统"数据资料整理得出。

（四）要素禀赋维度的比较优势分析

资源要素禀赋为先进材料产业的发展提供了重要支撑。长三角地区作为我国最发达的地区之一，汇聚了创新、科技、人才等资源要素，比较优势显著。在创新资源方面，《中国区域创新能力评价报告2023》显示，长三角地区三省一市的区域创新能力均居全国前10位，显著高于成渝地区双城经济圈，其中上海市排第5位、江苏省排第3位、浙江省排第4位、安徽省排第7位。长三角地区各省市高度重视创新投入，给予了大量资金支持，为先进材料产业发展创造了基本的创新条件。2022年，上海市规模以上工业企业R&D经费达7659941万元，规模以上工业企业R&D人员全时当量100972人年；江苏省规模以上工业企业R&D经费达29936774万元，规模以上工业企业R&D人员全时当量655930人年；浙江省规模以上工业企业R&D经费达17680564万元，规模以上工业企业R&D人员全时当量519168人年；安徽省规模以上工业企业R&D经费达8206500万元，规模以上工业企业R&D人员全时当量180814人年。[①] 同时，长三角地区创新成果突出，2023年，上海、江苏、浙江与安徽三省一市新增发明专利授权量24.77万件，约占全国授权总量的26.9%；长三角27个重点城市每万人高价值发明专利拥有量达19.6件，约为全国平均水平的1.7倍。[②] 以先进材料为代表的战略性新兴产业的创新成果突出，其中，上海市前沿新材料领域专利数量达34.48万件，发明专利占29.91%，远高于成渝地区双城经济圈。在科技资源方面，长三角地区拥有上海交通大学、复旦大学、浙江大学、中国科学技术大学等材料科学领域的顶尖高校，建成中国科学院上海硅酸盐研究所、中国科学院宁波材料技术与工程研究所等科研机构和研究平台，长三角G60科创走廊等跨区域协同创新平台，以及上海光源、合肥同步辐射光源等国家大科学装置，科技资源丰富。在先进材料人才资源方面，长三角地区先进材料人才储备丰富，是我国重要的人才

---

① 国家统计局。
② 国家知识产权局。

高地。目前，国内先进材料创新人才总量已接近645万人，其中185万余人分布在长三角地区，占总量的1/4以上。其中，江苏省先进材料人才总量达到76.3万人、浙江省达到46.2万人、上海市达到41.0万人、安徽省达到21.6万人。从人才分布结构来看，企业部门占67.0%，其次有24.0%分布在高校，9.0%左右分布在科研院所。①

四 长三角地区先进材料产业发展经验借鉴与启示

（一）强化产业集群建设，着力培育产业生态

长三角地区前瞻布局先进材料产业，在细分领域形成全国乃至全球领先的优势产业集群，集群规模效应不断显现，成熟的产业集群生态成为长三角先进材料产业发展的坚实基础，成渝地区双城经济圈应当立足自身资源与产业基础，因地制宜地制定先进材料产业的发展规划和目标，明确产业发展方向、重点领域和阶段性任务。首先，要依托重庆和成都两大核心城市，明确各区域的产业定位，形成错位发展、优势互补的产业集群格局。具体而言，成都都市圈应聚焦"四大优势材料+四大特色材料"，加快布局电子信息材料、新型绿色建筑材料、新型能源材料、先进高分子材料、高性能纤维及复合材料、先进金属材料、先进陶瓷材料、生物医用材料八大产业集群，重点培育钒钛、锂电、多晶硅与光伏、稀土、铝基五大优势领域。重庆都市圈应聚焦的"4+4+N"现代先进材料产业体系，加快壮大合金材料、纤维复合材料、功能材料产业集群。其次，锚定先进材料产业延链、补链、强链环节，不断"补短板，锻长板"，加强产业链整合与协同，形成完整的产业链条。同时，强化区域协同机制，推动成渝地区双城经济圈内部及与周边省市的产业合作，共同打造先进材料产业集群。最后，持续优化产业生态与环境，制定和完善支持先进材料产业发展的若干政策措施，强化基础设施互联互通。同时，持续优化营商环境，降低企业运营成本，营造公平竞争的市场环境。

---

① 《长三角新材料领域创新人才队伍建设研究》，《今日科苑》2023年第9期。

（二）加快树立龙头标杆企业，强化生态型链主企业培育

长三角地区先进材料领域的诸多细分行业拥有龙头企业，龙头企业强大的市场竞争力和辐射带动力成为该地区先进材料实现快速发展的重要原因。因此，对于成渝地区双城经济圈而言，要加快树立先进材料产业各细分领域的龙头标杆企业，强化产业链各环节的生态型链主企业培育。具体而言，首先，应明晰产业链链主的角色定位，结合成渝地区双城经济圈的产业特色和发展需求，制定链主企业的评价标准，包括技术创新能力、市场占有率、产业链整合能力、品牌影响力等方面。在此基础上，聚焦"龙头升链主"，结合标准制定，筛选出具有潜力的企业作为链主企业重点培育对象。其次，强化专项政策扶持与引导，设置龙头型企业专项扶持资金，同时给予相应的税收优惠，支持主导企业开展技术创新、市场拓展和产业链整合等活动。例如，重庆市曾制定《推动领军（链主）企业加快产业链供应链融通发展十条措施》《重庆市促进大中小企业融通发展工作方案（2022—2025年）》等专项文件，为产业链领军企业提供专项奖励等支持。在此基础上，通过实施重大科技专项、产业创新工程等项目，引导链主企业加大研发投入，突破关键核心技术，形成具有自主知识产权的核心技术体系。最后，强化品牌建设，支持链主企业参与先进材料领域的国内外标准制定和认证工作，提升产品的质量和安全性水平，有效增强龙头企业的市场竞争力与品牌影响力。同时，鼓励链主企业牵头组建产业创新联盟，带动产业链上下游企业协同发展，特别是推动先进材料在新能源汽车、航空航天、电子信息等下游领域的应用示范和推广。

（三）加快培育先进材料产业高层次人才与领军人才

长三角地区是我国新材料产业人才汇集高地，借鉴长三角地区先进材料产业高层次人才与领军人才的引培经验，成渝地区双城经济圈可以从以下几个方面完善相关体制机制。一是要强化顶层设计。完善专项人才培育机制，编制专项规划，推动成渝地区双城经济圈人才一体化发展，加强两地人才政

策的衔接和协同，共同打造先进材料产业人才高地。例如，可以针对先进材料产业制订相应的人才引进专项计划，研究编制《成渝地区双城经济圈人才一体化发展规划（2025—2035）》等发展规划，同时定期公布成渝地区双城经济圈急需紧缺人才目录等，有效释放人才需求信号，促进人才要素合理有序流动。二是要优化人才培养机制。推动成渝地区双城经济圈高校、科研院所与企业深度合作，深化校企合作模式，实现专业设置与产业需求有效对接，同时建立联合实验室、研发中心等平台，促进科研成果有效转化和人才共育。三是要完善人才激励机制。建立科学的绩效综合评价体系，鼓励企业实施股权分享计划，完善科技成果转化收益分配机制。同时，加大人才引进与保护力度，为有意向在成渝地区双城经济圈创办先进材料产业相关企业的高层次人才和领军人才提供创业资金扶持，包括启动资金、风险投资等。四是要完善面向先进材料产业的人才服务体系，建立人才服务监测机制，定期对先进材料产业的人才服务情况进行监测和评估，及时调整和优化人才服务政策和措施，确保人才服务体系的不断完善。

（四）强化创新协同，加强关键核心技术攻关

长三角地区在创新协同方面形成了诸多先进经验。比如，成立长三角国家技术创新中心、长三角产业链联盟，实施重点攻关任务"揭榜挂帅""赛马制"等。基于此，成渝地区双城经济圈先进材料产业在发展过程中，同样需要高度重视协同创新，以强化关键核心技术攻关实力。具体而言，一是要强化创新协同机制，围绕先进材料领域成立专项工作组或创新联盟等跨区域合作平台，以及重点实验室、工程技术研究中心等创新平台，推动创新资源共享与优势互补。二是要加强关键核心技术联合攻关。围绕先进材料产业的重点领域和关键环节，明确关键核心技术攻关的方向和目标，实施重大科技专项行动，通过项目推动关键核心技术攻关，以高校、科研院所、企业和地方政府等为主体，联合开展"揭榜挂帅"与"赛马制"，形成协同创新的竞合生态。三是要优化创新生态环境。完善创新创业服务体系，建立科技企业孵化器、加速器等创新创业载体，为创新创业主体提供法律咨询、财务顾问、市场拓展等

一站式服务，营造良好的协同创新氛围。同时，积极推动科技金融融合发展，通过设立科技银行、风险投资基金等金融机构，为先进材料产业的创新发展提供多元化的融资渠道。推动产学研用深度融合。积极推动企业、高校和科研院所之间的深度合作与交流，建立产学研用合作网络，实现创新资源的共享与优化配置，通过联合研发、共建研发机构、人才培养与交流等方式，促进科技成果的快速转化与应用。同时，成立先进材料领域的科技成果转移转化中心、搭建技术交易平台，为科技成果的转移转化提供便捷高效的服务。

参考文献

尚勇敏、王振：《长三角携手打造新材料产业集群世界高地》，《浙江经济》2021年第9期。

马骁、张艳欣：《长三角新材料领域创新人才队伍建设研究》，《今日科苑》2023年第9期。

李周羲、伍轶：《成都产业答卷迎来材料"新解法"》，《产城》2022年第6期。

《高质量发展调研行｜上海2023年全市新材料产值为2868.5亿元》，青春上海，2024年5月23日，http：//www.why.com.cn/wx/article/2024/05/23/17164536891291480819.html。

《三年行动！苏州纳米新材料产业集群锚定2700亿目标》，名城苏州网，2024年2月25日，https：//news.2500sz.com/doc/2024/02/25/1066194.shtml。

《省发展改革委 省经信厅关于印发〈浙江省新材料产业发展"十四五"规划〉的通知》，浙江省人民政府网站，2021年5月8日，https：//www.zj.gov.cn/art/2021/5/8/art_1229203592_2283971.html。

《浙江推进绿色石化和新材料产业集群建设》，浙江在线，2024年5月9日，https：//guoqi.zjol.com.cn/yw/202405/t20240509_26829705.shtml。

《用新材料"锻造"新未来——写在第三届国际新材料产业大会举办之际》，安徽省人民政府网站，2023年11月24日，https：//www.ah.gov.cn/zwyw/ztzl/tdgzlfz/xcx/564281011.html。

《上海市人民政府办公厅关于印发〈上海市先进制造业发展"十四五"规划〉的通知》，上海市人民政府网站，2021年7月5日，https：//www.shanghai.gov.cn/nw12344/20210714/0a62ea7944d34f968ccbc49eec47dbca.html。

《省工业和信息化厅：〈江苏省"十四五"制造业高质量发展规划〉主要内容》，江苏省人民政府网站，2021 年 9 月 2 日，http：//www.jiangsu.gov.cn/art/2021/9/2/art_32648_9997100.html。

《〈安徽省"十四五"新材料产业发展规划〉解读》，安徽省人民政府网站，2022 年 4 月 6 日，https：//www.ah.gov.cn/public/1681/554116851.html。

《打造"强磁场"，宁波锚定"磁创之都"新目标》，浙江在线，2023 年 12 月 25 日，https：//zjnews.zjol.com.cn/zjnews/202312/t20231225_26537885.shtml。

《建设世界一流绿色石化产业集群 宁波如何发力?》，宁波市经济和信息化局网站，2023 年 4 月 6 日，http：//jxj.ningbo.gov.cn/art/2023/4/6/art_1229561617_58936479.html。

《常州加快打造新型碳材料集群发展新优势》，江苏省科学技术厅网站，2023 年 9 月 11 日，http：//kxjst.jiangsu.gov.cn/art/2023/9/11/art_82538_11011222.html。

《〈中国区域创新能力评价报告 2023〉发布》，人民网，2023 年 11 月 26 日，http：//finance.people.com.cn/GB/n1/2023/1126/c1004-40125954.html。

B.13 粤港澳大湾区先进材料产业发展及比较优势研究

赵晓磊 沈涛 易淼*

摘　要： 本报告对粤港澳大湾区先进材料产业规模、重点企业、政策供给和产业链发展进行分析，运用案例分析法解析典型企业的发展状况，通过比较分析法分维度对比粤港澳大湾区与成渝地区双城经济圈代表性城市先进材料产业发展的比较优势。分析结果显示，粤港澳大湾区先进材料产业规模不断扩大，在工业产业体系中具有重要地位，产业链完整度及产业链发展质量均呈现良好的上升趋势，与成渝地区双城经济圈相比，粤港澳大湾区先进材料产业链完整度较高，高新技术企业占比较大，创新和人才资源更为充足。未来，成渝地区双城经济圈可以借鉴粤港澳大湾区在特色集群打造、龙头企业培养、科技成果转化上的成功经验，促进先进材料产业的高质量发展。

关键词： 先进材料产业　比较优势　粤港澳大湾区

一　粤港澳大湾区先进材料产业总体发展情况分析

（一）粤港澳大湾区先进材料产业规模基本情况

先进材料产业作为粤港澳大湾区的重要产业，正在成为驱动粤港澳大

---

* 赵晓磊，北京外国语大学博士研究生，主要研究方向为管理科学与工程；沈涛，重庆工商大学硕士研究生，主要研究方向为政治经济学；易淼，博士，重庆工商大学成渝地区双城经济圈建设研究院常务副院长、教授，主要研究方向为区域经济与产业发展。

湾区经济发展的重要力量。广东省先进材料产业规模较大且发展迅速，2022年广东省先进材料产业规模以上企业实现主营业务收入2.67万亿元，实现利润总额963亿元，实现工业增加值5229亿元，占规模以上工业增加值的13.24%。① 其中，广州作为全国首批7个"新材料产业国家高科技产业基地"，具有坚实的新材料产业发展基础。2022年，其先进材料制造业总产值达到832.25亿元，同比增长5.5%。② 深圳市2021年先进材料产业增加值达到324亿元。③ 佛山市2022年新材料产业实现产值5671.4亿元，占规模以上工业总产值的21%。2021年东莞市新材料产业增加值达到372.4亿元，同比增长为15.58%。④ 不仅如此，大湾区先进材料产业的分工格局持续优化，珠三角九市形成了从研发、制造到应用较为完整的先进材料产业体系，香港、澳门的创新资源成为粤港澳大湾区先进材料产业发展的重要支撑。同时，广州、深圳、珠海等珠三角九市的先进材料产业基地基本形成，先后建成了新材料产业国家高技术产业基地，以及高分子材料、金属材料、电子信息材料等优势产业集群，在绿色高性能水泥、高端建筑陶瓷、特种玻璃、稀土发光材料、磁性材料、高性能树脂、高端电子化学品、电子陶瓷等领域的产能、产品质量以及技术水平居全国前列。

（二）粤港澳大湾区先进材料产业重点企业基本情况

粤港澳大湾区先进材料产业蓬勃发展，先进材料企业数量稳步增长，涌现一批具有较强核心竞争力的领军企业。其中，广州市先进材料企业数量与质量同步提升。2022年，广州从事前沿新材料领域的创新企业共有2086家，包括国家高新技术企业954家，上市公司55家，专精特新中小

---

① 《广东发布发展先进材料战略性支柱产业集群行动计划》，广东省人民政府网站，2024年1月8日，https://www.gd.gov.cn/gdywdt/zwzt/xxgcesd/xwy/content/post_4460044.html。
② 《广州统计年鉴（2023）》。
③ 《深圳新材料产业盛产"隐形冠军"》，《深圳商报》2022年7月22日。
④ 《东莞统计年鉴（2022）》。

企业 174 家，瞪羚企业 152 家，国家知识产权优势企业 65 家。[①] 不仅如此，广州市新材料产业集群发展效应也开始显现。以广州开发区为例，区内汇集先进材料领域的规模以上企业 221 家，上市公司 7 家，占区内上市公司总数的 10.6%，并且拥有金发科技、鞍钢联众两家产值超百亿元的领军企业。[②] 深圳市先进材料企业数量保持较快增长，聚集了一批具有创新能力和发展潜力的企业，形成了以新型显示材料和先进电池材料产业集群为代表的先进材料产业集群。2022 年，深圳市先进材料领域规模以上企业超过 500 家，新材料上市公司超过 40 家，拥有新材料领域国家及省市级重点实验室、工程研究中心、企业技术中心等各类重要创新单位超过 250 家，特别是发展成为国家级材料集群的深圳市先进电池材料产业集群，已汇聚企业超过 1200 家，在 A 股上市的相关企业超过 19 家，规模以上企业超过 100 家，高新技术企业超过 35 家，总产值达到 5700 亿元左右，电池及材料产业产值居全国首位。[③] 佛山市先进材料产业实现八大类全覆盖，拥有兴发铝业、凤铝铝业、坚美铝业、联塑科技、日丰集团、东丽无纺布等龙头企业以及精达里亚特种漆包线、深达美特种铝合金、炜林纳新材料等"隐形冠军"企业。东莞市先进材料产业呈现良好的发展态势，2022 年，东莞先进材料产业注册企业数量已达到 2468 家。[④] 同时，东莞市依托散裂中子源大科学装置集群和松山湖材料实验室建设，加快布局前沿新材料，完善新材料基础研究、应用转化、生产制造等全链条体系，全面支撑提升工业基础能力，积极推动国际先进材料产业的研发高地和产业化基地建设。

[①] 曾祥州、孟维伟：《广州前沿新材料产业创新现状分析与对策研究》，载张跃国、张赛飞、杨莹主编《广州蓝皮书：广州创新型城市发展报告（2023）》，社会科学文献出版社，2023，第 147 页。

[②] 《广州新材料先进企业前 20 名单发布 黄埔区占半壁江山》，广州市黄埔区人民政府网站，2021 年 10 月 8 日，https://www.hp.gov.cn/gzhpgx/gkmlpt/content/7/7814/post_7814741.html#4934。

[③] 《动力电池产业的领先优势这样形成》，《人民日报》2021 年 7 月 14 日。

[④] 东莞市统计局网站，https://tjj.dg.gov.cn/。

（三）粤港澳大湾区先进材料产业政策供给基本情况

粤港澳大湾区基本形成了支持先进材料产业发展的政策体系。2019年2月，国务院发布《粤港澳大湾区发展规划纲要》，将发展先进材料产业等战略性新兴产业确定为粤港澳大湾区未来发展的重要领域。这一规划纲要指出，要依托香港、澳门、广州、深圳等中心城市的科研资源优势和高新技术产业基础，推动将先进材料产业发展壮大为新支柱产业，为大湾区先进材料产业的发展提供了重要的政策支撑。同时，广东省高度重视先进材料产业的培育和发展，将先进材料产业发展上升到战略高度。2020年10月，《广东省培育前沿新材料战略性新兴产业集群行动计划（2021—2025年）》印发，该计划明确指出，要准确把握先进材料产业战略定位，努力建成世界级前沿新材料创新中心、具有全球重要影响力的研发和制造高地。2021年8月，广东制定出台《广东省制造业高质量发展"十四五"规划》，提出要高起点谋划发展先进材料等未来产业，打造先进材料制造高地。

不仅如此，粤港澳大湾区内各个城市积极落实国家政策，在国家和省级层面规划的基础上，紧扣本地先进材料产业发展现状制定相关规划。广州市于2022年4月印发《广州市战略性新兴产业发展"十四五"规划》，该规划立足广州新材料发展需要，提出要开创新材料与精细化工产业新局面，推动先进基础材料产业转型升级和前沿新材料研发应用，优化特色精细化工材料，着力构建具有国际竞争力的新材料和绿色石化产业集群，打造国内一流"新材高地"。2022年6月，《深圳市人民政府关于发展壮大战略性新兴产业集群和培育发展未来产业的意见》印发，该意见指出深圳要着力打造新材料产业集群，推动新材料与新一代信息技术、新能源、生物等产业融合发展，发展前沿新材料等战略性新兴产业，推进高端锂离子电池负极材料、超高模量透明聚酰亚胺薄膜工程化项目建设，支持罗湖、宝安、龙岗、光明、深汕等区建设集聚区，建成新材料创新中心和技术转化中心。同年6月，聚焦新材料产业集群建设，制定《深圳市培育发展新材料产业集群行动计划

(2022—2025年)》。东莞市在2020年3月印发《东莞市现代产业体系中长期发展规划纲要（2020—2035年）》，提出建设国际先进材料产业的研发高地和产业化基地。2022年1月，《东莞市制造业高质量发展"十四五"规划》发布，提出"十四五"时期以大科学装置和先进实验室为依托进行前沿新材料领域的关键技术研究，为产业高端化发展提供底层技术支撑。

粤港澳大湾区"十四五"时期新材料产业重要规划的内容如表1所示。

表1 粤港澳大湾区"十四五"时期新材料产业重要规划的内容

地区	发展目标	重点方向
广东省	到2025年，前沿新材料产业营业收入超过1000亿元，年均增长达15%以上，基本建成世界级前沿新材料创新中心	重点发展前沿新材料领域，重点突破新型半导体、新能源材料、电子新材料、先进轻合金等方向，面向产业技术创新、研发与应用示范，构建一批国内领先的新型研发机构
广州市	到2025年，战略性新兴产业增加值突破1.2万亿元，占GDP的比重达35%，打造成为国际领先的新材料产业高地	重点发展先进高分子材料、前沿海工材料、新型显示材料、超材料、仿生材料、低维材料、生物医用材料、纳米材料、高性能钢材、高性能无序合金材料、高性能靶材、燃料电池材料、高性能动力电池材料
深圳市	到2025年，全市新材料产业增加值达到550亿元，培育出百亿级材料集群，前沿新材料产业规模稳步扩大	重点发展半导体材料、新型显示材料、锂离子电池材料、太阳能电池材料、燃料电池材料、治疗器械及关键原材料、组织工程材料、组织修复材料、高性能膜材料、高分子复合材料、高端工程塑料、超材料、相变材料等方向，在新材料关键领域布局建设一批高水平创新平台
东莞市	到2025年，新材料产业产值达到2000亿元，新材料产业集群营业收入规模达到1700亿元	重点发展市场应用广、带动作用强、战略意义大的先进材料，加快布局前沿新材料，完善新材料基础研究、应用转化、生产制造等全链条体系，建设国际先进材料产业的研发高地和产业化基地

资料来源：作者根据各地区"十四五"新材料领域产业相关规划文件整理而得。

（四）粤港澳大湾区先进材料产业链基本情况

粤港澳大湾区已经形成了较为完整的先进材料产业体系，产业链完整度以及产业链发展质量均趋势良好。以前沿新材料为例，"成渝地区双城经济圈产业云图系统"数据显示,广州市新材料产业链全链完整度达到100%,其中上中下游的完整度均为100%。广州新材料产业链中处于价值链高端环节的占比较高,其优势环节主要集中在纳米材料、高熵合金、金属原料、新型超导材料、石墨、有机气凝胶、碳基气凝胶、钛基气凝胶、铝基气凝胶、锆基气凝胶、树脂等领域。企业数量保持稳定增长趋势,从2020年10858家增加至2023年的19351家,年均增长率21.24%。同时,从企业质量的角度来看,广州先进材料领域的企业质量较高,拥有龙头企业5家、上市企业40家、高新技术企业806家,能够为先进材料产业的创新发展提供有力支撑。

二 粤港澳大湾区先进材料典型企业发展分析

(一)贝特瑞的发展现状与趋势分析

贝特瑞新材料集团股份有限公司(以下简称"贝特瑞")位于深圳市光明区,核心产品包括锂离子电池负极材料、正极材料及新型材料等,是我国锂电正负极材料的龙头企业之一。贝特瑞新材料业务处于快速增长阶段,市场竞争力与盈利能力不断增强。2022年,主营业务收入达256.79亿元,同比增长144.76%;净利润23.09亿元,同比增长60%以上。近年来,贝特瑞高度重视技术创新,在正负极材料领域突破多项重要技术。2007年,贝特瑞获批成立"深圳市新型储能材料工程研究中心";2008年,贝特瑞先后被认定为"深圳市自主创新行业龙头企业""国家高新技术企业"。不仅如此,贝特瑞还承担了"锂离子动力电池系统产业化技术研究"等国家计划项目,编制"锂离子电池碳负极材料国家标准""锂离子动力电池磷酸铁锂正极材料国家标准"等行业标准,在锂电材料行业的引领力、带动力不断增强。

具体来说,在创新投入方面,贝特瑞的研发投入水平不断提升。2022年,贝特瑞研发投入12.63亿元,同比增长113.46%,研发投入总额占营业收入的4.92%。在核心技术攻关方面，贝特瑞不断对现有产品技术进行迭代，不断优化人造石墨、天然石墨、硅基负极、高镍三元等材料品质，提升产品性能。同时，贝特瑞锚定正负极材料前沿领域，加快布局储能应用、锂离子电池回收等新能源发展前沿领域，持续强化钙钛矿太阳能电池、钠离子电池用硬炭负极材料、无机固态电解质产品以及高性能氧化石墨烯等前沿材料的关键技术攻关。在产能方面，贝特瑞凭借行业领先的工艺水平与制造装备，正负极材料的产能丰富，市场占有率较高。2022年，贝特瑞实现负极材料销量超过33万吨，对应收入146.31亿元，同比增长126.52%，占全年总营收的56.98%；实现正极材料销量超过3万吨，对应收入103.01亿元，同比增长182.11%，占全年总营收的40.11%。2023年上半年，贝特瑞实现负极材料销量超过17万吨，对应收入63.27亿元，同比下降0.50%，占总营收的47.14%；实现正极材料销量超过1.9万吨，对应收入69.00亿元，同比增长95.30%，占总营收的51.40%。

（二）清溢光电的发展现状与趋势分析

深圳清溢光电股份有限公司（以下简称"清溢光电"）成立于1997年，位于广东省深圳市南山区，主要从事掩膜版的研发、设计、生产和销售业务，技术水平处于行业领先地位，是国内成立较早、规模较大的掩膜版生产企业之一。清溢光电长期致力于掩膜版的研发设计，1998年，清溢光电在无外来技术援助的情况下成功研制出国内首张大面积高精度铬版掩膜版，用于配套下游的TN、STN和CSTN型液晶产业的掩膜版国产化；2008年，清溢光电投产国内第一张5代TFT-LCD用掩膜版，配套下游5代TFT-LCD产业的掩膜版国产化，打破国内中大尺寸掩膜版进口依赖的局面，大幅降低了面板企业掩膜版采购成本；2014年，清溢光电研制出国内第一张8.5代TFT-MASK掩膜版；2016年，清溢光电成功研制AMOLED用高精度掩膜版，成为全球第6家具备AMOLED用高精度掩膜版生产能力的商用厂家，打破了国内AMOLED用高精度掩膜版完全依赖国外进口局面。凭借在掩膜版领域的突出贡献，清溢光电入选"国家级专精特新'小巨人'企业""深圳市专精特新中小企业""深圳市制造业'单项冠军'企业"等重点企业名录，并多次获得"深圳市科学技术进步奖""中国新型显示产业链特殊贡献奖"等。

具体来说，清溢光电近年来企业效益稳步提升。2023年，实现营业总收入9.24亿元，同比增长21.26%；实现利润总额1.51亿元，同比增长49.94%。[①] 在产品方面，清溢光电已实现8.6代高精度TFT掩膜版及6代中高精度AMOLED/LTPS等掩膜版的量产，开发出6代AMOLED高精度掩膜版，广泛应用到下游AMOLED和LTPS显示面板的产品上，2023年AMOLED/LTPS营业收入达2.97亿元，同比增长43.91%。在科研创新方面，清溢光电大力推动高新技术研究开发中心建设，并于2007年、2012年分别成立深圳市光掩膜技术研究开发中心和广东省光掩膜工程技术研究开发中心，成功入选深圳市首批"国家高新技术企业"。在质量管理方面，清溢光电成立以来积极采用先进质量管理方法，不断提高自身质量竞争力。2000年，清溢光电开始推行"零缺陷"管理理念，创造性地将零缺陷理论运用到企业的全面管理中；2000年，清溢光电又引入全国质量管理奖卓越绩效模式，实现了由质量管理零缺陷向管理质量零缺陷的根本转变，并于2004年成为广东省第一家获得全国质量管理奖的单位。

（三）华特气体的发展现状与趋势分析

广东华特气体股份有限公司（以下简称"华特气体"）成立于1999年，位于广东省佛山市南海区，主营业务涵盖普通工业气体、特种气体，以及与特种气体相关的设备与管路工程三大板块，是国内率先打破极大规模集成电路、新型显示面板等高端领域气体材料制约的气体厂商。华特气体在气体材料领域具有明显优势，企业发展趋势良好。2022年，实现特种气体销售额13.22亿元，同比增长65.94%，其中电子特气销售额为

[①] 《清溢光电2023年报》。

10.37亿元，同比增长104.43%。① 凭借在气体领域的重要技术贡献，华特气体先后入选"国家级专精特新'小巨人'企业""广东省专精特新中小企业""广东省创新型中小企业""2023年度佛山市科技领军企业"等重点企业名单，并且相关产品多次获评"中国集成电路创新联盟第六届'IC创新奖'成果产业化奖""广东省专利奖优秀奖""广东省制造业单项冠军"等奖项。

具体来说，在主营产品方面，华特气体累计实现进口替代产品55种，其产品供应对国内8寸以上集成电路制造商的覆盖率超过90%；拳头产品光刻气通过ASML和GIGAPHOTON的认证，是国内唯一通过两家认证的气体公司；自主研发的全产业链产品——锗烷通过了韩国最大存储器企业的5纳米制程工艺产线的认证并产生订单。在关键核心技术方面，华特气体长期致力于气体纯化技术研究，在高纯氨气纯化关键技术上实现突破，成功打破国外技术垄断，对半导体行业的迅速发展起到重要支撑。凭借"一种氨气的纯化系统"专利与"一种三氟甲烷纯化装置及纯化方法"专利，华特气体在2020年分别获得"第七届广东省专利奖金奖"和"第二十一届中国专利优秀奖"。此外，华特气体在气体纯化领域中研发的多项气体纯化方法均已获得国家专利。在研发创新能力方面，华特气体高度重视技术创新，截至2023年，已获授权专利136项、参与制定28项国家标准，并承担国家重大科技专项课题、广东省教育厅产学研结合项目以及广东省战略性新兴产业区域集聚发展试点重点项目等多项重要攻关项目的研究任务。作为唯一的气体公司三次入选"中国电子化工材料专业十强"。在人才培养方面，华特气体以突破关键技术难点为目标，以高端材料的研发为导向，通过与大学、科研院所及海内外高端技术人才以合作或合伙的方式，实现前沿战略技术和人才的储备。在协同创新方面，华特气体先后与华南理工大学、天津大学等国家重点大学开展产学研合作，在气体合成、气体纯化、气体混配等领域进行深度合作。

---

① 《华特气体2022年报》。

（四）欣旺达的发展现状与趋势分析

欣旺达电子股份有限公司（以下简称"欣旺达"）位于深圳市宝安区，是全球锂离子电池领域领军企业，业务横跨3C消费类电池、动力电池、储能系统、智能硬件等领域。欣旺达主要从事锂离子电池研发制造业务，锂离子电池电芯及模组等主营产品广泛应用于笔记本电脑、平板电脑、智能手机、智能穿戴设备、消费类无人机、能源互联网及储能等领域，其中手机电池业务在全球占有率达30%，智能手机用锂离子电池模组荣获工信部"制造业单项冠军产品"。欣旺达深耕锂离子电池领域多年，先后获得"深圳市市长质量奖""广东省政府质量奖"，获评"国家技术创新示范企业""工信部数字领航企业"，被海外权威机构Benchmark评定为全球动力电池一级制造商。

具体来说，在创新平台建设方面，欣旺达不断探索产学研合作新模式，构建了前沿技术交流、研发资源共享、技术项目开发、政府项目申报、人才联合培养、科研成果转化的六大产学研合作形式。欣旺达与松山湖材料实验室、北京大学、清华大学深圳国际研究生院、北京理工大学、中山大学、华南理工大学、大连理工大学、中南大学等多所国内知名高校、科研院所建立战略合作关系，在电池热安全技术、电池材料、氢能等多领域广泛进行产学研一体化探索，取得了显著成果。2023年，由欣旺达与广东工业大学等单位联合承担的"面向动力电池系统热安全的复合相变材料关键技术及应用"项目荣获"2023年中国产学研合作创新成果奖一等奖"。在业务结构方面，欣旺达仍以消费类电池业务为主，动力电池与储能类电池业务比例持续提升。2023年欣旺达消费类电池业务实现收入285.43亿元，营收占59.64%；动力电池出货量合计11.66GWh，实现收入107.95亿元，营收占22.55%；储能类电池业务实现收入11.10亿元，营收占2.32%。[①] 在人才培养方面，欣旺达确立了高素质技术技能人才培养理念，在人才培养、课程开发、实训基地建设方面与

---

① 《欣旺达2023年报》。

中高职、技师院校、本科院校合作,持续深化产教融合,探索出"双元育人"模式,培养面向锂电池企业的创新型、复合型高素质技术技能人才。2021年,欣旺达入库深圳市第一批试点建设培育产教融合型企业;2023年,欣旺达入选广东省"产教评"产业技能生态链首批链主培育单位。

三 粤港澳大湾区先进材料产业的比较优势分析

(一)产业发展比较的对标对象选择

广州作为粤港澳大湾区先进材料发展核心引擎之一,其产业规模不断扩大,产业链完整度持续提升,技术水平和综合实力位居大湾区之首。在集群规模方面,广州产业集聚发展态势良好,先进材料产业集群规模持续壮大。当前,广州建成了新材料产业国家高技术产业基地,已形成以高分子材料为特色的千亿级先进材料产业集群,实现规模以上工业总产值超过2700多亿元。在重点企业方面,广州市先进材料企业数量稳步提升,核心竞争力持续增强。以前沿新材料为例,广州市从事前沿新材料领域的创新企业共有2086家,近5年年均增速25.7%,远高于全国年均增速15.8%。其中,国家高新技术企业954家,上市公司55家,专精特新中小企业174家,瞪羚企业152家,国家知识产权优势企业65家,企业竞争力持续增强。在人才队伍方面,广州市先进材料产业人才供给体系不断完善,创新人才梯队建设不断强化。以前沿新材料为例,广州前沿新材料产业创新人才共有39525人,近5年创新人才年均增速22%,比全国年均增速15.8%高出6.2个百分点。其中,拥有国家高层次人才580人,技术高管1903人。以新材料产业人才供给体系为依托,广州不断实现科技成果转化,广东省超1/3的产学研合作专利申请发生在广州,涉及专利数量多达838件。综上所述,将广州作为粤港澳大湾区先进材料产业代表性城市与成渝地区双城经济圈代表性城市重庆市和成都市进行比较优势分析,有利于全面反映粤港澳大湾区先进材料产业的发展优势。

(二)产业链维度的比较优势分析

1. 产业链完整度的比较分析

广州市持续关注先进材料领域的创新链产业链深度融合,促使先进材料产业链完整度不断提高,产业链优势日益凸显。具体来说,以前沿新材料为例,"成渝地区双城经济圈产业云图系统"区域对比板块的数据显示,广州、成都以及重庆三地的全链产业链完整度分别为100%、100%、80%。具体而言,产业链上游完整度分别为100%、100%、100%;产业链中游完整度分别为100%、100%、68.75%;产业链下游完整度分别为100%、100%、88.89%。可以看到,重庆与广州、成都产业链完整度差距明显,重庆前沿新材料产业链上中下游聚合格局虽初步形成,但新材料产业链短板仍然存在,需进一步补齐产业链,提高产业链完整度。与重庆相比,广州、成都则拥有配套较为完善的先进材料产业体系,为提高全链条完整度提供了有力支撑。

2. 产业链环节的比较分析[①]

在产业链高价值环节方面,广州、成都涉及的领域略多于重庆,其中包括纳米材料、碳基气凝胶、铝基气凝胶、仿生材料、石墨烯纤维、智能材料,高价值环节总数均为6个。重庆涉及的领域则主要包括纳米材料、碳基气凝胶、铝基气凝胶、仿生材料、智能材料,高价值环节总数为5个。在产业链优势环节方面,广州涉及的有关领域略少于重庆,但大多处于价值链高端,具有高附加值特征。具体来说,广州涉及的领域及其企业主要有纳米材料4576家、高熵合金2660家、金属原料782家、新型超导材料686家、石墨454家、有机气凝胶92家、碳基气凝胶92家、钛基气凝胶90家、铝基气凝胶90家、锆基气凝胶88家、树脂42家。可以看到,广州在优势环节涉及的领域主要集中在纳米材料与高熵合金,纳米材料与高熵合金有关企业

---

① 该部分数据来自教育部人文社会科学重点研究基地重庆工商大学成渝地区双城经济圈建设研究院"成渝地区双城经济圈产业云图系统"。

数量约占优势环节企业总数的74.97%。成都在产业链优势环节涉及的领域及其企业则主要包括金属原料2241家、高熵合金1586家、纳米材料1357家、新型超导材料242家、碳基气凝胶74家、有机气凝胶74家、钛基气凝胶72家、铝基气凝胶72家、锆基气凝胶71家、液态金属34家、仿生材料9家。成都在优势环节涉及的领域主要集中在金属原料、高熵合金、纳米材料，金属原料、高熵合金、纳米材料有关企业数量约占优势环节企业总数的88.89%。重庆在产业链优势环节涉及的领域及其企业则主要包括高熵合金1948家、金属原料1639家、纳米材料996家、石墨347家、新型超导材料241家、碳基气凝胶75家、有机气凝胶73家、锆基气凝胶72家、钛基气凝胶72家、铝基气凝胶72家、陶瓷46家、液态金属30家。重庆在优势环节涉及的领域主要集中在高熵合金与金属原料，高熵合金与金属原料有关企业数量约占优势环节企业总数的63.93%。此外，在前沿新材料产业链有龙头企业环节，重庆涉及的领域多于广州与成都，具体有碳基气凝胶、有机气凝胶、钛基气凝胶、铝基气凝胶、锆基气凝胶，有龙头企业环节数量为5个。而成都在有龙头企业环节只涉及液态金属和仿生材料，有龙头企业环节数量为2个；广州在有龙头企业环节则只涉及纳米材料，有龙头企业环节数量仅为1个。

（三）企业维度的比较优势分析

伴随先进材料产业的蓬勃发展，广州、成都以及重庆的企业数量持续增长。具体而言，2020年广州前沿新材料产业企业数量为10858，2023年企业数量为19351，年均增长率为21.24%；成都市前沿新材料相关企业从2020年的21036家增加至2023年的31135家，年均增长率为14.0%；重庆市前沿新材料相关企业从2020年的17565家增加至2023年的26427家，年均增长率为14.6%。可以看到，成都市和重庆市前沿材料产业企业总数的年均增长率基本处于同一水平，但明显低于广州。广州在保持企业数量高增长态势的同时在先进基础材料、关键战略材料、前沿新材料重点方向上涌现一批在细分领域内具有很强竞争力的骨干企业（见表2）。以前沿新材料产业为例，2023年广州前沿新材料产业各重点企业数量分别为高新技术企业

1655家、上市企业73家、龙头企业5家，重庆重点企业数量相对较少，分别为高新技术企业806家、上市企业40家、龙头企业2家。

表2 广州先进材料产业重点企业

重点方向	领域	重点企业
先进基础材料	高分子化学材料	金发科技股份有限公司、广州鹿山新材料股份有限公司、广州金发碳纤维新材料发展有限公司、广东省福美材料科学技术有限公司、广州鸿森材料有限公司、广州市普同实验分析仪器有限公司
	轴承钢	广州蓝海自动化设备科技有限公司、广州东荣轴承设备有限公司
	高性能镁铝合金	广州金纪铝业有限公司、广州捷士多铝合金有限公司
关键战略材料	半导体材料	爱司凯科技股份有限公司、广州南砂晶圆半导体技术有限公司、明通装备科技集团股份有限公司
	光学薄膜	广东德远科技股份有限公司、广州视珉电子科技有限公司、广州国显科技有限公司、广州立景创新科技有限公司、长兴（广州）光电材料有限公司、广州市惠迪电子科技有限公司
	发光材料	广州新视界光电科技有限公司、中国科学院广州化学有限公司、广州兰泰胜科技有限公司、广州光联电子科技有限公司
前沿新材料	气凝胶材料	广东埃安新能源汽车股份有限公司、奥动新能源汽车科技有限公司、广州鹏辉能源科技股份有限公司、广州凌玮科技股份有限公司
	石墨烯材料	广州绅琪节能材料有限公司、广东韩研活性炭科技股份有限公司、烯湾科城（广州）新材料有限公司、中星（广州）纳米材料有限公司
	智能材料	广州科莱瑞迪医疗器材股份有限公司、广州市科涵实业有限责任公司
	纳米材料	广州达安基因股份有限公司、广州普邦园林股份有限公司、广州天赐高新材料股份有限公司、广东骏丰频谱股份有限公司

资料来源：作者根据教育部人文社会科学重点研究基地重庆工商大学成渝地区双城经济圈建设研究院"成渝地区双城经济圈产业云图系统"数据资料整理得出。

（四）要素禀赋维度的比较优势分析

广州在创新人才、科研条件等要素禀赋方面优势明显，为广州新材料产业迅速发展提供了有力支撑。从创新人才资源来看，广州市在前沿新材料领域拥有丰富的高级人才资源，并且其人才吸引力始终保持增长态势。广州前沿新材料产业创新人才共有39525人，近5年创新人才年均增速22%，比全国年均增速15.8%高出6.2个百分点。从人才分布来看，广州拥有国家高层次人才580人，其中院士10人、科技企业家1290人、技术高管1903人。从产学研融合发展来看，广州积极推进以企业为主导的产学研深度融合创新体系，先进材料产业协同创新格局已基本形成。具体来说，广州前沿新材料领域的高水平创新平台与高校院所资源丰富，包括国家级重点实验室5个以及高校院所、研究机构80余个。从产学研合作来看，广东省超1/3的产学研合作专利申请发生在广州，涉及专利数量多达838件，其中与高校院所合作最多的企业是中国科学院广州化学有限公司，累计共有48件合作申请，与企业主体合作最多的高校院所是华南理工大学，累计共有218件合作申请。从专利创新产出成果来看，广州发明专利授权量10691件、有效发明专利量8758件。发明专利授权量年均增速达28.4%，比全国年均增速10.7%高出17.7个百分点；海外布局专利量446件，占比为0.8%。中国专利奖获奖专利26件，占比为5.6%；维持10年以上专利863件，占比为1.8%，各项数据均处于国内领先水平。

四 粤港澳大湾区先进材料产业发展经验借鉴与启示

（一）打造特色优势明显的先进材料产业集群，提升产业链核心竞争力

粤港澳大湾区遵循先进材料产业跨城市产业协同、合作发展规律，因地制宜地推动先进材料产业由集聚化向集群化发展转变。以半导体及集成电路产业为例，《广东省制造业高质量发展"十四五"规划》明确提出要以广州、深圳、珠海、江门等市为核心，建设具有全球竞争力的芯片设计和软件开发集聚区，建成具有国际影响力的半导体及集成电路产业集聚区。不仅如此，该规划还进一步提出要充分发挥广州、深圳"双核联动、比翼双飞"的作用，以建设粤港澳大湾区为契机，共同打造先进材料产业示范区。在此基础上，粤港澳大湾区充分利用产业集群优势，推动大湾区各企业资源对接

与要素整合，不断提升产业链核心竞争力，推进大湾区先进材料产业高端化发展进程。

因此，成渝地区双城经济圈打造特色优势明显的先进材料产业集群应以成都、重庆产业协同、合作为基础，根据成都、重庆自身的独特功能与定位，积极融入成渝地区双城经济圈先进材料产业分工，形成功能突出和特色明显的产业链跨区域分布的新格局。具体来说，一是要进一步加强先进材料产业领域分工协作，特别是要强化先进材料产业链优势环节合作，促进人才、资金、信息跨区域有序自由流动，共同推动产业链、创新链深度融合，发挥产业集聚优势，提高创新资源在产业集群内的运用效率，从而打造一批具有国际竞争力的先进材料产业集群。二是要进一步加强合作平台，促进先进材料产业链招商力量整合、信息共享，支持成渝地区双城经济圈先进材料产业链协同招商。在此基础上，以先进材料产业园为载体平台，推进成渝地区双城经济圈特色先进材料产业高质量建设，辐射带动周边地区协同发展，打造具有核心竞争力的先进材料产业集群。三是要建立健全先进材料产业发展政策支持体系，特别是要完善资源有效供给、金融服务支持、财政资金服务和基础设施配套等政策支持体系，形成政策合力，循序渐进地构建先进材料产业集群梯次培育发展体系，完善各部门协同合作机制，促进先进材料产业集群交流与合作，从而促进先进材料产业集群建设。

（二）培育壮大先进材料产业龙头企业，发挥示范引领作用

龙头企业是引领、带动先进材料产业蓬勃发展的生力军，是打造先进材料产业全产业链、构建现代化先进材料产业体系的中坚力量，在加速推进先进材料产业发展中具有不可替代的重要作用。粤港澳大湾区在发展先进材料产业过程中，始终坚持培育和发挥先进材料龙头企业的引领带动作用，如在《广东省制造业高质量发展"十四五"规划》《广州市战略性新兴产业发展"十四五"规划》《深圳市培育发展新材料产业集群行动计划（2022—2025年）》等政策文件中都明确指出建立龙头骨干企业培育库，实行分级培育，构建市区联动、分级培育的工作联动机制，积极将龙头企业培育成世界级企

业，从而发挥龙头企业的产业生态引领和带动辐射作用。除了政策支持外，大湾区还通过创新财政资金使用方式、加强对龙头企业及核心配套企业的跟踪服务等手段，培育出了一批具有国际影响力的先进材料龙头企业，为大湾区先进材料产业发展注入强大动力。

成渝地区双城经济圈培育壮大先进材料产业龙头企业要找准发展战略定位，加快建立先进材料产业龙头企业认定工作，从而发挥龙头企业的引领示范作用。具体来说，一是坚持市场导向，发挥市场在资源配置中的决定性作用。引导和支持企业加强质量管理，鼓励企业应用先进质量管理方法，加强全过程质量管理，推进质量追溯体系建设，从而不断提高企业竞争力，扩大企业先进材料产品市场占有率。二是加强对优质企业的资金支持。推动先进材料产业重大项目建设，在开展龙头企业认定工作基础上，对先进材料产业带动作用明显的优势企业给予资金扶持。同时，要引导金融机构聚焦先进材料企业薄弱发展环节，创新金融服务，优化精准高效的金融服务，从而加大金融机构对先进材料企业的资金支持。三是加强对优质企业的跟踪服务。以解决实际问题为导向，不断深化"一对一""点对点"跟踪服务机制，聚焦龙头企业培育工作中的具体问题，创新政策工具和服务手段，从而支持先进材料龙头企业的培育工作。

（三）促进先进材料产业创新发展，加速科技成果转化

先进材料产业作为战略性新兴产业决定了其在发展过程中要更加重视科技创新和产业创新的深度融合，打通基础研究与应用研究的通道，实现产业链、创新链融合发展，促使创新由"点"向"链"的延伸。粤港澳大湾区坚持以创新引领先进材料产业发展，持续完善先进材料产业创新体系，特别是在加大创新人才培养和吸引、完善产学研协同创新机制和加快先进材料产业技术创新基础设施建设等方面精准发力，不断强化科技创新对先进材料产业发展的促进作用。以深圳市先进电池材料产业集群为例，在创新人才培养和吸引方面，深圳通过构建高校院所和电池材料企业"双元制"人才培育机制，实现人才培育与企业需求的精准对接。同时，深圳立足本地电池材料

产业发展需要,通过优惠政策引进外部创新型人才,引进具有创新实力、拥有核心专利技术的创新人才与其合作。

成渝地区双城经济圈要不断完善先进材料产业创新体系,促进产业创新发展,需要从以下几个方面着手发力。一是加大人才培养和引进,提升先进材料产业创新发展的可持续能力和质量水平。加大科研投入与创新人才资源吸引力,建立健全前沿新材料产业创新人才发展吸引体系,特别是完善先进材料领域创新型人才、技术型人才的发现、培养、激励机制,吸引更多优秀人才加入前沿新材料创新发展队伍,从而充分激发人才创新活力。二是完善产学研协同创新机制。不断探索以企业为主体、以市场为导向的产学研融合发展新模式,发挥市场对技术研发方向、路线选择、创新要素配置导向作用,加速先进材料产业创新成果转化。同时,鼓励支持科研院所、高校、企业科研力量优化配置和资源共享,支持科研院所、高校、企业多方合作建设联合实验室。此外,还要支持龙头企业、研发机构和高等院校进一步探索深度融合新模式,合力突破制约成渝地区双城经济圈先进材料产业发展的关键核心技术和共性技术,着重解决产业"卡脖子"问题。三是加快先进材料产业技术创新基础设施建设。加快支撑技术开发、产品研制的具有公益属性的产业技术创新基础设施建设,为先进材料产业在关键核心领域实现技术突破提供支撑保障。促进新一代信息技术和"新基建"产业技术创新基础设施在先进材料全产业链的集成运用,推动先进材料制造模式变革和工业转型升级。

参考文献

《佛山亮出超 80 平方公里储备用地,打"产业空间牌"释放招商引力》,21 经济网,2023 年 11 月 8 日,https：//www.21jingji.com/article/20231108/herald/6ec4f429ec48f7e80d08bd7f79d7d7ac.html。

曾祥州、孟维伟：《广州前沿新材料产业创新现状分析与对策研究》,载张跃国、张赛飞、杨莹主编《广州蓝皮书：广州创新型城市发展报告(2023)》,社会科学文献出版社，2023，第147页。

《贝特瑞：2022年净利润增长超六成　负极材料龙头地位持续稳固》，证券日报网，2023年4月14日，http://www.zqrb.cn/gscy/gongsi/2023-04-14/A1681475102424.html。

《创新引领发展北交所龙头贝特瑞业绩创新高》，《中国证券报》2023年4月15日。

《贝特瑞：全球负极材料龙头一体化优势显著，硅基+高镍三元打造第二增长曲线（长城国瑞证券研报）》，每经网，2024年1月5日，https://www.nbd.com.cn/articles/2024-01-05/3197270.html。

吴茜：《成渝地区双城经济圈高层次科技人才分布及流动模式探析》，《中国科技论坛》2022年第5期。

B.14
中原城市群先进材料产业发展及比较优势研究

林细妹 刘霜*

摘 要： 本报告对中原城市群先进材料产业规模、重要发展领域、重点企业、政策供给和产业链发展进行分析，运用案例分析法解析典型企业的发展状况，通过比较分析法分维度对比中原城市群与成渝地区双城经济圈代表性城市先进材料产业发展的比较优势。分析结果显示，中原城市群先进材料产业呈现快速发展趋势，在先进金属材料等领域形成发展优势，产业链建设日趋完善，与成渝地区双城经济圈相比，中原城市群在先进材料上游产业更具竞争优势。未来，成渝地区双城经济圈可以借鉴中原城市群在传统产业转型、产业协同发展、专业人才引培、政策规划设计上的成功经验，促进先进材料产业的高质量发展。

关键词： 先进材料产业 比较优势 中原城市群

一 中原城市群先进材料产业总体发展情况分析

（一）中原城市群先进材料产业规模基本情况

中原城市群的核心发展区包括河南省、安徽省亳州市以及山西省晋城

---

* 林细妹，硕士，重庆工商大学成渝地区双城经济圈建设研究院助理研究员，主要研究方向为经济社会发展战略设计；刘霜，重庆工商大学成渝地区双城经济圈建设研究院助理研究员，博士研究生，主要研究方向为区域经济与产业发展。

市，作为全国重要的原材料生产和工业大区，这一区域先进材料产业的培育具有深厚的基础和优势，主导产业较为突出，已经发展成为我国重要的先进材料研发、生产基地。其中，河南省规模庞大的材料产业为先进材料产业发展提供了重要的基础。2022年，全省材料行业主营业务收入近1.8万亿元，占全省规模以上工业主营业务收入的29.7%。河南省的先进材料产业依托已有基础表现出强劲的成长力，2018~2022年，先进材料产业增加值占规模以上工业的比重分别为5.4%、5.6%、7.5%、8.7%、8.6%，保持较快增长速度。① 河南省预计2025年，先进材料产业产值突破1万亿元。安徽省亳州市先进材料产业增长趋势明显，2024年1~5月先进材料产业实现产值132.3亿元，同比增长约16.5%。② 山西省晋城市积极发展先进材料产业，并取得显著成效。2024年1~6月，先进材料产业规模以上工业增加值增长达12.4%。2022~2023年，这一增长率分别为50.0%、26.3%，呈现快速增长态势。③

（二）中原城市群先进材料产业重要发展领域基本情况

中原城市群的先进材料产业以河南为中心展开布局，在重点发展领域具有明显优势。河南作为工业大省，在已有材料工业的基础上积极推动先进材料产业的优势再造，形成了超硬新材料、尼龙新材料、化工新材料、先进金属材料、新型耐火材料等具有重要影响力的产业集群，包括各类国家级产业集群9个。目前，河南省先进材料相关产品在诸多细分领域的产能、市场占有率排在全国乃至世界前列。其中，人造金刚石产量全球第一，铝基新材料中的板带材规模以及铝材产量分别居全国第一、第二，铜基新材料中压延铜箔、电解铜箔的国内市场占有率分别为50%以上、40%以上，镁基新材料中的镁粉国内市场占有率超50%，镁牺牲阳极占世界总产量的40%以上，耐火材料产能占全国的50%以上。不仅如此，河南省平顶山市的尼龙新材料

---

① 2019~2023年《河南省统计年鉴》。
② 《安徽亳州：打造"4+6"产业集群 推动高质量发展》，中国发展网，2024年7月9日，http://www.chinadevelopment.com.cn/news/cj/2024/07/1902729.shtml。
③ 晋城市统计局。

产业聚集区建成全球最完整的煤基尼龙新材料产业链，其尼龙66工业丝全球市场占有率为世界第一，帘子布产能世界第一，尼龙66盐、工程塑料产能亚洲第一。此外，安徽省亳州市将重点发展绿色建筑新材料、新型纺织材料、超硬材料、新型食品药品包装辅助材料、先进化工材料。山西省晋城市则聚焦光电子信息新材料、功能纺织材料、高性能金属新材料以及多功能陶瓷材料等细分领域。

（三）中原城市群先进材料产业重点企业基本情况

中原城市群大力培育先进材料企业，着力提升先进材料产业内企业的数量和质量，在重点产业链上已经取得明显成效。其中，截至2023年12月，河南省先进材料领域共有国家制造业单项冠军企业24家，国家专精特新"小巨人"企业104家，省级专精特新中小企业963家。河南省还在重点发展领域形成了一批创新力、引领力、带动力均较强的龙头企业，包括在超硬材料产业链上有郑州三磨所、黄河旋风、中南钻石多家龙头企业；尼龙新材料产业链上拥有平煤神马；锂电池产业链上拥有多氟多；聚碳新材料产业链上汇聚了丰利石化、盛通聚源、中汇新能源等重点企业。安徽省亳州市在企业培育方面，计划到2027年在新材料领域形成规模以上工业企业达到180家，行业优势企业2~3家，引进产业链上下游关联企业15家。山西省晋城市围绕新材料优势领域积极培育壮大新材料企业主体，计划到2025年，在新材料领域形成26家规模以上工业企业。"十四五"期间，新培育"小升规"企业20户以上，专精特新企业达到15家，并大力扶持企业向高新技术企业发展。

（四）中原城市群先进材料产业政策供给基本情况

中原城市群积极筹划先进材料产业发展，政策支持力度不断加大，形成了加速先进材料产业发展的政策体系。河南省将新材料产业作为建设先进制造强省的五大主导产业之一，积极推动新材料产业发展。2017年1月，《河南省"十三五"战略性新兴产业发展规划》指出，河南要重点发展高端合金材料、新能源电池及电子信息材料，提升超硬材料、中原城市群尼龙材料发展优势，积极发展新功能材料，提高先进材料供给能力。同年10月，《河南省新型材料业转型升级行动计划（2017—2020年）》发布。2021年10月发布的《河南省先进制造业集群培育行动方案（2021—2025年）》提出，推动由基础材料大省向先进材料强省跨越。到2025年，建成具有世界影响力的万亿级新型材料产业集群。2022年7月印发的《河南省加快材料产业优势再造换道领跑行动计划（2022—2025年）》强调，加快材料产业转型提质，将培育40条先进材料重点产业链，计划到2025年新材料产业产值突破1万亿元。2024年3月制定的《河南省加快制造业"六新"突破实施方案》提出，大力发展新材料，聚焦先进基础材料、关键战略材料、前沿新材料等领域，推动全省新材料产业产品高端化、结构合理化、发展绿色化、体系安全化，实现从原材料大省向新材料强省转变。安徽省亳州市于2024年7月制定的《亳州市新材料产业集聚发展方案》提出，到2027年新材料产业集聚发展取得突破性进展，培育具有区域影响力、省内一流的新材料产业集聚地。山西省晋城市于2022年12月印发的《晋城市"十四五"新技术、新材料、新产品和未来产业发展规划》强调，新材料产业是推动制造业结构性反转的重要引擎，必须围绕"新特专高精尖"目标，抢占新材料发展先机。

中原城市群新材料产业"十四五"时期重要规划内容如表1所示。

表1 中原城市群新材料产业"十四五"时期重要规划内容

省份	发展目标	重点方向
河南省	到2025年，全省新材料产业规模突破1万亿元，实现从原材料大省向新材料强省转变，为制造强省建设提供有力支撑	将新材料作为新兴产业发展的基石和先导，聚焦先进基础材料、关键战略材料、前沿新材料等领域，推动全省新材料产业产品高端化、结构合理化、发展绿色化、体系安全化
安徽省亳州市	到2027年，新材料领域规模以上工业企业数量180家，规模以上新材料产业产值超300亿元，全产业链规模达到560亿元	重点发展绿色建筑新材料、新型纺织材料、超硬材料、新型食品药品包装辅助材料、先进化工材料

续表

省份	发展目标	重点方向
山西省晋城市	到2025年,全市新材料产业发展规模和质量显著提高,新材料产业销售收入达到30亿元,"十四五"期间,新材料产业年均增速达到13%	聚焦特种新材料、无机非金属材料、前沿新材料等重点领域,发挥各县区比较优势,以各类园区为主要载体,优化全市新材料产业布局,形成以光电子信息新材料、功能纺织材料、高性能金属新材料、多功能陶瓷材料等为主的新材料产业体系

资料来源:作者根据各地区"十四五"新材料领域产业相关规划文件整理而得。

(五)中原城市群先进材料产业链基本情况

中原城市群的先进材料产业链处于快速发展过程中,优势产业链的完整度较高,并且企业的数量和质量都较为突出,但产业链整体质量仍需进一步提升。比如,在耐火材料产业链上,汇集企业1400余家,规模以上工业企业800余家,从业人员达25万人。在超硬材料产业链上,截至2023年4月,规模以上工业企业超300家,其中上市公司7家,超过全国超硬材料上市企业总数的1/6。但是从产业链整体来看,产业基础技术研发和应用技术、产业链内部协同配合以及标准化程度方面仍存在不足。同时,河南省高度重视先进材料领域产业链构建及其质量提升。2023年,河南省委、省政府高位谋划先进材料领域包括超硬材料、铝基新材料以及化工材料等9条重点产业链。通过培育科技型企业提升产业链质量,河南省2023年在先进材料领域共培育国家级专精特新"小巨人"企业19家、省级专精特新中小企业349家、省级制造业头雁企业38家、重点培育头雁企业52家,分别占全省新增的36.54%、26.32%、38%、45.22%。此外,安徽省亳州市与山西省晋城市在先进材料产业链构建上仍处于起步阶段,尚未产生龙头企业。其中,安徽省亳州市现有先进材料企业270家,其中规模以上企业181家,临规企业89家。山西省晋城市以其开发区为例,先进材料产业链共有企业14家,包括海诺科技、富联鸿刃两家国家级专精特新"小巨人"企业,总投资为100亿元。①

---

① 《晋城市开发区建设工作领导小组办公室工作简报(第21期)》。

二 中原城市群先进材料重点企业发展分析

（一）三磨所的发展现状与趋势分析

郑州磨料磨具磨削研究所有限公司（以下简称"三磨所"）成立于1958年，是我国磨料磨具行业的龙头企业之一，主要从事金刚石等超硬材料制品以及精密特材的研发制造。历史上，三磨所由第一机械工业部第二局筹建，是我国首颗人造金刚石以及首颗立方氮化硼制造地，也是国内相关领域技术空白的填补者。三磨所长期聚焦超硬材料领域的相关技术研发，技术实力雄厚，在国内超硬材料领域始终保持着领先地位，先后获评国家火炬计划重点高新技术企业、国家级高新技术企业、瞪羚企业等荣誉称号。此外，三磨所积极承担行业基础工作，先后主持或参与制定修订国家、行业标准120余项，全国磨料磨具进出口商品检验试验室、全国磨料磨具标准化技术委员会、国家磨料磨具质量监督检验中心等行业技术、产品标准制定机构均依托三磨所建立，是我国唯一的磨具磨料行业的技术标准制定以及磨料磨具产品质量监督检验机构。

具体来说，在技术研发方面，三磨所创新资源丰富，拥有高性能工具全国重点实验室、国家超硬材料及制品工程技术研究中心、国家企业技术中心、国家超硬材料及制品生产力促进中心、国家产业技术基础公共服务平台等多个国家级、省部级创新平台。在我国磨料磨具产业发展过程中做出突出贡献，填补国内多项技术空白，累计授权专利530余项；170余项成果分别获得国家、省部级各种奖励，550多项成果在全国得到了推广应用。[①] 相关新技术产品获评国家技术发明奖、中国机械工业科学技术奖、第七批国家制造业单项冠军产品、河南省科学技术进步奖等重要奖项。在人才队伍建设方面，公司现有员工564人，技术人员占比接近1/2，中高级以上职称人员占36%，本科

---

① 郑州磨料磨具磨削研究所有限公司网站，https://www.zzsm.com/kycg.html。

及以上学历占65%。① 同时，三磨所围绕超硬材料领域，形成了高品级超硬材料、高速高效精密超硬材料制品、磨料磨具行业精密设备仪器、磨料磨具检测技术及标准化等科研团队，多次获得河南省优秀技术创新团队等荣誉。

（二）豫光金铅的发展现状与趋势分析

河南豫光金铅集团有限责任公司（以下简称"豫光金铅"）成立于2000年，是我国有色金属材料领域的首家上市公司，也是这一领域的龙头企业，其业务涵盖有色金属冶炼、新材料、矿山投资、循环经济、再生回收利用、装备制造等多个领域，其中，铅、银等主营产品生产规模较大。豫光金铅在有色金属材料领域积累了深厚的技术实力，是行业内唯一一家铅、锌、铜、再生铅全部符合规范条件的企业，先后荣获省级技术中心、中国工业大奖提名奖等荣誉，并多次入选中国企业500强、中国制造业500强等榜单。豫光金铅正处于积极拓展态势，盈利能力较强，公司财报显示，2024年第一季度，豫光金铅营业收入达85.7亿元，同比增长2.7%，净利润达1.69亿元，同比增长11.29%。②

具体来说，在创新方面，豫光金铅拥有省级工程研究中心、"一院多所"等多个研究机构与创新平台，形成了较为完整的自主知识产权体系，生产技术与装备制造处于国内领先水平。豫光金铅凭借自主研发与技术创新，成功实现了中国铅冶炼工艺的五次革命性升级，技术装备水平得到显著提升，尤其是硫利用率提升至98%左右，使得我国近20年在铅冶炼及其防污减排领域始终保持国际领先水平。豫光金铅先后主持和参与了60余项国家、行业及团体标准的制定工作，承担和参与了国家重点研发计划"固废资源化"项目等多项国家课题研究，拥有科技成果200余项，获得授权专利220余项，2项科技成果获"国家科技进步奖二等奖"。③ 在绿色发展方面，豫光金铅积极落实绿色发展理念，以2018年建设的资源循环利用及高

---

① 郑州磨料磨具磨削研究所有限公司网站，https：//www.zzsm.com/kycg.html。
② 《河南豫光金铅集团有限责任公司2024年第一季度报告》。
③ 河南豫光金铅集团有限责任公司网站，http：//www.yggf.com.cn/cn/aboutInfo.aspx。

效清洁生产技改项目为例，该项目投资近20亿元，首创资源高效循环生产模式，最终实现劳动效率提高50%，同时节能30%、减排50%，使得我国冶铅工艺技术水平、技术指标以及制造装备达到国际先进水平，被工信部评为有色金属行业能效标杆企业，并获得"十三五"节能减排先进单位、绿色环保引领企业等荣誉称号。

（三）郑州瑞泰的发展现状与趋势分析

郑州瑞泰耐火科技有限公司（以下简称"郑州瑞泰"）位于耐火材料之乡河南省新密市，是河南省耐火材料领域的重点企业，主营业务涵盖耐火材料的研发、生产与销售及技术咨询服务，以及窑炉工程及配套耐火材料施工、安装等。郑州瑞泰是我国耐火材料领域技术创新的重要策源地，多次承担省市级科技计划项目，取得科技成果20余项，获得政府科技奖项4项，申请专利63项，其中发明专利32项。[①] 同时，是国家"863"环境友好碱性耐火材料科技成果产业化生产基地。基于在耐火材料领域的重要贡献，郑州瑞泰先后获得国家火炬计划重点高新技术企业、国家级高新技术企业、国家级专精特新"小巨人"企业、建材行业科技创新十强企业、中国耐材协会优秀企业等荣誉称号。

具体来说，在技术研发与创新方面，郑州瑞泰高度重视产学研用一体化发展，先后与中国建筑材料科学研究总院、河南科技大学高温材料研究院、郑州大学、武汉科技大学等多家院校科研机构建立了合作关系。同时，依托郑州瑞泰建立了"河南省博士后工作站""院士工作站""河南省企业技术中心""河南省铝硅系耐火材料工程技术研究中心（重点实验室）"等重点创新平台，是我国耐火材料的重要创新高地。在绿色发展方面，郑州瑞泰致力于打造"绿色工厂"，先后投入大量资源建设密闭式原料库，以及引入先进除尘设备与滤尘系统，使得颗粒粉尘排放得到有效控制，解决了生产过程中的粉尘污染问题，成为行业内首家"绿色工厂"，并入选第一批"国家级

---

① 郑州瑞泰耐火科技有限公司网站，http://www.rtnhkj.com/intro/9.html。

绿色工厂示范单位"。此外，郑州瑞泰积极推进企业数字化转型，是较早进行数字化转型的耐火材料企业，通过"5G+"工业互联网大数据平台等数字技术与生产过程的深度融合，实现了生产过程的自动控制与数字化运营，大幅提高了企业的生产效率与产品技术指标，生产过程的安全性、可控性也得到显著提升，获得2021年度"智能制造试点示范优秀场景"，以及"智能制造示范工厂"、河南省"5G+智慧工厂"等荣誉称号。

（四）神马实业的发展现状与趋势分析

神马实业股份有限公司（以下简称"神马实业"）是以平煤神马集团为控股股东的特大型企业，是我国尼龙材料产业的龙头企业，主营业务涵盖产业用纺织制成品制造与销售、高性能纤维及复合材料制造与销售、纺织专用设备制造与销售、面料纺织加工与印染加工等多个领域，核心产品包括尼龙66盐和尼龙66盐中间产品、尼龙66切片、工业丝、帘子布等尼龙材料制品。神马实业在尼龙材料产业领域深耕多年，在尼龙材料领域积累了深厚的技术实力，先后获得国家级企业技术中心、国家级制造业单项冠军等荣誉称号。

具体说来，在科研创新方面，神马实业创新能力较强，拥有国家级技术中心、博士后科研工作站等多个创新平台，并且积极与中国科学院、清华大学、浙江大学等顶尖科研院所建立合作关系，承担了国家"863"计划等重要研发项目10余项，拥有专利技术70多项，负责13项产品的国家、行业标准的制定。① 不仅如此，神马实业围绕创新引领发展，不断深化创新体制机制改革，完善创新激励机制。以项目为牵引，持续加大创新研发投入，不断强化重大原创性技术攻关。近年来，科研项目立项共计1194个，预计研发总投入172亿元，2024年研发投入达到118亿元。在产能方面，神马实业覆盖尼龙材料产业链上中下游各个环节，形成了完整的尼龙材料产业链、供应链体系。目前，神马实业尼龙产品总产能达到200多万吨，高端产品占

---

① 神马实业股份有限公司网站，https：//www.shenma.com/kjyf_zh.html。

比80%以上，其中，单项产品工业丝、帘子布产能全球第一，尼龙66盐、工程塑料产能亚洲第一。

三 中原城市群先进材料产业的比较优势分析

（一）产业发展比较的对标对象选择

中原城市群各地区结合自身产业基础，立足自身发展优势，逐渐形成了优势互补的先进材料产业集群，产业链上中下游各关键环节不断完善。其中，作为中原城市群发展核心增长极的郑州市依托先进材料产业园等重要平台，不断提升产业链完整度和质量，逐渐形成了以重点龙头企业为引领的良性企业竞合生态。具体而言，一方面，郑州市立足自身材料产业基础，大力发展超硬材料、耐火材料等特色优势产业。2022年，郑州市耐材年产量占比达到全国的30%以及全省的65%，是全国最大的新型耐材生产基地；全市人造金刚石产量达23.9亿克拉，立方氮化硼聚晶产量占全国总产量的比重超过80%，立方氮化硼单晶产量超过70%，精密加工用超硬材料工具产量超过30%。[①] 另一方面，郑州市积极谋划新材料产业发展，正加快战略性新兴材料与前沿新材料产业集群布局。2022年，郑州市印发的《关于加快新材料产业发展的实施意见》提出，到2025年全市新材料产业产值突破1000亿元，实现规模以上新材料企业研发活动全覆盖。因此，选取郑州作为中原城市群的代表性城市，与成渝地区双城经济圈的重点城市成都市与重庆市进行比较分析，能够准确反映中原城市群在先进材料产业方面的比较优势。

（二）产业链维度比较优势分析[②]

以两大地区重点城市的前沿新材料产业为例，从产业链完整度来看，

---

① 《到2025年，郑州新材料产业产值力争突破1000亿元》，河南省人民政府网站，2023年4月4日，https://m.henan.gov.cn/2023/04-04/2719361.html。
② 作者根据教育部人文社会科学重点研究基地重庆工商大学成渝地区双城经济圈建设研究院"成渝地区双城经济圈产业云图系统"数据资料整理得出。

"成渝地区双城经济圈产业云图系统"区域对比板块的数据显示，郑州、成都以及重庆三地的全链产业链完整度分别为100%、100%、80%。其中，产业链上游完整度分别为100%、100%、100%；产业链中游完整度分别为100%、100%、68.75%；产业链下游完整度分别为100%、100%、88.89%。可见，成都市与郑州市的前沿新材料产业链完整程度差距不大，而重庆市的产业链完整度与郑州市存在显著差距，特别是产业链中游完整度的差距达到31.25个百分点，其在产业链完整度方面缺乏比较优势，制造、应用环节仍较为薄弱，存在较为明显的短板。从产业链具体环节来看，前沿新材料产业共涉及20个环节（下游应用领域不纳入统计范围），涵盖上游的金属原料等5个环节以及中游的气凝胶、石墨烯材料、纳米材料制备等15个环节。其中，郑州市前沿新材料产业链优势环节数量共7个，占总环节的35%，上游分布3个，占上游环节的60%，中游环节分布4个，占中游环节的27%；高价值环节共6个，均分布于产业链中游，占总环节的30%；有龙头企业环节仅1个，占总环节的5%。成都市前沿新材料产业链优势环节数量共11个，占总环节的55%，高价值环节共6个，均分布于产业链中游，占总环节的30%，有龙头企业环节仅2个，均分布于产业链中游，占总环节的10%。重庆市前沿新材料产业的高价值环节数量共有5个，均分布于产业中游，占总环节的25%，有龙头企业环节数量仅为5个，同样均分布于产业链中游，占总环节的25%。相比之下，郑州市在前沿新材料产业的上游环节存在较大优势，但龙头企业数量更少，示范引领作用不强。

（三）企业维度比较优势分析

以两大地区重点城市的前沿新材料产业为例，从企业数量的产业链分布情况来看，郑州市前沿新材料企业在产业链上游各环节均有分布，且数量众多，形成了较强的规模效应。其中，金属原料分布有1522家、陶瓷材料分布有146家、化学纤维分布有118家、石墨原料分布有703家、树脂材料分布有6家；在产业链中游环节，高熵合金材料分布有1499家、

纳米材料分布有1088家、气凝胶材料分布有250家、石墨烯材料分布有100家、液态金属材料分布有14家、智能材料分布有9家、仿生材料分布有10家。成都市前沿新材料企业在产业链上游环节分布数量与郑州市略有差异，其中，金属原料分布有2241家、陶瓷材料分布有21家、化学纤维分布有48家、石墨原料分布有127家、树脂材料分布有23家；在产业链中游环节，高熵合金材料分布有1586家、纳米材料分布有1357家、气凝胶材料分布有363家、石墨烯材料分布有20家、液态金属材料分布有34家、智能材料分布有5家、仿生材料分布有9家。重庆市前沿新材料企业在产业链上游环节企业数量分布上，金属原料分布有1693家、陶瓷材料分布有46家、化学纤维分布有63家、石墨原料分布有347家、树脂材料领域缺乏相应企业；在产业链中游环节，新型超导材料分布有241家、高熵合金材料分布有1948家、纳米材料分布有996家、气凝胶材料分布有364家、液态金属材料分布有30家、智能材料分布有9家、仿生材料分布有9家；在产业链下游环节，分布有装备制造、船舶、航空、轨道交通等84家。

综上所述，郑州市在前沿新材料产业链的上游环节企业数量优势更为明显，在化学纤维、石墨原料细分领域比较优势突出；成都市的产业链上游环节虽然完善，但企业数量分布较少，尚未形成突出的规模效应；重庆市的产业链上游环节则存在明显短板，树脂材料领域缺乏相应企业支撑，急需补链；在中游环节，重庆市的新型超导材料企业数量优势突出，重庆市在该领域比较优势明显；在下游环节，郑州市与成都市均在本土形成一定数量规模的市场需求，先进材料的应用能力与应用范围均不及重庆市。从重点企业数量来看，郑州市在前沿新材料领域拥有龙头企业1家、上市企业29家、高新技术企业569家；成都市拥有龙头企业3家、上市企业44家、高新技术企业833家；重庆市拥有龙头企业2家、上市企业40家、高新技术企业806家。可见，郑州市在前沿新材料领域的企业质量相对不高，重点企业的示范引领作用不强。

郑州市先进材料产业各细分领域代表企业名单如表2所示。

表 2　郑州市先进材料产业各细分领域代表企业名单

重点方向	重点领域	重点企业
先进基础材料	铝合金	河南中孚实业股份有限公司、河南明泰铝业股份有限公司、郑州发祥铝业有限公司、力同铝业（河南）有限公司
	钢铁	河南福华钢铁集团有限公司、巩义市誉宝焊材制造有限公司、郑州永通特钢有限公司
关键战略材料	发光材料	郑州山川科技实业有限公司、郑州金一化工科技有限公司、河南卓皓新材料科技有限公司
	液晶材料	郑州天点科技有限公司、郑州金上化成新材料有限公司
	靶材	郑州启航精密科技有限公司、郑州海普电子材料研究院有限公司、登封市金钰电热材料有限公司、新密蓝火激光科技有限公司
	生物材料	郑州伊美诺生物技术有限公司、郑州欧姆康生物材料有限公司、河南龙光三维生物工程有限公司
前沿新材料	高熵合金	中钢集团郑州金属制品研究院股份有限公司、河南明泰铝业股份有限公司、河南省煤科院耐磨技术有限公司
	纳米材料	郑州华晶金刚石股份有限公司、河南中岳非晶新型材料股份有限公司、河南明泰铝业股份有限公司
	气凝胶	郑州深澜动力科技有限公司、瓷金科技（河南）有限公司、河南好运祥耐材有限公司

资料来源：作者根据教育部人文社会科学重点研究基地重庆工商大学成渝地区双城经济圈建设研究院"成渝地区双城经济圈产业云图系统"数据资料整理得出。

（四）要素禀赋维度比较优势分析

资源要素禀赋为先进材料产业发展提供了重要支撑。中原城市群作为我国先进材料产业发展的重点地区之一，其矿产资源、科技创新、人才等方面要素禀赋充足，比较优势明显。在矿产资源方面，中原城市群辐射范围内矿产资源丰富，种类齐全，为先进材料产业发展奠定了重要基础。其中，铝土矿、金矿、银矿、钼矿等金属矿产，煤炭、石油、天然气等能源矿产以及岩盐、天然碱、耐火黏土等非金属矿产的储量均较为丰富。河南省已发现各类矿产144种，查明资源储量的矿产110种，查明非油气类矿区1506处。优势矿产为钼、金、铝、银以及石墨、盐矿、萤石、珍珠岩、天然碱、耐火黏土、水泥用灰岩等八大非金属矿产。① 截至2022年底，河南省煤炭、铁矿、锰矿、钒矿、铜矿、铅矿、锌矿、铝土矿、钨矿、钼矿、锑矿、金矿、银矿保有储量分别为44.4亿吨、3.1亿吨、33.4万吨、5.9万吨、18.3万吨、73.4万吨、61.1万吨、16501.6万吨、17.4万吨、126.1万吨、0.4万吨、145.4吨、797.9吨。② 在科技创新资源方面，依托区域自然资源禀赋优势，中原城市群核心区内拥有郑州大学、河南工业大学、河南科技大学、河南理工大学等材料领域实力雄厚的高等院校，以及河南省资源与材料工业技术研究院、中国地质科学院郑州矿产综合利用研究所、北京大学郑州新材料高等研究院等高水平科研院所。同时，中原城市群各地区高度重视创新投入，为先进材料产业发展创新提供了基础条件。2022年，河南省化学原料及化学制品制造业、化学纤维制造业、橡胶和塑料制品业、有色金属冶炼及压延加工业的规模以上工业企业研究与试验发展（R&D）经费支出分别为67.02亿元、5.57亿元、11.34亿元、81.45亿元。③

四 中原城市群先进材料产业发展经验借鉴与启示

（一）发挥产业基础优势，促进向先进材料转型升级

中原城市群通过发挥自身产业基础优势，加快基础材料企业进阶、化工企业跨界，推动了先进材料产业的迅速成长。例如，作为中部地区重要的煤炭生产基地之一的河南鹤壁，其煤炭产值占全市工业总产值的80%以上，产业结构偏重特征明显。伴随先进材料产业的迅速发展，河南鹤壁因地制宜推动产业向"新"转型，利用当地丰富的白云岩资源发展镁基新材料产业，逐渐形成日趋完整的全镁产业生态。基于此，成渝地区双城经济圈应根据自

---

① 《河南省矿产资源总体规划（2021—2025年）》，河南省自然资源厅网站，2022年12月1日，https://dnr.henan.gov.cn/2022/12-01/2649616.html。
② 《河南统计年鉴（2023）》。
③ 《河南统计年鉴（2023）》。

身产业基础优势因地制宜地完善先进材料产业体系,具体来说,一是加快推进成渝地区双城经济圈内老工业基地和资源型城市实现产业转型升级,以工业本底为基础,积极融入先进材料发展战略与发展规划,促成先进材料产业集聚发展。二是鼓励传统材料企业以发展先进材料产业为契机,加强前沿新材料的前瞻布局,吸引先进材料领域创新人才开展基础研究和应用创新,通过产业链延伸等方式实现从原材料企业向先进材料企业的发展进阶。三是持续强化政府对基础产业向先进材料产业转型升级的指导和保障作用,推动全面形成先进材料产业战略布局,出台相应政策指导,支持先进材料领域重大项目攻关及重点产业发展,搭建先进材料转型升级交流平台,提升政企互动水平,帮助企业解决向先进材料领域转型升级中遇到的实际问题。

(二)加快形成协同联动的产业链生态,持续提升产业链竞争力

中原城市群持续构建产业链共生发展生态,有效提升了先进材料产业链、供应链创新能力,增强稳定性和竞争力。基于此,成渝地区双城经济圈要进一步建立健全先进材料产业链群融合与联动发展机制。一是增强先进材料企业合作共赢意识,围绕先进材料产业发展需要,在研发、生产和销售等环节形成良好的协同联动生态,共同开展项目转化、技术突破、人才服务等交流合作,促进先进材料产业集聚发展,进而释放成渝地区双城经济圈先进材料产业链发展潜力。二是打造高水平先进材料产业协同发展平台,加快构建群链融合发展机制,通过"先进材料联合体"的成立,汇聚高校、科研院所、第三方服务机构、先进材料领域领军企业,形成较为完整的产业链,促进先进材料产业链协同生态加快形成。此外,还可搭建跨区域对接交流平台,通过资源互补、平台共享打造跨区域产业链、创新链、供应链、资金链、人才链和政策链,创造跨区域协同发展新空间,进一步提升先进材料产业发展水平。三是提升成渝地区双城经济圈先进材料产业分工协作水平,以产业协作夯实先进材料链群协同发展基础,加快形成先进材料产业链区域化集聚,将特色产业基地和产业园作为产业链群共生发展生态的重要载体,吸引产业链各个环节集聚,缩短供应链距离,进而形成良好的生态黏性。

（三）持续加大人才引培力度，为先进材料发展提供人才保障

中原城市群持续加大创新人才引培力度，为发展先进材料产业提供了强有力的人才保障和智力支撑。成渝地区双城经济圈要不断促进先进材料产业链人才链融合发展，一是政府通过出台相关支持政策，建立先进材料创新发展人才引进平台，大力培养引进高层次人才和急需紧缺人才，培育壮大青年拔尖人才，加快集聚创新领军人才，支持顶尖人才发挥引领作用。此外，通过发挥先进材料企业聚才用才作用，打造高端创新平台，扩大引才用才自主权，提高高层次人才薪酬水平，从而激发先进材料人才创新活力。二是建立健全先进材料科技人才评价体系和服务保障机制。在人才评价体系方面，建立以创新价值、能力、贡献为导向的先进材料领域人才评价体系，完善科技成果分类评价体系和方式，健全充分体现知识、技术等要素价值的收益分配机制，从而促进优秀高端人才进入先进材料的研发领域；在人才服务保障方面，建立高层次和急需紧缺人才动态数据库，开展靶向引才、按需育才、精准引才。建立先进材料产业发展战略专家智库，优化人才引进培养项目，畅通高层次人才职称评聘"绿色"通道，改革科技成果管理和转化制度，对科研经费使用赋予更大自主权，从而完善人才服务保障政策。三是鼓励和支持高校、职业院校不断优化调整和联合设置相关学科专业与课程，以先进材料产业需求为导向，开展先进材料产业人才"订单式"培养模式，培养一批先进材料产业急需的专业技术人才和高层次人才，提高人才培养的实效性。

（四）强化完善顶层设计，为先进材料发展提供政策保障

中原城市群着力强化先进材料产业发展的政策保障，制定出台专项规划、完善配套措施，不断发挥政策引导作用，为先进材料发展提供了有针对性的政策支持。因此，成渝地区双城经济圈一是要科学做好先进材料产业发展的顶层设计，制定好产业链发展规划和布局，强化组织制度保障体系，构建以省级先进材料发展专项支持政策和各地具体支持政策为支撑的先进材料产业发展政策体系，并将先进材料产业发展纳入政府目标管理考核体系，建

立健全先进材料产业统计指标体系、监测机制、评价制度和考核体系，完善先进材料产业政策落实和资金使用监管机制。二是重点围绕特色先进材料产业做大做强，培育和推动在国内国际市场上处于领先地位的先进材料企业发展壮大，进一步提高市场产值规模，同时依托现有先进材料产业集群，加快引进和培育科技含量高、配套能力强的关联性企业，延伸完善先进材料产业集群和产业链条，统筹协调区域先进材料产业链发展工作，壮大先进材料产业集群规模。三是引导先进材料中小企业以客户需求为出发点，不断加强开发满足市场需求的中高档产品，由以中低端产品为主向以高附加值产品为主转变，从而进一步提高企业的市场地位和竞争力。

参考文献

《培育万亿级新材料集群的重要举措　河南省新材料产业联盟成立》，大河网，2023年10月27日，https：//news.dahe.cn/2023/10-27/1324230.html。

《九链合力打造新材料强省——河南培育七大产业集群系列解读之一》，大河网，2023年11月27日，https：//news.dahe.cn/2023/11-27/1338149.html。

《安徽亳州：打造"4+6"产业集群　推动高质量发展》，中国发展网，2024年7月9日，http://www.chinadevelopment.com.cn/news/cj/2024/07/1902729.shtml。

《河南：构筑万亿级新材料产业高地》，《河南日报》2024年4月12日，第1版。

《一块煤的"星辰大海"——平顶山全球最完整煤基尼龙新材料产业链诞生记》，平顶山市人民政府网站，2023年5月17日，https：//www.pds.gov.cn/contents/7/153974.html。

《5家新材料企业硬核竞技，河南省"一月一链"为专精特新增添资本动力》，大河财立方，2024年6月27日，https：//app.dahecube.com/nweb/news/20240627/203938n3132886d391.htm。

《稳经济大盘背景下河南新材料产业发展现状及建议》，澎湃新闻，2022年9月7日，https：//m.thepaper.cn/baijiahao_19805266。

刘永明：《创新引领，打造世界一流新材料基地——访全国人大代表、中国平煤神马集团党委书记、董事长李毛》，《中国石油和化工》2024年第3期。

《河南鹤壁产业转型向"新"而行》，《人民日报》2024年7月11日，第10版。

Abstract

This book focuses on the development of advanced materials industry in the Chengdu-Chongqing Economic Zone with the hope of making reasonable and actionable policy recommendations for the construction of a modern industrial system. The book comprises five parts: general report, sub-reports, industry analysis, case study, and regional comparison analysis. The general report outlines the development of advanced materials industry in Chengdu-Chongqing Economic Zone, spatial distribution of advanced materials enterprises in metropolitan area of Chongqing and Chengdu, and Chengdu-Chongqing other regions of the dual-city hub are described, on which trends and visions for the future are predicted. The sub-reports is an extension of general report, in which industry chain distribution, industrial organization and business co-opetition of are discussed in detail. In the industry analysis, three niche sectors including nanomaterials, high-entropy alloy materials, and new superconducting materials in Chengdu-Chongqing Economic Zone are discussed. When it goes to case study, representative companies from the upstream, midstream, and downstream of advanced materials industry in Chengdu-Chongqing Economic Zone are selected, and their successful experiences in business operation are summarized. The regional comparison study sorts out development strategies in advanced materials industry that can be learned from other city clusters in China, including the Beijing-Tianjin-Hebei Region, the Yangtze River Delta Region, Guangdong, Hong Kong and Macao Greater Bay Area, and Central Plains Urban Agglomeration.

Based on theory and case studies, further findings are presented. In general, it is evident that the advanced materials industry has become an important sector of modern industrial system in the Chengdu-Chongqing Economic Zone, with the

Abstract

industry scale expanded, enterprise quantity increased, industry chain refined, and industrial agglomeration accelerated. From the regional dimension, the metropolitan areas in Chongqing and Chengdu have become the core areas for industrial agglomeration and development, while other regions in the zone are growing steadily, a layout covering city, economic corridor and Economic Zone is being built up. In the aspect of industry chain, the integrity of the advanced materials industry chain continues to improve, breakthroughs have been realized in high-value chains; the distribution of enterprise number in upstream, midstream and downstream shows a pyramid structure; midstream companies are mostly concentrated in Chongqing and Chengdu metropolitan areas; there are good prospects in cutting-edge industries like nanomaterials, high-entropy alloy materials and new superconducting material, the scale of which is expanding. Referring to the industry organization, companies in the advanced materials industry are confronted with fierce and complex market environment, which demands them to conduct external cooperation, and grasp the core competence of science and technology innovation. From the perspective of district, compared with the Beijing-Tianjin-Hebei region, the Yangtze River Delta region and the Guangdong-Hong Kong-Macao Greater Bay Area, there remains a relatively large gap in the level of developing advanced materials industry, and compared with the Central Plains Urban Agglomeration, the development of the upstream part of the industrial chain has to be strengthened.

Looking forward to the future, the development of advanced materials industry in the Chengdu-Chongqing Economic Zone faces both opportunities and challenges, thus, it is crucial to accelerate the transition to models of digital and green development, foster a batch of top enterprises, and improve industrial structure and layout.

Keywords: Advanced Materials Industry; Industry Chain; Spatial Distribution; Chengdu-Chongqing Economic Zone

Contents

Ⅰ General Report

B.1 Report on the Development of Advanced Materials Industry
in Chengdu-Chongqing Economic Zone
Yi Miao, Xu Yan and Zhao Xiaolei / 001

Abstract: This report begins with a detailed analysis of the evolution, spatial distribution and trends of the advanced materials industry in Chengdu-Chongqing Economic Zone. The results of the study demonstrate a sequence of achievements of advanced materials industry in the Chengdu-Chongqing Economic Zone, such as enterprises have gradually clustered, the scale and quantity of enterprises have grown, the supply chain tends to be more complete, significant strides have been made in some high value-added segments, and the industrial radiating capacity has improved, however, obstacles in industry development remain to be overcome. It comes to the conclusion that in the future, the Chengdu-Chongqing Economic Zone should aim at the promising prospects of advanced materials, take measures like adapting to the trend of industrial integration, pushing forward industrial digitization and green upgrading, nurturing a number of leading enterprises, and optimizing the structure and layout of the industry, so as to further promote the industry development.

Keywords: Advanced Materials Industry; Industry Chain; Industrial Competitiveness; Industrial Integration; Chengdu-Chongqing Economic Zone

Contents

II Sub-reports

B.2 Study on the Distribution of Advanced Materials Industry
    Chain in the Chengdu-Chongqing Economic Zone
    Liu Shuang, Lin Ximei / 048

Abstract: This report looks to the spatial distribution of upstream, midstream and downstream segments of the advanced materials industry chain in the Chengdu-Chongqing Economic Zone. The analysis results show that advanced materials enterprises are mainly scattered in the urban circle of Chengdu and Chongqing, the number of enterprises in the upstream, midstream and downstream of the advanced materials industry grow chronologically and respectively, and the quantity of enterprises in the midstream of the advanced materials industry chain in Chongqing and Chengdu is larger than that in the downstream and upstream. In the near future, the Chengdu-Chongqing Economic Zone ought to adjust the structure of advanced materials industry, extend the industrial chain, enhance independent innovation ability, and optimize the spatial distribution pattern of the industrial chain.

Keywords: Advanced Materials Industry; Industry Chain; Spatial Distribution; Chengdu-Chongqing Economic Zone

B.3 Research on Advanced Materials Industry Organization
    in Chengdu-Chongqing Economic Zone
    Xu Yan, Yang Zhenhuan / 082

Abstract: In this report, issues like market structure, business behavior of enterprises, and market competitiveness of advanced materials industry organization in the Chengdu-Chongqing Economic Zone are researched. Findings indicate that the

Chengdu-Chongqing Economic Zone has formed a diversified competition pattern in advanced materials industry, barriers exist when market entities enter or leave the industry, enterprises' market competitiveness is gradually enhanced not only rely on their own innovation and research, but also by cooperation with other companies in the industry chain, and as the industry evolves, Chongqing and Chengdu are simultaneously building their unique advantages. Looking forward to the future, the Chengdu-Chongqing Economic Zone is proposed to promote the advanced materials industry organization by strengthening industrial planning, refining innovation system, enhancing industrial synergy, broadening financing channels, optimizing the policy environment, implementing talent strategy and deepening regional cooperation.

Keywords: Advanced Materials Industry; Industry Organization; Company Behaviors; Market Competitiveness; Chengdu-Chongqing Economic Zone

B.4 Research on the Co-opetition of Advanced Materials Enterprises in the Chengdu-Chongqing Economic Zone

Xu Yan, Wang Zihao / 104

Abstract: This report addresses the cooperative and competitive relationship among advanced material enterprises in the Chengdu-Chongqing Economic Zone. It turns out that enterprises of advanced materials industry in the Chengdu-Chongqing Economic Zone incline to adopt differentiated co-opetition strategies in reality, and benign co-opetition behaviors can effectively boost industry development, however, when competing with other rivals, market players usually have to overcome challenges from technology innovation and upgrading, inadequate supporting resources, disordered and price-undercutting competition, etc., meanwhile in the process of corporate cooperation, problems in the aspects of collaboration mechanism, cooperative content, and business environment often occur, too. In light of the above-mentioned issues, the government and enterprises from Chengdu-Chongqing Economic Zone have to work together to ensure stable and sound development of regional advanced materials industry.

Keywords: Advanced Materials Industry; Co-opetition; Chengdu-Chongqing Economic Zone

Ⅲ Industry Analysis

B.5 Research on the Trend of Nanomaterials Industry in the Chengdu-Chongqing Economic Zone

Liu Shuang, Lin Ximei / 123

Abstract: Methods of descriptive statistical analysis and comparative analysis are employed in this section to study the consolidated information of nanomaterials industry and its spatial distribution in the Chengdu-Chongqing Economic Zone. The results illustrate that the scale of nanomaterials industry continues to expand, regional technology-based enterprises continues to increase, the private enterprises are playing an important supporting role in the development of the industry, companies are gradually clustering in Chongqing and Chengdu. Therefore, it is crucial to build industry clusters and innovation platforms, promote the deep integration of the innovation, industrial, capital and talent chains, attract and retain high-level talents, so as to guarantee the high-quality development of nanomaterials industry in the Chengdu-Chongqing Economic Zone.

Keywords: Nanomaterials Industry; Enterprise Spatial Distribution; Chengdu-Chongqing Economic Zone

B.6 Research on the Trend of High-Entropy Alloy Material Industry in the Chengdu-Chongqing Economic Zone

Peng Zhuo, Chen Yusen / 140

Abstract: In this report, methods of descriptive statistical analysis and comparative analysis are carried out to analyze the overall status of high-entropy alloy material industry and enterprises spatial distribution in the Chengdu-Chongqing Economic Zone. It is revealed that the high-entropy alloy material industry is shifting from high-speed development to high-quality development, the metropolitan areas of Chongqing and Chengdu emphasize more on production quality improvement, other areas of which focus on the growth in the number of business entities; businesses are clustering, and their progress mainly relies on scientific and technological innovation, external communications and cooperation, as well as optimization of the organizational structure. The study recommends designing reasonable policies and planning, enhancing synergy of multiple forms of ownership, and implementing the model of "bringing in and going out" to support the development of high-entropy alloy material industry in the Chengdu-Chongqing Economic Zone.

Keywords: High-Entropy Alloy Material Industry; Enterprise Spatial Distribution; Chengdu-Chongqing Economic Zone

B.7 Research on the Trend of New Superconducting Materials Industry in the Chengdu-Chongqing Economic Zone

Yi Miao, Chen Qiuxu / 158

Abstract: This report reviews the development status and spatial distribution of new superconducting materials industry in the Chengdu-Chongqing Economic Zone through descriptive statistical analysis and comparative analysis. Notably, the new superconducting materials industry in Chengdu-Chongqing Economic Zone shows strong performance, with corporations quantity increased and market activity boosted, in addition, metropolitan areas in Chongqing and Chengdu have become the core areas for industrial agglomeration and development. For the future, it is advisable that the relationship between market and government in the Chengdu-Chongqing Economic Zone be dealt with properly, efforts must be made to create a world-class, market-oriented business environment for the new superconducting materials industry; radiating effect of urban centers in Chongqing and Chengdu should be fully played; and capacity of micro, small, and medium enterprises needs to be improved urgently.

Keywords: New Superconducting Materials Industry; Enterprise Spatial Distribution; Chengdu-Chongqing Economic Zone

Ⅳ Case Study

B.8 Typical Cases in the Upstream of Advanced Materials Industry in the Chengdu-Chongqing Economic Zone

Liu Han, Gao Yi / 177

Abstract: Four companies located in the Chengdu-Chongqing Economic Zone are selected as upstream representatives of the advanced materials industry and discussed in this report. Findings are noteworthy that upstream companies effectively support the overall development of advanced materials industry in the Chengdu-Chongqing Economic Zone mainly by targeting needs of the downstream, promoting product R&D and innovation, raising resources utilization efficiency, deepening regional synergies, practicing environmental protection and so forth. Recommendations are brought out as follows: first, upstream companies should increase the investment in R&D of raw materials, second, upstream firms ought to enhance their independent innovation capacity throughout the whole business cycle, third, producers are advised to apply environmentally friendly production technologies and develop circular economy system, last, the government and market players are supposed to build collaborative network of industrial ecology and innovation system.

Keywords: Upstream Sector; Industrial Ecology Synergy; Regional Collaborative Innovation; Circular Economy System; Chengdu-Chongqing Economic Zone

B.9 Typical Cases in the Midstream of Advanced Materials Industry in the Chengdu-Chongqing Economic Zone

Liu Han, Gong Sitong / 197

Abstract: Four companies located in the Chengdu-Chongqing Economic Zone are selected as midstream representatives of the advanced materials industry and discussed in this report. The study finds that midstream firms of the advanced materials industry make great contributions to building modern industrial system, moreover, the R&D work for producing midstream products is pivotal to the reform of advanced manufacturing and industrial agglomeration. The report suggests that the Chengdu-Chongqing Economic Zone should define the targets and direction of industry development, formulate industrial layout beforehand, strengthen technological innovation and emphasize the construction of human resources, attach importance to the green and sustainable development, and enhance the synergy of industrial chain and international cooperation.

Keywords: Midstream Sector; Green & Sustainable Development; Industrial Chain Synergy; Chengdu-Chongqing Economic Zone

B.10 Typical Cases in the Downstream of Advanced Materials
Industry in the Chengdu-Chongqing Economic Zone

Yi Miao, Wu Yanqiong / 218

Abstract: Four companies located in the Chengdu-Chongqing Economic Zone are selected as downstream representatives of the advanced materials industry and discussed in this report. Based on the technological innovation and advanced materials application, downstream industries in the Chengdu-Chongqing Economic Zone emphasize on promoting scientific and technological research in niche markets, as well as propelling market expansion and providing social services across regions and industries. It is proposed that downstream industries in the field of advanced materials focus on cutting-edge fields or emerging segments, highlight the technological and R&D capabilities, build innovation ecosystem, and promote synergistic development of the industry chain.

Keywords: Downstream Sector; Innovation Ecosystem; Industrial Chain Synergy; Industry Cluster; Chengdu-Chongqing Economic Zone

V Regional Comparison Analysis

B.11 Study on the Development and Comparative Advantages
of Advanced Materials Industry in Beijing-Tianjin-Hebei
Region

Chen Yusen, Peng Zhuo / 238

Abstract: This report analyzes the scale, regional division of labor, key enterprises, policy supply and industry chain referring to the advanced materials industry in Beijing-Tianjin-Hebei region, and compares the differences from different dimensions in the advanced materials industry between Beijing-Tianjin-Hebei region and representative cities of Chengdu-Chongqing Economic Zone. According to the results, the scale of advanced materials industry in Beijing-Tianjin-Hebei region continues to expand, Beijing has become the core city of industry agglomeration, industry chain construction benefits from policy support; the number of leading companies in the field of advanced materials are larger, and resource endowments are more favorable in Beijing-Tianjin-Hebei region compared with the Chengdu-Chongqing Economic Zone. Chengdu-Chongqing Economic Zone can draw on the experiences in technology innovation, cluster construction, talent attraction and system supply from Beijing-Tianjin-Hebei Region to accelerate local development in advanced materials industry.

Keywords: Advanced Materials Industry; Comparative Advantage; Beijing-Tianjin-Hebei Region

B.12 Study on the Development and Comparative Advantages of Advanced Materials Industry in the Yangtze River Delta Region   *Yi Miao, He Jian* / 256

Abstract: The scale of output value, clusters, representative firms, policy providing and industry chain development of advanced materials industry in the Yangtze River Delta Region are explored in this part by adopting methods of case study and comparative study. Results indicate that the output value of the industry continues to increase in the Yangtze River Delta Region, cluster development facilitate the progress of the whole industry, the supply chain system is more comprehensive due to the rolling out of policy measures; compared with the Chengdu-Chongqing Economic Zone, the advanced materials industry chain in the Yangtze River Delta Region has higher competitiveness and completeness, larger number and scale of enterprises and market influence, and better factor endowment conditions. Effective experiences and practices from the Yangtze River Delta Region can be used to realize high-quality development of the advanced materials industry, such as cultivating industrial ecology, nurturing leading enterprises, fostering high-level talents, and carrying out collaborative research.

Keywords: Advanced Materials Industry; Comparative Advantage; the Yangtze River Delta Region

B.13 Study on the Development and Comparative Advantages of Advanced Materials Industry in Guangdong-Hong Kong-Macao Greater Bay Area

Zhao Xiaolei, Shen Tao and Yi Miao / 274

Abstract: Detailed analysis on the scale, pilot companies, industry chain and policy supply of advanced materials industry in Guangdong-Hong Kong-Macao Greater Bay Area are presented in this report, superiority in propelling industrial progress of Guangdong-Hong Kong-Macao Greater Bay Area is displayed by multidimensional comparative analysis. It is prominent that the scale of advanced materials industry in Guangdong-Hong Kong-Macao Greater Bay Area continues to expand, and the completeness and quality of the industry chain show a promising trend. The advanced materials industry chain of Guangdong-Hong Kong-Macao Greater Bay Area is more complete than that of the Chengdu-Chongqing Economic Zone, with a larger proportion of high-tech enterprises and more abundant innovation and talent resources. The findings suggest that the Chengdu-Chongqing Economic Zone incorporates experiences of proven success from Guangdong-Hong Kong-Macao Greater Bay Area in cultivating distinct clusters, nurturing leading companies, propelling scientific and application and etc.

Keywords: Advanced Materials Industry; Comparative Advantage; Guangdong-Hong Kong-Macao Greater Bay Area

B.14 Study on the Development and Comparative Advantages of Advanced Materials Industry in the Central Plains Urban Agglomeration　　　　　　　　　　　*Lin Ximei*, *Liu Shuang* / 293

Abstract: This report investigates the scale, major business divisions, key enterprises, policy providing and industry chain development of advanced materials industry in the city cluster of Central Plains by using case studies and comparative analysis. Results reveal: the advanced materials industry in the central plains urban agglomeration shows rapid growth, of which metal materials stand out; the whole industrial chain is getting stronger in this specific area; the central plains urban agglomeration is superior to the Chengdu-Chongqing Economic Zone on the upstream of advanced materials industry. In view of the foregoing, the Chengdu-Chongqing Economic Zone can take clues regarding to transformation of traditional industries, collaborative development of industries, cultivation of professionals, and formulation of policy or planning from the central plains city cluster.

Keywords: Advanced Materials Industry; Comparative Advantage; Central Plains Urban Agglomeration

社会科学文献出版社

皮 书
智库成果出版与传播平台

❖ 皮书定义 ❖

皮书是对中国与世界发展状况和热点问题进行年度监测，以专业的角度、专家的视野和实证研究方法，针对某一领域或区域现状与发展态势展开分析和预测，具备前沿性、原创性、实证性、连续性、时效性等特点的公开出版物，由一系列权威研究报告组成。

❖ 皮书作者 ❖

皮书系列报告作者以国内外一流研究机构、知名高校等重点智库的研究人员为主，多为相关领域一流专家学者，他们的观点代表了当下学界对中国与世界的现实和未来最高水平的解读与分析。

❖ 皮书荣誉 ❖

皮书作为中国社会科学院基础理论研究与应用对策研究融合发展的代表性成果，不仅是哲学社会科学工作者服务中国特色社会主义现代化建设的重要成果，更是助力中国特色新型智库建设、构建中国特色哲学社会科学"三大体系"的重要平台。皮书系列先后被列入"十二五""十三五"" 十四五"时期国家重点出版物出版专项规划项目；自2013年起，重点皮书被列入中国社会科学院国家哲学社会科学创新工程项目。

皮书网

（网址：www.pishu.cn）

发布皮书研创资讯，传播皮书精彩内容
引领皮书出版潮流，打造皮书服务平台

栏目设置

◆ 关于皮书

何谓皮书、皮书分类、皮书大事记、
皮书荣誉、皮书出版第一人、皮书编辑部

◆ 最新资讯

通知公告、新闻动态、媒体聚焦、
网站专题、视频直播、下载专区

◆ 皮书研创

皮书规范、皮书出版、
皮书研究、研创团队

◆ 皮书评奖评价

指标体系、皮书评价、皮书评奖

所获荣誉

◆ 2008年、2011年、2014年，皮书网均在全国新闻出版业网站荣誉评选中获得"最具商业价值网站"称号；

◆ 2012年，获得"出版业网站百强"称号。

网库合一

2014年，皮书网与皮书数据库端口合一，实现资源共享，搭建智库成果融合创新平台。

皮书网

"皮书说"
微信公众号

权威报告·连续出版·独家资源

皮书数据库
ANNUAL REPORT(YEARBOOK) DATABASE

分析解读当下中国发展变迁的高端智库平台

所获荣誉

- 2022年，入选技术赋能"新闻+"推荐案例
- 2020年，入选全国新闻出版深度融合发展创新案例
- 2019年，入选国家新闻出版署数字出版精品遴选推荐计划
- 2016年，入选"十三五"国家重点电子出版物出版规划骨干工程
- 2013年，荣获"中国出版政府奖·网络出版物奖"提名奖

皮书数据库　　"社科数托邦"微信公众号

成为用户

登录网址www.pishu.com.cn访问皮书数据库网站或下载皮书数据库APP，通过手机号码验证或邮箱验证即可成为皮书数据库用户。

用户福利

- 已注册用户购书后可免费获赠100元皮书数据库充值卡。刮开充值卡涂层获取充值密码，登录并进入"会员中心"—"在线充值"—"充值卡充值"，充值成功即可购买和查看数据库内容。
- 用户福利最终解释权归社会科学文献出版社所有。

数据库服务热线：010-59367265
数据库服务QQ：2475522410
数据库服务邮箱：database@ssap.cn
图书销售热线：010-59367070/7028
图书服务QQ：1265056568
图书服务邮箱：duzhe@ssap.cn

社会科学文献出版社　皮书系列
卡号：373296557234
密码：

S 基本子库
SUB DATABASE

中国社会发展数据库（下设12个专题子库）

紧扣人口、政治、外交、法律、教育、医疗卫生、资源环境等12个社会发展领域的前沿和热点，全面整合专业著作、智库报告、学术资讯、调研数据等类型资源，帮助用户追踪中国社会发展动态、研究社会发展战略与政策、了解社会热点问题、分析社会发展趋势。

中国经济发展数据库（下设12专题子库）

内容涵盖宏观经济、产业经济、工业经济、农业经济、财政金融、房地产经济、城市经济、商业贸易等12个重点经济领域，为把握经济运行态势、洞察经济发展规律、研判经济发展趋势、进行经济调控决策提供参考和依据。

中国行业发展数据库（下设17个专题子库）

以中国国民经济行业分类为依据，覆盖金融业、旅游业、交通运输业、能源矿产业、制造业等100多个行业，跟踪分析国民经济相关行业市场运行状况和政策导向，汇集行业发展前沿资讯，为投资、从业及各种经济决策提供理论支撑和实践指导。

中国区域发展数据库（下设4个专题子库）

对中国特定区域内的经济、社会、文化等领域现状与发展情况进行深度分析和预测，涉及省级行政区、城市群、城市、农村等不同维度，研究层级至县及县以下行政区，为学者研究地方经济社会宏观态势、经验模式、发展案例提供支撑，为地方政府决策提供参考。

中国文化传媒数据库（下设18个专题子库）

内容覆盖文化产业、新闻传播、电影娱乐、文学艺术、群众文化、图书情报等18个重点研究领域，聚焦文化传媒领域发展前沿、热点话题、行业实践，服务用户的教学科研、文化投资、企业规划等需要。

世界经济与国际关系数据库（下设6个专题子库）

整合世界经济、国际政治、世界文化与科技、全球性问题、国际组织与国际法、区域研究6大领域研究成果，对世界经济形势、国际形势进行连续性深度分析，对年度热点问题进行专题解读，为研判全球发展趋势提供事实和数据支持。

法律声明

"皮书系列"（含蓝皮书、绿皮书、黄皮书）之品牌由社会科学文献出版社最早使用并持续至今，现已被中国图书行业所熟知。"皮书系列"的相关商标已在国家商标管理部门商标局注册，包括但不限于LOGO（ ）、皮书、Pishu、经济蓝皮书、社会蓝皮书等。"皮书系列"图书的注册商标专用权及封面设计、版式设计的著作权均为社会科学文献出版社所有。未经社会科学文献出版社书面授权许可，任何使用与"皮书系列"图书注册商标、封面设计、版式设计相同或者近似的文字、图形或其组合的行为均系侵权行为。

经作者授权，本书的专有出版权及信息网络传播权等为社会科学文献出版社享有。未经社会科学文献出版社书面授权许可，任何就本书内容的复制、发行或以数字形式进行网络传播的行为均系侵权行为。

社会科学文献出版社将通过法律途径追究上述侵权行为的法律责任，维护自身合法权益。

欢迎社会各界人士对侵犯社会科学文献出版社上述权利的侵权行为进行举报。电话：010-59367121，电子邮箱：fawubu@ssap.cn。

社会科学文献出版社